# 우크라이나전쟁
# 어디로 가는가

# 우크라이나전쟁 어디로 가는가
## 국제분쟁 전문기자 하영식, 우크라이나전쟁을 말하다

2023년 7월 5일  초판 1쇄 찍음
2023년 7월 15일 초판 1쇄 펴냄

지은이    하영식
펴낸이    이상
펴낸곳    가갸날
주소      경기도 고양시 일산서구 강선로 49, 402호
전화      070.8806.4062
팩스      0303.3443.4062
이메일    gagyapub@naver.com
블로그    blog.naver.com/gagyapub
페이지    www.facebook.com/gagyapub
디자인    강소이

ISBN      979-11-87949-92-3 (03300)

# 우크라이나전쟁
# 어디로 가는가

국제분쟁 전문기자 하영식,
우크라이나전쟁을 말하다

하영식 저

가갸날

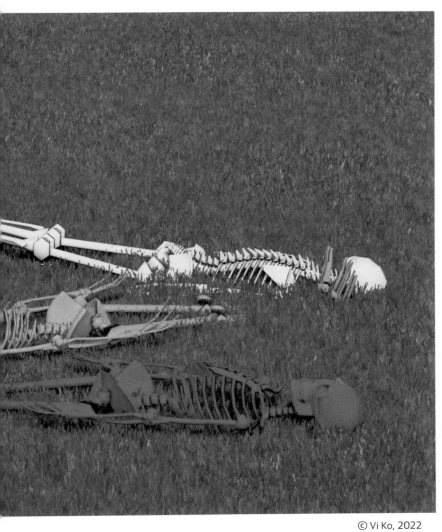

# 들어가는 말

필자는 우크라이나와 깊은 인연을 갖고 있다. 2010년에 출간됐던 《얼음의 땅 뜨거운 기억》의 원고가 우크라이나의 항구도시 오데사에서 씌어졌다. 집필을 위한 조용한 장소를 찾던 중, 마침내 오데사 변두리에 자리 잡은 침례교신학대학 기숙사를 찾아냈다. 그곳에서 두 달을 머물면서 탈고했던 기억이 있다. 당시 이 기숙사의 한층 전체는 완전히 비어 있었기에 나 혼자 그 큰 공간을 다 차지하였다. 밤이 되면 복도의 시계추 소리만 들리는 적막감이 흘렀다. 당시 나의 일상은 나 자신조차 놀랄 정도로 규칙적이었다. 저녁 식사 후 8시나 9시에 잠에 들었고 새벽 3시에는 어김없이 일어났다. 그때부터 글을 쓰기 시작해서 아침 8시까지 글을 썼다. 매일 새벽기도를 하듯 글을 썼던 그 시간들은 지금도 잊을 수 없다. 전쟁이 난 뒤 오데사 역시 러시아의 미사일 공격을 당했다. 하지만 내가 머물렀던 신학대학은 무사한 것 같다. 우크라이나에서의 아름답던 기억들은 차고 넘치지만 전쟁으로 인해 금세 지워져 버린다.

무엇보다도 어린 딸과 함께 우크라이나 국경을 넘으면서 울부짖던 한 우크라이나인 여약사의 울부짖음은 지금도 나의 귓가에 생생하게 남아 있다.

"왜 내가 푸틴 때문에 난민이 되어야 합니까!"

이들은 여전히 난민으로 유럽에서 힘든 삶을 이어가고 있을 것이다. 이제 다시는 이전의 삶을 회복하긴 힘들 것이다. 전쟁은 한 연약한 자연인을 바닷가의 모래알처럼 정말로 아무 것도 아닌 존재로 만들어 버렸다. 전쟁이 일어나면 세상은 나의 의지와는 상관없이 내가 원하는 삶과는 완전히 다르게 흘러간다. 나 자신이 잘못하지 않았는데도 인생 자체가 송두리째 무너져버리고 다른 길로 들어서게 된다. 미래는 불투명하며 앞으로의 계획도 세울 수 없다.

내가 아는 러시아나 우크라이나 출신의 지인들 중 연락이 되는 사람들은 지금 스페인과 불가리아, 심지어 중국에 흩어져 살고 있다. 전쟁은 우크라이나인들뿐만 아니라 러시아인들까지도 난민으로 만들어 버렸다. 물론 지금도 키이우(키예프)에서 공습을 피하면서 삶을 영위하고 있는 지인들도 있지만 이전의 삶을 그대로 살아가는 사람은 누구도 없다. 전쟁이 일어나기 직전, 러시아를 빠져나와 중국의 대학에서 강의 자리를 얻은 러시아 지인은 그나마 상대적으로 상황이 나은 편이다. 스페인으로 이주한 우크라이나 지인은 지금도 딸과 함께 난민들이 모여사는 호스텔에서 살고 있다는 소식을 들었다.

전쟁이 시작되면 삶의 시계는 완전히 멈춰버린다. 하루아침에 전기와 수도가 끊기고 통신이 두절되고 대중교통 수단들이 멈추면서 일상적인 삶은 중단돼 버린다. 그리고 그 순간은 갑자기 찾아온다. 미사일과 포탄을 맞아 집과 가재도구들을 잃어버리고 가족들이 부상당하거나 희생당하기도 한다. 아침이면 앉아서 커피를 앞에 두고 신문을 보면서 낯익은 친구들과 눈인사를 건네면서 하루를 시작하던 카페가 갑자기 폭격을 받아 사라져 버린다. 다음날부터 많은 사람들은 아침에 눈을 뜬 뒤, 더 이상 갈 곳이 없어진다. 이들에게 잠시의 평온과 행복감을 제공해줬던 아침의 장소는 더 이상 존재하지 않는다. 어떤 이들에겐 이 카페가 중요한 삶의 의미지만 더 이상 존재하지 않는다. 이것이 전쟁이 가져오는 참화이다.

러시아의 침공으로 우크라이나인들의 삶은 지난 1년 동안 완전히 멈춰버렸다. 전쟁이 일어난 지 1년이 지났지만, 우크라이나는 지금도 전쟁이 한창이다. 전쟁이 끝날 기미는 전혀 보이지 않는다. 필자가 우크라이나에 대해 글을 써내려 가는 이 순간에도 우크라이나에서는 미사일과 드론에 의한 폭탄 공격으로 건물이 파괴되고 사람들이 죽고 부상당하고 있다. 이제 우크라이나는 더 이상 전쟁 전으로 되돌아갈 수 없다.

키이우는 과거에도 두 차례에 걸쳐 큰 재난을 겪었다. 1240년에 있었던 몽골의 침공으로 평화롭게 살던 시민들은 영문도 모른 체 갑자기 파괴와 살상을 당했다. 당시 몽골의 잔혹한 파괴와 살상은 100년 동안 사람들이 살 수 없을 정도로 처참했다고 한다. 한 번도 들어본 적도 없는 몽골에게 살상과 파괴를 당한 러시아인(우크라이나인)들은 몽골의 침공을 신의 형벌로 받아들였다. 그 후로 러시아인들은 가장 종교적인 민족으로 바뀌었다. 그리고 1941년 독일 나치의 침공으로 키이우는 다시 엄청난 참화와 파괴를 겪었다.

상처가 거의 아물어 가던 2022년에 또다시 같은 민족이랄 수 있는 러시아의 침공을 받고 파괴되었다. 세 번째 파괴인 셈이다. 우리나라에서 이런 일이 발생했다면 풍수지리를 따져 이미 다른 곳으로 수도를 옮겼을 것이나 여전히 키이우는 우크라이나의 수도로 남아 있다.

우크라이나전쟁으로 인해 지금까지 민간인들만 8천 명 이상이 죽었다는 발표가 있으며, 우크라이나, 러시아 양측 병사들은 몇 십만 명이 죽었는지 정확한 통계도 나오지 않고 있다. 다만 지난 2월에 러시아와 우크라이나 양측에서 각각 10만 명의 사상자들이 발생했다는 추측성 발표가 영국 국방성에서 있었다.

현재 가장 전투가 치열한 곳은 '바흐무트' 지역인데, 이미 열 달째 전투가 그치지 않고 있다. 러시아 측의 용병 대표인 '프리고진'은 인터뷰에서 바흐무트에서만 2만 명 이상의 러시아 측 용병들이 전사했다고 밝혔다. 우크라이나 측과 합하면 수만 명이 죽었음을 짐작케 하고 있다. 그런 엄청난 희생을 치른 후에도 여전히 전투는 끝나지 않고 있다. 마치 이곳에서 지면 세상의 종말이 올 것처럼 싸움을 지속하고 있다.

전쟁이 나기 전에 8만 명이 살던 이곳에서 이제는 2천 명만이 폐허에서 간신히 생존하고 있다. 그 와중에서도 하나둘 바흐무트를 버리고 낯설지만 안전한 곳을 찾아 떠나고 있다. 고향을 떠나서는 갈 곳이 없는 사람들이지만, 누구도 반기지 않는 키이우로 가서 또 그곳에서 다시 외국으로 피난을 떠날 것이다. 외국에서는 '난민'이란 주홍글씨를 붙인 채로 살아가게 될 것이다.

지난 5월 20일 러시아군 당국은 공식적으로 바흐무트에서 우크라이나군이 철수했다고 선언했다. 하지만 여전히 젤렌스키는 우크라이나군이 바흐무트 외곽에 머물면서 바흐무트 수복을 위해 전투를 중단하지 않고 있다고 발표했다. 며칠 지난 뒤, 우크라이나는 러시아의 국경도시인 '벨고로드'를 공격했다. 우크라이나전쟁 사상 최초로 우크라이나 무장 군인들이 러시아 본토를 공격한 것이다. 이에 러시아는 상당한 충격을 받은 상태이며 다시 핵무기 카드를 꺼낸 바 있다. 물론 서방의 F-16 전투기 지원과 우크라이나 파일럿들의 훈련에 대한 대응일 수도 있지만 사실상 우크라이나의 러시아 본토 공격에 대응한 위협이다. 러시아의 우크라이나 침공이 1년 3개월째로 접어들고 있지만 여전히 전쟁은 계속되고 있으며 양측의 공세 수위는 점점 더 높아지고 있다.

지난 6월 6일에는 '노바카호프카' 댐이 파괴되어 엄청난 양의 물이 방류되면서 수많은 마을과 도시가 물에 잠기는 재해가 일어났다. 수천 명의 이재민들이 정든 집과 가재도구를 남겨두고 수해를 피해 탈출해 나왔다. 엄청난 양의 물이 방류되면서 하류의 최대 도시 헤르손 시는 계속 침수가 진행되고 있다. 댐은 분명히 두 차례에 걸쳐 폭파되었으나 러시아나 우크라이나는 상대방을 향해 손가락질하면서 책임을 덮어씌우고 있다. 물론 시간이 지나면 댐 폭파의 주체는 반드시 밝혀질 것이다.

양측은 누구도 자신의 행위라고 밝히지 않고 있으며 계속 서로에게 책임을 떠넘기는 더러운 행위를 일삼고 있다. 어떤 수단과 방법을 써서라도 전쟁에서 이기려는 의도이겠지만 너무나 무책임한 행위들이 난무하고 있다. 댐의 파괴로 인해 수십만 명의 주민들이 마실 물로 인해 고통당할 것이다.

상대에 대한 덮어씌우기 공방은 어제오늘의 일이 아니다. 지난 해(2022년) 9월 26일에 발생했던 '노드스트림' 해저파이프라인 폭파사건에서도 서로 덮어씌우기 공방을 벌인 바 있다. 하지만, 2023년 6월 7일, 《뉴욕타임즈》를 비롯한 전 세계 언론들은 노드스트림 파이프라인의 범인으로 우크라이나를 지목했다. 또한 미국의 CIA는 이미 우크라이나의 폭파 계획을 몇 달 전부터 알고 있었다는 사실도 보도됐다.

노드스트림 파이프라인은 러시아에서 독일까지 해저에 건설된 파이프라인으로 러시아 가스의 주요 공급 인프라인데, 폴란드와 우크라이나는 건설을 강력하게 반대했다. 또한 러시아의 파이프라인 건설은 미국의 이익에도 반하였기에 미국은 폴란드와 우크라이나의 입장을 지지했다. 노드스트림 파이프라인이 끊어지면서 더 이상 러시아 가스가 유럽으로 공급되지 못해 독일을 비롯한 유럽의 에너지원을 미국을 비롯한 다른 국가들에 의존하게 만드는 결과를 낳았다. 러시아 가스의 공급 중단은 유럽과 러시아의 외교관계 단절, 교류의 단절까지 가져왔다. 또한 독일과 유럽의 러시아에 대한 더욱 강력한 제재와 우크라이나에 대한 무기 공급의 확대로 이어지는 계기가 되었다.

전쟁으로 인해 고통 받고 있는 세계는 러시아와 우크라이나 양측에 우크라이나전쟁의 종식을 호소하고 있지만 접점을 찾지 못하고 있다. 양측이 더욱 적대적으로 치닫고 있는 상태여서 누구도 감히 나서서 중재하지 못하는 상황이다. 중국이 나서서 우크라이나에 특사를 보내는 등 중재 활동을 하고 있지만 좋은 소식은 들려오지 않는다.

우크라이나전쟁이 시작되면서 세계가 놀란 일은 많다. 러시아가 침공하자마자 항복할 것 같았던 우크라이나가 지금까지 버티고 있다는 것과 서방의 가혹한 경제제재로 순식간에 붕괴할 것 같았던 러시아가 여전히 버티고 있다는 사실이다. 러시아나 미국의 예견을 뛰어넘는 일들이 계속 벌어지고 있다. 러시아는 든든한 파트너로 중국을 끌어들였고, 인도와 브라질, 남아프리카공화국까지 경제적 후원자로 끌어들였다. 러시아 경제는 당분간은 붕괴할 가능성이 없을 것이다. 물론 경제력만이 전쟁을 지탱하는 건 아니지만, 경제력이 지탱하는 한 전쟁은 지속될 수 있다.

전쟁은 이미 원인을 따지기에는 너무 많은 날들을 지나왔다. 앞으로 전쟁을 어떻게 끝낼 것인지가 남아 있는 가장 큰 관건이다. 중세시대처럼 다른 국가나 부족을 완전히 초토화시켜 항복을 받아내고 지도자들을 처형하면서 전쟁을 끝내는 일은 현시대에는 상상하기 힘들다. 하지만 여전히 전쟁을 이끈 지도자들은 승패에 따라 책임을 질 수밖에 없다. 러시아의 푸틴이나 우크라이나의 젤렌스키는 자신들의 정치적 존망이 달린 전쟁이므로 반드시 이기기 위해 사활을 걸고 모든 수단을 동원할 것이다.

지금 전쟁은 러시아가 우크라이나 영토의 20%를 점령했으며, 공방이 벌어지는 우크라이나 동부지역 전선에서 한 치도 나아가지 못하고 있다. 무엇보다도 우크라이나에 대한 러시아의 일방적인 파괴는 서방의 분노를 불러일으키고 있지만 당장은 어찌할 도리가 없다. 러시아는 우크라이나를 폭격하고 파괴하는데 왜 우크라이나는 러시아 본토를 폭격하지 못하는지에 대한 의문이 쇄도하고 있다. 하지만 러시아 본토가 서방의 미사일 공격을 당한다면 러시아의 핵무기가 가만있지 않을 것이라는 공포가 서방 지도자들을 강하게 짓누르고 있다.

2022년 우크라이나전쟁이 시작되면서부터 핵무기에 대한 공포가 현실로 다가왔다. 오랜 기간 동안 잊고 있었던 핵무기의 가공할 위력이 현실에서 위력을 발휘하고 있다. 우크라이나전쟁으로 인해 핵무기가 전면적으로 무대에 등장한 것이다. 1945년에 미국이 투하한 두 발의 핵무기로 인해 일본이 항복한 역사가 다시 리바이벌되었다. 당시에는 미국만 핵무기를 가졌지 다른 나라에는 핵무기가 없었다. 하지만 1949년 8월 29일에 소비에트가 핵무기 실험에 성공하면서 세계질서는 단번에 뒤바뀌게 되었다. 양극체제, 즉 냉전체제의 탄생이다.

소비에트의 핵무기 보유는 당시 한반도에 6·25 전쟁을 불러온 계기가 되었다. 핵무기를 보유하면서 자신감을 얻은 소비에트는 더 이상 미국의 핵 위협에 주눅들 필요가 없었다. 대응 핵무기를 보유한 상태이니 중소국가들의 전쟁을 지원하더라도 자국의 안보에는 아무런 문제가 없으리란 자신감이 넘쳐났다.

러시아가 보유한 핵무기는 7천 기로 추정된다. 푸틴이 여러 차례 핵무기로 공격하겠다는 위협을 해왔기에 실언이나 농담이 아닌 실현가능한 위협으로 간주되고 있다. 러시아의 핵미사일 수십 발이 동시에 미국을 공격한다면 미국도 속수무책으로 당할 수밖에 없다. 몇 발만 날아온다면 미사일 대응시스템으로 방어가 가능하겠지만 수십 발 가운데 한 발만 대응에 실패해도 한 도시 전체가 초토화될 것이다. 물론 러시아도 남아나는 게 없을 것이다. 이러한 상황을 본다면 우리가 사는 세상은 지난날 누려왔던 상대적 평화의 시대는 이미 흘러간 과거가 돼 버린 것 같다. 앞으로는 지속적으로 핵전쟁의 공포 속에서 살아야 하는 날이 닥친 것이다.

우크라이나전쟁은 멀리 떨어진 한국까지도 핵무기에 대한 논쟁으로 끌어들였다. 핵전쟁의 현실적 가능성이 높아지자, 한국 내에서도 핵무기 생산이나 핵무기 배치에 대한 문제가 전면적으로 부각되고 있다. 이 문제는 근본적인 해결책이 없이는 당분간 쉽게 가라앉거나 정리되지 않을 것이다. 북한이 개발해서 보유하고 있는 핵무기들이 전면적으로 폐기되지 않는 한, 이 문제는 계속적인 쟁점으로 떠오를 것이다.

미국이 핵우산을 제공하겠다는 약속이나 핵잠수함을 대

기시키겠다는 약속 등에 대해서도 만족스럽게 받아들이는 한국 국민들은 없다. 아프가니스탄에서 도망치듯 철군한 미군들 모습이나 미국의 강력한 경고를 비웃듯 우크라이나를 침공하여 전쟁을 벌이는 러시아. 일방적인 공격을 당하면서도 핵 공격의 공포로 인해 러시아 본토는 아예 공격도 못해보고 방어만 하는 우크라이나의 모습에서 한국 국민들은 핵무기의 위력을 생생하게 목격하고 있다. 이 때문에 자국의 핵무기 생산을 찬성하는 국민들은 계속 늘어만 가는 상황이다.

2023년 1월 30일, 《조선일보》를 통해 공개된 최종현학술원의 1대1 면접을 통한 여론조사 결과는 가히 충격적이다. 1,000명 가운데 한국의 독자적인 핵 개발이 필요하다는 응답이 76.6%였으며, 77.6%는 북한 비핵화가 불가능하다고 답했다. 북핵에 대해 느끼는 위기감이 상당하다는 사실을 보여주고 있다. 한반도의 핵 이슈를 정부나 정치권은 숨겨왔거나 표면에 떠오르지 않게 통제해왔지만 더 이상 이 문제를 방치하거나 무시할 수 없게 되었다.

미국의 핵우산이 있음에도 독자적 핵개발을 원하는 국민들이 대다수를 차지한다는 사실은 여러 가지로 해석될 수 있다. 물론 독자적인 핵개발은 미국이 추진하는 비핵화라는 세계적인 이슈에 정면으로 도전하는 행위이기 때문에 수출로 살아가는 한국의 경제에 상당한 타격이 예상된다. 그럼에도 국민들의 대다수가 독자적 핵개발을 원한다는 것은 경제를 희생하면서도 안보를 지키겠다는 의지를 보여준다고도 해석할 수 있다. 물론 독자적 핵무기 개발로 인한 경제적 타격에 대해 현실적 고민을 하지 않았을 가능성도 있다.

　또 다른 해석으로는 지금까지 한국의 안보를 책임져왔던 미국에 대한 신뢰성에 상당할 정도로 금이 갔다고도 할 수 있다. 최근 들어 보여준 미국의 무질서한 아프간 철수의 모습과 러시아의 우크라이나 침공사태는 한국 국민들에게 미국의 방어능력에 의문을 가져다 준 것이 확실하다. 더 이상 미국을 절대적으로 신뢰할 수 없기에 독자적 핵무기 개발만이 한국의 생존을 지켜줄 수 있다고 생각한다는 것이다.

　러시아의 우크라이나 침공은 이미 우크라이나가 러시아에 핵무기를 수거해줄 때부터 예견되었다. 1994년 부다페스트에서 만난 미국과 영국, 러시아의 정상들은 러시아에 모든 핵무기를 이양하는 대신에 우크라이나의 안전보장을 약속한다는 각서에 서명했다. 우크라이나는 강대국들이 서명한 문서에 속은 것이다. 핵무기를 내주지 않았다면 러시아는 우크라이나를 침공할 생각조차 하지 못했을 것이다. 지난(2023년) 4월 4일, 빌 클린턴 전 미국 대통령은 미국 언론을 통해 자신이 러시아에 핵무기를 수거해주면서 전쟁의 원인을 제공했다며 사과한다는 입장을 발표한 바 있다. 하지만 우크라이나는 이미 폐허로 변했으며 인구의 반인 2천만 명이 난민으로 유럽을 떠돌고 있다. 그리고 우크라이나 대통령 젤렌스키는 전쟁을 지속하기 위해 전 세계를 대상으로 원조를 호소하러 다니고 있다. 눈앞에서 현대판 비극이 벌어지고 있는 것이다.

우크라이나전쟁은 한국 국민들에게 한국의 자체 핵무기 개발과 보유에 대해 다시 한 번 생각하게 만든 계기가 되었다. 물론 북한이 핵무기를 폐기한다면 간단하게 문제는 풀리겠지만 북한이 핵무기를 포기한다고 믿는 국민들은 거의 없다. 그동안 역대 정권들과 미국은 북한 핵무기 폐기를 위해 당근과 채찍을 병행하는 정책을 시행했지만 전혀 먹혀들지 않았다. 시간을 끌면서 북한의 핵무기는 더욱 고도화되고 현실적 위협으로 다가왔다.

　　세계를 짓누르는 또 다른 어두운 그림자는 중국과 미국의 군사적 충돌 가능성이다. 지난 2월 초(2023년), 미국 국방성의 항공기동군단장인 4성 장군 마이크 미니한이 내부통신망에 올린 글이 SNS에 공개되면서 큰 파장을 불러 일으켰다. 그는 "빠르면 2025년에 중국과 대만문제로 분쟁이 발생할 것"이라고 경고했다. 그의 글은 빠르게 전 세계로 확산되면서 충격을 안겨 줬지만 미국 정부는 이에 대해 아무런 부정도 긍정도 하지 않았고 비판하지도 않았다. 이로 인해 많은 사람들은 그의 말을 기정사실화하는 분위기다.

　　노움 촘스키 교수는 미국과 중국의 전면전은 세계의 종말을 뜻한다고 언급한 바 있다. 미국과 중국이 충돌하면 어떻게 전개될 것인지에 대해서는 대체적으로 중국은 미국의 상대가 되지 않는다는 의견이 대세이다. 물론 전쟁은 경제력과 무기들, 국방비만으로 가늠할 수는 없다. 통계적인 자료들만 가지고 본다면, 중국의 국방예산은 미국의 3분의 1도 안 되는 수준이며 첨단무기 분야에서는 열세를 면치 못하고 있다. 경제 분야에서는 언젠가는 미국을 능가할 날이 오겠지만 아직 미국을 따라잡지 못하고 있다. 더구나 군사 분야에서 미국을 따라잡는 데는 수십 년이 걸릴 수도 있다. 물론 세상사는 누구도 알지 못한다. 미국과 힘겨루기하던 수퍼파워였던 소비에트가 갑자기 망하고 러시아가 경제면에서는 유럽의 한 국가인 이탈리아 정도로 추락할 줄은 누구도 상상하지 못했다. 중국의 미래도 사실 누구도 장담할 수 없다. 물론 미국에도 해당될 수 있다.

그럼에도 중국은 대만이 독립하려는 움직임을 방관할 수만은 없는 입장이다. 자칫 중국의 허약함을 드러낸다면, 중국 내에서 독립을 원하는 위구르 민족이나 티벳 민족이 오판할 수도 있어서 그렇게 간단한 문제가 아니다. 1959년 중국의 티벳 침공 때처럼 대만을 전면적으로 침공해 대만을 완전히 중국의 통제 아래 두고 싶지만 대만 뒤에는 미국이 견고하게 버티고 있다.

사실 중국이 두려워하는 존재는 미국이다. 가능한 한 중국은 미국과의 충돌은 최대한 피하고 싶으며 또 그렇게 해왔다. 지금까지 이룩해놓은 괄목할 만한 경제성장의 성과가 미국과의 군사적 충돌로 인해 한순간에 돌이킬 수 없는 재난으로 이어질 수도 있기 때문이다. 미국 다음으로 큰 경제력을 가진 중국이지만 여전히 미국을 따라잡으려면 20년 이상은 걸린다는 예상이 나온 상황이어서 섣부른 충돌은 피하고 싶을 것이다.

하지만 지금 전쟁을 수행하고 있는 러시아는 중국과 미국의 전면적인 충돌을 손꼽아 원하고 있다. 전력의 분산을 통해 우크라이나에서 확고한 승기를 잡기를 원하지만 여전히 중국은 러시아의 바람대로 움직여주지 않고 있다. 당연히 중국은 자기 민족의 운명이 걸린 문제이니 신중할 수밖에 없다. 과거 2차 세계대전 당시 일본의 진주만 공습을 통한 미국과의 전면전은 일본을 완전한 폐허로 몰아넣었다. 만약에 일본이 미국과 충돌을 벌이지 않고 당시 점령했던 영토만 지켰더라도 상황은 상당히 달라졌을 것이다. 물론 미국과 중국과의 충돌은 극적인 드라마 없이 중국이 한발 물러서는 모양새로 싱겁게 끝날 가능성이 높다. 그럼에도 대만과 중국의 전면적인 충돌 가능성은 여전히 남아 있다.

미국이 여전히 세계 1위의 강대국 자리를 지킨다 하더라도 앞으로는 더 이상 미국의 독점적 헤게모니는 관철되지 않을 것이다. 하루아침에 미국의 독점적 지배구조가 붕괴되진 않겠지만 서서히 그 방향으로 나아가고 있다. 지금도 미국은 자신의 독점적 헤게모니를 관철시키기 위해 안간힘을 쓰는 모습이 곳곳에서 포착되지만 이미 되돌릴 수 없는 현실이다. 이미 미국의 학자들이나 정치인들도 이를 기정사실로 받아들이고 있다.

미국 중심의 단극체제(unipolarity)가 해체되고 있다는 징조는 몇 가지 현상에서 발견할 수 있다. 아프가니스탄에서의 미군의 무질서한 퇴각 모습과 우크라이나 전쟁의 개시, 사우디아라비아의 미국 영향권에서의 이탈 조짐, 미국 의사당난입사건 등을 보면 미국 중심의 단일 체제는 이미 해체되었다고 볼 수 있다. 특히 2021년 1월 6일, 대선에 불복해 미국의사당을 침범한 트럼프를 지지하는 시위대의 모습에서, 현대 민주주의의 발상지인 미국은 무질서와 혼란이 판치는 나라임을 세계에 고스란히 노출시켰다. 사실 미국의 독점적 헤게모니가 관철되었다면 러시아는 절대로 우크라이나를 침공하지 못했을 것이다. 또한 2014년 2차 메이단 혁명 후의 크림반도 복속은 시도조차 하지 못했을 것이다.

이미 필자는 중동의 여러 국가를 취재하러 다니면서 미국 내의 두 핵심 권력 기관인 펜타곤(미국방성)과 미중앙정보국(CIA)의 분열과 대립을 똑똑히 목도한 바 있다. IS와의 전투를 벌이던 쿠르드 민족을 지원하던 펜타곤과 쿠르드 민족을 테러리스트로 몰아서 탄압하는 터키 정부를 지원하던 CIA의 분열상이다. 사실 지금까지 두 마리 토끼를 모두 쫓는 '미션 임파서블'을 수행해온 국가가 미국이다. 미국의 입장에서는 살찐 토끼를 쫓아야 하지만, 그렇다고 약한 토끼도 포기할 수 없는 입장이다. 이제 미국도 그 짐을 내려놓아야 할 때가 온 것 같다.

중국은 이미 우크라이나전쟁을 통해 스스로 세계의 중심축으로 나서기 위한 준비운동을 시작했다. 러시아를 경제적으로 지원하는 시늉은 하였지만, 그렇다고 러시아를 전적으로 지원하지는 않고 있다. 미국과 유럽의 관계, 특히 유럽과의 관계에 더 신경을 쓰는 모습이다. 중국이 중재자로 나서 러시아를 설득해서 전쟁을 끝내주기만 한다면, 중국은 국제사회에서 여전히 캐스팅보트를 쥐고 있는 유럽의 지지를 획득할 수 있을 것이다. 이를 통해 점차 세계의 강대국으로 우뚝 설 수 있을 것이다.

하지만 세계가 중국을 주목한다 해도 중국은 여전히 세계를 선도해나갈 지도적인 국가가 될 수는 없다. 중국의 경제력은 어느 나라도 무시할 수 없이 성장했으며 앞으로도 성장하겠지만 정치사회 제도에서는 여전히 후진국이다. 공산당 일당독재 국가이며 종교의 자유나 언론의 자유가 보장되지 않는 반인권적인 국가이다. 세계의 지도국이 되기 위해서는 중국은 모든 분야에서 많은 개혁이 필요하다.

그동안 세계의 중심축은 미국 하나였는데 앞으로는 여러 축으로 바뀔 것으로 예상된다. 이미 경쟁자로서 중국이 떠올랐다. 미국의 경쟁자로서 중국의 등장은 세계의 질서를 바꿔 놓을 것이 분명하다. 앞으로는 중국과 인도, 브라질 같은 신흥 강대국들의 약진이 예상된다.

러시아가 전쟁을 시작하면서 미국을 비롯한 서방세계는 러시아를 국제금융통신망(Society for Worldwide Interbank Financial Telecommunication: SWIFT)에서 배제시켰다. 따라서 러시아는 경제위기에 빠져 단기간 내에 폭망할 것으로 예견됐다. 하지만 러시아는 여전히 전쟁을 수행하면서도 석유와 가스를 판매하면서 생존하고 있다. 이유는 미국의 독점적 세계 지배에 대항하면서 조직된 브릭스(BRICS) 국가들의 협력 덕분이다.

브릭스는 브라질, 러시아, 인도, 중국, 남아프리카 다섯 국가의 이니셜인 B, R, I, C, S를 지칭한다. 이들 국가들은 세계 인구의 42%를 차지하는 미래의 수퍼파워 블록으로 떠오르고 있다. 이 국가들은 거대한 인구와 영토를 자산으로 지금까지 과학기술 도약을 이룩해왔다. 이미 수퍼파워인 중국과 러시아에 인도와 브라질, 남아프리카가 더해지면서 세계 경제의 중요한 축으로 떠오르고 있다. 미국의 달러에 맞서 중국과 러시아는 석유거래에서 중국 위안화를 사용하고 있다. 앞으로는 중국 위안화의 통용이 더욱 확대될 것으로 전망된다.

이렇게 우크라이나전쟁은 세계인들에게 많은 실상을 보게 만들었다. 특히 필자도 지나쳐왔던 여러 사실들을 확인할 수 있었는데, 유럽과 나토의 실상을 파헤치면서 놀라운 사실들도 많이 알 수 있었다.

2차세계대전 이후, 미국 주도로 창설된 나토(NATO: 북대서양조약기구)가 유럽의 방위를 전적으로 도맡아오고, 그동안 미국이 나토 예산의 3분의 2 이상을 지출해왔다는 사실이 놀라웠다. 소비에트의 위협 속에서도 유럽이 번성하고 잘 살 수 있었던 이유도 사실은 미국이 유럽의 방위를 도맡아 준 것이 가장 큰 이유였다. 독일의 라인강의 기적은 국방에 전혀 신경 쓰지 않게 만들어준 나토와 미국이 있었기에 가능했다. 물론 독일국민들의 근면성과 절약정신, 노동을 과소평가하는 것은 아니다.

앞으로 전개될 다극주의(multipolarity) 세계는 몇 개의 블록으로 나누어질 것이다. 미국을 중심으로 일본과 한국, 호주 등을 중심으로 한 블록, 유럽연합을 중심으로 한 블록, 위에서 언급한 브릭스 블록 등 크게 3개로 나누어지리란 사실은 명확하다. 물론 영국을 중심으로 인도, 캐나다와 호주 등 과거 영연방에 속한 커먼웰스 블록이 형성될 수도 있다. 하지만 영국의 군사경제적 힘이 약화되면서 인도로 중심이 옮겨질 수 있다는 예측도 나오고 있다.

　세계가 몇 개의 블록으로 갈라지든 문제는 되지 않으나 과연 몇 개로 갈라진 블록들이 서로 평화롭게 공존할 수 있을지가 관심사가 된다. 사실 세계 질서의 흐름은 인위적으로 조작되지 않는다. 누가 양극주의를 선호하고, 다극주의를 싫어한다고 해서 바라는 대로 가지는 않는다. 미국과 소비에트가 중심이었던 양극주의 시대-냉전시대-가 상대적으로 평화로웠다고도 할 수 있다. 물론 가장 평화로울 수 있는 질서는 하나의 초강대국이 지배하는 단극체제가 가장 이상적일 수도 있다. 미국 같은 초강대국이 세계질서의 정점에서 질서를 잡으면서 조정자 역할을 해준다면 중소국가들의 충돌 가능성은 상당히 줄어든다. 하지만 다극주의 세계에서는 블록과 블록이 충돌할 경우 곧바로 세계대전으로 발전할 수 있다. 인류는 가장 위험한 시대를 맞이하고 있다.

　이제 마지막으로 러시아에 대한 미련을 남기고 싶다. 2022년 2월 24일, 러시아가 우크라이나를 침공하던 날, 나의 마음은 찢겨져 나갔다. 무엇보다도 이전에 러시아인들이 이룩해왔던 예술과 문화의 유산들이 왜곡되거나 손상되지 않을까 하는 우려 때문이었다. 나는 러시아 문화에 대해 남다른 경외심을 가져왔다. 러시아 문학작품들과 문학가들, 예술가들에 대한 연민과 동경은 각별하다. 또한 짜르 시대 당시 민중들을 위해 삶을 온전히 헌신했던 러시아 혁명가들을 생각하면 지금도 숙연해진다. 러시아 예술가들과 혁명가들이 남긴 정신과 업적, 자취는 세계의 어느 나라도 따라갈 수 없는 위대한 것들이다.

　러시아의 우크라이나 침공으로 러시아가 세계에서 고립되면서 자칫 이들이 남긴 위대한 문화예술의 유산들이 손상되지나 않을까 하는 애틋한 마음이 먼저 앞선다. 인류의 보편적인 사랑과 정서를 탁월한 방법으로 표현했던 톨스토이와 도스도옙스키의 작품들, 차이코프스키의 음악들은 인류 모두의 유산이다. 푸틴의 러시아 정부가 일으킨 전쟁으로 인해 인류 유산들의 가치와 의미가 축소되거나 무시되어서는 아니 될 것이다.

　필자는 시베리아의 겨울을 너무도 좋아했기에 틈만 나면 시베리아의 도시들을 방문했다. 1996년 1월, 시베리아행 기차가 출발하는 모스크바의 '야로슬라브스키'역 플랫폼에 서서 한겨울의 얼음 바람을 맞아가면서 입김으로 두 손을 녹이며 시베리아행 열차를 기다리던 기억이 어제 일처럼 생생하고 뚜렷하게 남아 있다. 지금이라도 누가 시베리아에 대해 말하라고 한다면, 옴스크, 노보시비르스크, 이르쿠츠크, 톰스크 등, 시베리아의 도시 이름들이 술술 나올 뿐 아니라, 그 도시들의 전경을 마치 눈앞에 펼쳐진 듯 말할 수 있다. 도스도옙스키가 추방돼 살았던 도시인 '옴스크', 눈이 쌓여 역 앞에서 한걸음도 내디딜 수 없었던 옴스크의 첫날 밤은 할 수 없이 역사 건물 안의 여관에서 잠을 잤다. 한 방에 같이 투숙했던 러시아인은 차가운 강바닥에 잠수해 들어가서 석유 파이프라인을 건설하던 석유시추 분야의 기술자였다. 지금 생각하면 그와 무슨 언어로 소통을 했는지 여전히 이해되지 않는다. 나의 러시아어 실력은 형편

없었고 그는 러시아어를 제외하곤 외국어라고는 전혀 할 수 없었지만 우리는 보드카 잔을 나누면서 너무도 많은 얘기를 나눈 기억이 떠오른다.

사실 나는 우크라이나전쟁을 우리나라의 6·25 전쟁과 같은 동족상잔의 전쟁으로 본다. 조부모는 러시아에 살고 삼촌네는 벨라루스, 고모네는 시베리아, 우크라이나에는 아들 가족들이 살고 있다. 같은 러시아어를 사용하고 있으며 같은 음식인 '보쉬'와 '살리앙카'를 먹고 있다. 천 년 이상을 함께 살아온 사람들이 이제는 원수로 서로를 살상하고 파괴하고 있다. 앞으로 전쟁이 끝나더라도 러시아와 우크라이나는 완전히 다른 세계에서 다른 삶을 살아갈 것이다. 서로 피를 흘렸으니 완전히 분리된 삶을 살아갈 것이다.

그리고 우크라이나전쟁이 끝나면 다른 곳에서 다시 전쟁이 벌어질 것이다. 그곳이 어디인지는 누구도 알지 못하지만 활화산이 폭발하기 전에 꿈틀대듯이 전쟁의 가능성이 있는 몇 군데가 있다. 그곳으로 우크라이나전쟁에서 활동했던 용병들과 무기들, 장비들이 이동할 것이다. 평화로운 일상을 살아가는 사람들은 전쟁을 원하지 않지만, 전쟁을 통해 부를 쌓으면서 일확천금을 벌어들이는 군수업자들과 용병들은 지속적으로 전쟁을 추구한다. 이들은 자신들의 부를 위해 다른 사람들 생명과 삶을 파괴하는 사람들이며, 이들이 뒤에서 정부를 움직이고 정책을 결정한다.

인간은 전쟁을 먹고사는 동물이다. 이전에 한 의사는 전쟁 중에 의학이 급속도로 발전했다고 말한 적 있다. 과학기술의 급속한 발전도 전쟁을 통해서 일어났다고 할 수 있다. 하지만 전쟁의 후유증은 그보다 훨씬 더 크고 고통스럽다. 앞날의 희망이 없는 삶을 살아가는 수천만 명의 난민들은 누가 책임질 것인가?

어쨌든 우크라이나전쟁은 오래 가지 않을 것이다. 우크라이나를 전적으로 지원해온 미국도 바이든 정부가 물러난다면 우크라이나에 대한 지원은 끊을 것이다. 설혹 민주당 정권이 이어진다 해도 우크라이나를 지속적으로 원조할 수는 없으며, 우크라이나는 원조가 끊겨 반강제적으로 휴전을 맺어야 하는 상황에 직면할 수도 있다.

6·25 전쟁 당시 미국은 전쟁이 빨리 끝나기를 원했다. 미국의 입장에서는 2차세계대전 이후 가장 큰 인명피해를 본 전쟁이 한국전쟁으로 1950년 12월이 되자 미국 정부는 이미 전쟁을 끝내기를 원했다. 물론 지금은 당시의 상황과는 다르지만 미국의 경제여건이 좋지 않은 상황에서 전쟁에 대한 막대한 원조는 미국 내의 여론을 갈수록 악화시킬 것이 뻔하다. 전황이 갑자기 우크라이나에 유리하게 돌아선다면 미국의 원조는 계속될 수도 있지만 바흐무트와 같은 상황이 지속된다면 당연히 종전 여론이 압도할 수밖에 없다. 계속 전쟁해봐야 달라지는 건 없다는 주장이 힘을 얻을 수밖에 없다. 젤렌스키가 공언했던 크림반도의 수복은 단지 꿈으로 끝날 것이다.

전쟁의 결과에 따라 러시아와 우크라이나의 운명은 달라질 것이다. 러시아가 전쟁에서 승리할 경우에는 이미 점령한

20%의 우크라이나 영토인 크림반도와 동부 도네츠크, 루한스크, 헤르손, 자포리차 지역은 러시아 영토로 확정되면서 국제적인 승인을 받을 것이다. 그리고 우크라이나의 나토 가입은 무산될 확률이 높으며, 많은 우크라이나 난민들이 유럽으로 대거 이주하면서 유럽은 난민들로 인해 큰 위기를 맞을 것이다.

반면에 러시아가 지배세력 내부의 붕괴로 인해 더 이상 전쟁을 수행할 수 없게 되면서 종전을 선언한다면, 러시아는 국제무대에서 퇴출되면서 유엔에서 안전보장이사회의 자격까지 상실할 것이다. 그리고, 물론 가능성은 낮지만, 러시아의 핵무기에 대한 통제권이 나토로 넘어갈 가능성도 있다.

위의 예측은 통제되는 전쟁을 전제로 한 가정이지만, 현실 전쟁은 이보다 훨씬 더 심각하고 더 크게 전개될 수 있다. 전선이 우크라이나를 넘어 폴란드로 유럽으로 확장될 수도 있고, 확전되면서 본토를 공격당하고 점령당한 러시아 측이 우크라이나나 유럽에 전술핵무기를 사용할 가능성도 있다. 유럽 전역으로 전선이 확전되고 나토군의 전면적인 참전이 이뤄지면 3차세계대전으로 발전하게 된다. 당연히 아시아에서도 중국의 대만 침공과 더불어 중국과 미국의 전면적인 충돌로 이어질 것이며, 한반도도 화염에 휩싸일 것이다.

필자의 염원은 지금 전투를 벌이는 양측의 병사들 모두 무기를 내려놓는 것이며, 전쟁 당사국들은 한걸음씩 뒤로 물러나서 타협하고 전쟁을 끝내는 것이다. 그날은 빨리 오면 올수록 좋다.

# 우크라이나전쟁 속으로

# 언제 전쟁이 끝날까

2022년 2월에 개시된 러시아의 우크라이나 침공으로 촉발된 전쟁은 세계를 충격에 빠뜨리기에 충분했다. 21세기에 들어와서도 전쟁이 일어났다는 소식이 도저히 믿기지 않는다는 사람들도 많았지만, 전쟁의 여파는 석유값과 식료품값을 올려놓으면서 세계를 갑자기 경제 위기로 몰아넣었다. 갑작스러운 물가상승의 문제와 에너지 수급 문제로 전 세계가 한동안 혼란에 휩싸였다. 바로 세계인들의 생활과 직결되는 문제인지라 우크라이나전쟁은 세계적인 관심을 불러일으켰다. 또한 계속 양산되는 난민들 문제 또한 유럽과 세계의 문젯거리가 아닐 수 없다. 한동안의 쇼크는 시간이 지나면서 현실로 받아들여지기 시작했고 이제는 우크라이나전쟁과 함께 살아가고 있다. 매일 전쟁에 관한 뉴스를 보면서 전황에 관한 얘기를 나누면서 익숙해져 버렸다.

## 세계는 우크라이나전쟁과 함께 살아간다

지난 역사를 돌이켜보면, 인류는 수많은 전쟁을 경험해왔다. 마치 전쟁을 위해 태어난 동물처럼 보이기도 한다. 심지어 몇몇 학자들은 인간의 DNA에는 전쟁의 유전자가 심어져 있다고도 했을 정도다. 과학기술의 응용 분야에서도 무기 분야는 최첨단을 자랑한다. 세계를 파괴하기 위해 만든 무기들이 인류문명의 위대한 성과로 자랑스럽게 등장하고 있다. 사실은 부끄러워 뒤로 숨겨야 하는 것들이 버젓이 추앙 받고 있는 현실이다. 파괴와 살상은 현시대의 청소년들을 가상현실 게임 콘텐츠로 지배하고 있다. 당연히 전쟁도 이들에게는 고통과 참혹함의 현실이 아니라 디지털 게임의 한 부분으로, 단지 오락 정도로만 여겨진다.

과학기술의 발달로 이제는 전쟁의 전황과 정보가 시시각각으로 전해지고 있다. 하지만 과거보다 훨씬 더 전쟁의 참상에 대해서는 인류의 반응이 무디어졌다. 우크라이나에서는 미사일 공격을 받아 사람들이 죽어 나가고 삶의 터전들이 파괴되는 참화를 겪고 있으나, 다른 한 곳에서는 월드컵 축구 경기로 축제를 벌이는 광경이 동시에 목격되었다. 심지어 축제 분위기를 흐린다면서 우크라이나전쟁에 대해서는 아예 언급조차 하지 말라는 분위기였다. "너희들은 전쟁해라, 우리는 축구를 즐길 거야!" 서로 방해하지 말고 간섭하지 않고 각자의 삶을 살아가자는 것이 지금의 분위기다. 백 년 전만 해도 미국의 시골 마을에서는 유럽 대륙에서 전쟁이 났다는 신문의 작은 기사를 읽고 한 젊은이가 참전하러 가는 일도 있었다. 어쨌든 세상은 이전과 많이 달라졌다. 우크라이나전쟁은 지금 멈출 줄 모르고 더 격화되고 있다.

2022년 9월 말에 필자는 부산에서 시민들과 청년들을 대상으로 우크라이나전쟁에 대해 강의한 적이 있었다. 많은 사람에게서 나온 질문은 언제 전쟁이 끝나는지에 대한 것이었다. 물론 필자가 점쟁이가 아니기에 현재 진행 중인 전쟁에 대해 예언하기는 힘들다. 나 자신도 "우크라이나전쟁이 언제 끝날지 모른다"라고 했다. 그렇지만 "오래 갈 것"이라고 대답했다.

전쟁이 길어질수록 러시아가 불리해질 것이라고 예견하는 사람들이 많으나 전문가들의 견해는 이와 반대다. 러시아는 지금보다 훨씬 더한 경제적 고통을 견뎌냈던 전력이 있는 사람들이라는 것이다. 2003년 1월 7일, 부시 행정부에서 국무부 장관을 역임했던 콘돌리자 라이스와 국방장관을 역임했던 로버트 게이츠는 시간이 가면 갈수록 우크라이나가 불리해질 것이라는 기고문을 《워싱턴포스트》지에 실었다.

현재 우크라이나의 상황이 그렇게 만만찮다는 것이 두 전문가들의 견해다. 지금은 서방세계의 전폭적인 지원을 받고 있어도 전쟁이 길어질수록 원조를 해주는 미국이나 유럽 국가들의 의지는 시들해지면서 빨리 전쟁을 끝내라는 종전 압박은 거세질 것이 분명하다는 것이다. 현재 우크라이나는 전적으로 미국과 유럽의 원조에 의지해 전쟁을 수행하고 있으며 삶을 살아가고 있다. 수백만 명이 유럽에서 난민으로 살아가고 있으며, 우크라이나 현지에서는 대부분의 전기나 수도 등 생활 인프라 시설들이 파괴되었다. 이것을 복구하는 데 드는 비용만도 엄청나고 시간도 오래 걸릴 것이다.

라이스와 게이츠의 의견은 우크라이나가 전쟁에서 이기는

것이 미국과 유럽이 이기는 것이기에 러시아와 현재 전투를 벌이고 있는 우크라이나군에 현대식 중무기들을 공급해 러시아의 항복을 받아내는 길밖에 없다는 것이다. 지금까지 우크라이나에 공급해온 무기들은 사실상 별 효과가 없었고, 최신식 탱크들과 장거리 미사일 같은 중무기들을 공급해야 러시아가 반응한다는 것이다. 사실 러시아의 수도 모스크바에서 우크라이나 국경까지의 거리는 450km밖에 되지 않는다. 미국과 유럽은 핵무기를 사용하는 확전을 우려해 우크라이나에 장거리 미사일 공급을 주저해왔다. 하지만 라이스와 게이츠의 주장이 표면화한 지금 미국 정부에서도 조만간에 입장을 밝힐 것이 확실하다.

두 전직 안보전문가들의 우려는 종전 자체에 있지 않고 종전을 어떻게 마무리하는지가 관심사이다. 만약에 우크라이나가 러시아에 패배한 상태에서 종전 협상을 하게 되면 협정을 맺더라도 러시아는 계속적으로 협정을 파기하고 도발을 자행할 것으로 내다봤다. 그러므로 러시아를 완전히 굴복시킬 때만 후환이 없다는 입장이다.

하지만 두 안보전문가들의 입장은 핵전쟁도 불사하겠다는 전제를 두고 나온 것이어서 유럽 국가들로서는 받아들이기 어렵다. 러시아가 먼저 타격할 곳은 당연히 유럽이며 침공을 해도 유럽 대륙부터 먼저 침공할 것이기 때문이다. 전쟁의 참화를 가장 먼저 겪어야 할 곳은 유럽이기에 미국의 확전에는 크게 반발하고 있다. 특히 프랑스는 가능하면 러시아가 전쟁 중에 점령한 영토를 떼어내 주고서 종전하자는 입장이 강하다. 이는 독일도 마찬가지 입장이다.

이들의 기고문이 공론화된 후인 1월 25일, 바이든 정부는, 미국과 독일은 우크라이나에 공격용 탱크인 아브람스와 레오파르트2 탱크들을 보낼 것이라고 발표했다. 이제 전쟁의 양상은 궤도를 수정했다. 이전에는 방어에만 주력했지만 앞으로는 공격에 매진할 것이라는 예측을 할 수 있다.

## 한번 시작된 전쟁은 쉽게 끝나지 않는다

원래 전쟁은 한번 시작하게 되면 수일 안에 끝나든지 아니면 오랜 기간 동안 지속되면서 끝나기가 힘들어진다. 1967년에 발생한 이스라엘의 6일 전쟁은 단 6일 만에 끝났다고 '6일 전쟁'이라 한다. 그리고 2008년 8월에 조지아와 압카지아의 문제에서 발생한 러시아와 조지아의 전쟁은 꼬박 열흘 동안 지속됐다. 이렇게 며칠 동안에 끝나는 경우가 아니면 대부분의 전쟁은 몇 년씩 지속된다. 시작은 아주 쉽지만 끝맺음은 몹시 어렵다.

이란-이라크 전쟁은 1980년에 시작해 1988년에 끝났다. 장장 8년을 끌었다. 그리고 2003년에 시작된 이라크 전쟁은 지금도 여전히 전쟁 중에 있다. 1979년 말에 시작된 러시아와 아프가니스탄의 전쟁도 끝나는 데 10년이나 걸렸고, 미국-유럽연합군과 탈레반의 전쟁은 20년 동안 지속됐다. 지난해에 미군이 철수하면서 겨우 끝났다. 2011년에 시작된 시리아 내전, IS와의 전쟁은 지금도 계속되고 있다. 시리아는 완전히 파괴됐으며 지

우크라이나 중부 소도시 보로디안카는 도시의 대부분이 파괴되어 유령도시로 변했다.

금도 계속 전쟁의 와중에 있다. 그리고 IS가 무기를 내려놓고 항복했다는 소식은 들려오지 않는다. 팔레스타인과 이스라엘은 수십 년 동안, 전면적인 전쟁이라 할 수는 없지만, 어쨌든 작은 규모의 전쟁을 매일 치르면서 살아가고 있다. 2014년에 시작된 예멘전쟁은 지금도 지속되고 있다. 무엇보다도 세상에 알려지지 않은 전쟁도 많다. 아프리카의 수많은 국가들과 미얀마 같은 국가에서는 지금도 알려지지 않은 전쟁을 일상생활처럼 치르고 있다.

전쟁을 시작하는 주체들은 전쟁을 오래 끌겠다는 생각은 추호도 하지 않는다. 침공하면 바로 며칠 만에 끝낼 수 있다고 자신하면서 시작한다. 러시아의 푸틴 대통령도 최대한 열흘은 넘기지 않는다고 계산하고 시작했다. 6·25전쟁 때도 김일성은 남침하면서 남한을 열흘 안에 점령할 수 있다고 자신했다는 것이다. 하지만 전쟁은 이들의 계획이나 예상과는 달리 완전히 다른 양상으로 전개된다.

푸틴의 계산으로는 우크라이나를 침공하면, 우크라이나 대통령 젤렌스키와 내각의 지도부는 우크라이나를 떠나 국외로 망명할 것으로 보았다. 그리고 러시아군이 키이우에 들어가면 우크라이나 국민들이 모두 모여 성대한 환영식을 거행하면서 러시아군을 열렬하게 맞을 것으로 예상했다. 하지만 푸틴의 예상은 완전히 빗나갔다.

이제 우크라이나전쟁은 일 년을 넘어섰다. 이미 많은 사상자가 발생했고 물적 파괴도 엄청났고 많은 인프라 시설이 파괴됐다. 이로 인한 우크라이나 국민들의 적개심은 전쟁 전과는 비교할 수 없을 정도로 하늘을 찌르고 있다. 심지어 어린이들까지도 이전에는 즐겨 봤던 러시아에서 만든 만화 영화를 완전히 끊었다고 한다. 이런 상태에서는 종전 협상이 열리는 자체가 힘들 뿐만 아니라 설령 회담이 열린다 해도 협상장에서 합의에 도달하기는 더욱 힘들게 되었다.

사실 6·25전쟁은 전쟁의 규모와 파괴의 규모로 봐서는 예상보다 일찍 끝났다고 봐야 한다. 전쟁 기간은 3년이지만 그 정도의 대규모 전쟁이면 훨씬 오랜 기간 전쟁을 치렀을 것이다. 6·25전쟁의 사례를 보더라도 1953년 7월 23일의 휴전문서에 서명하기까지 2년 동안 휴전회담에 매달렸다. 휴전회담을 하는 중에도 한쪽에서는 전투기가 날아다니면서 폭격을 하고 대포의 포문이 불을 뿜었다. 휴전회담을 하는 동안만이라도 전쟁을 하지 않으면 좋겠지만 회담에서 더 많은 것을 획득하기 위해 전장의 전투는 더 치열하게 전개되는 것이 현실이다.

우려와는 달리 우크라이나전쟁의 경우에는 러시아와 국경을 맞대고 있는 폴란드와 발트 3국(에스토니아, 라트비아, 리투아니아)으로 전쟁의 화염이 아주 쉽게 번져갈 수도 있지만 통제가 잘되고 있는 편이다. 러시아의 입장은 분명하게 드러난다. 가능하면 최대한 자제해서 나토는 전쟁에 끌어들이지 않고 우크라이나에만 집중하겠다는 의향을 분명하게 보여주고 있다. 이는 역으로 러시아가 핵무기를 사용하지 않고 나토 전체와 재래식 무기로 전쟁을 벌인다면 절대로 이길 수 없다는 사실을 인정하는 것이기도 하다.

반면에 우크라이나는 가능하면 나토가 직접적으로 참전하기를 바라고 있다. 우크라이나의 대통령 젤렌스키는 누차에 걸쳐 "우크라이나만의 전쟁이 아니라 우크라이나가 무너지면 러시아는 유럽을 침공할 것"이라면서 유럽이 전쟁에 직접 동참해주기를 호소해왔다. 그럼에도 미국이나 유럽은 무기와 전쟁물자 지원은 계속해주면서도 직접적인 참전은 꺼리고 있는 실정이다. 자칫해서 전쟁이 확전된다면 세계 3차대전은 명약관화한 것이다. 자칫 하다가 세계가 핵전쟁으로 완전히 초토화될 수도 있다는 공포감이 내재해 있다. 그리고 만약에 나토 전체가 러시아를 공격하여 러시아의 방어 능력이 한계에 부딪힌다면, 러시아는 쉽게 핵미사일의 버튼에 손이 갈 것이다.

지난 11월 중순에 폴란드 국경지대의 마을에 떨어진 러시아제 미사일로 인해 3명의 폴란드인이 사망한 사건이 일어났다. 당시 우크라이나 정부에서는 러시아가 나토 회원국인 폴란드를 공격했다면서 대대적으로 나토의 참전을 촉구한 일이 있었다. 하지만 미국과 폴란드는 미사일이 우크라이나 내에서 러시아의 공습에 대항해 발사한 미사일이라고 발표했다. 이 사건의 진위는 차치하고서라도 당시 사건에서 보여준 미국의 태도는 우크라이나의 그것과는 극명한 대조를 이루었다. 미국은 가능하면 전쟁을 우크라이나 울타리 내에서 통제하려는 모습을 보여주면서 러시아와의 직접적인 충돌에는 선을 그으려는 태도를 분명히 밝혔다.

## 미국과 유럽은 빠른 종전을 원치 않는다

그럼에도 미국과 서방세계는 전쟁이 빨리 끝나기를 원치 않는 이중적인 태도를 보이고 있다. 이유는 간단하다. 우크라이나군이 대신 전쟁을 치러주고 있어 인적 손실이 전혀 없는 안전한 전쟁이기 때문이다. 한국 전쟁이나 베트남 전쟁처럼, 미국의 수십만 명의 젊은이들이 어딘지도 모르는 한국이나 베트남에서 죽어서 돌아오는 일이 없기에 정권 차원에서는 아무런 위험성이 없는 것이다. 단지 의회의 승인을 받아 예산만 지출하면 그만이다. 돈과 무기만 대주면 우크라이나인들이 알아서 가장 큰 적인 러시아를 상대해주기 때문이다. 러시아의 미사일을 맞아도 미국이 맞는 게 아니라 우크라이나가 대신 맞아주니 당연히 경제력만 허락되면 전쟁은 계속하는 것이다. 미래야 어찌 됐든 달러는 계속 찍어내면 된다고 생각하는 미국 정치인들도 있을 것이다.

보리스 존슨 영국 총리는 2022년 4월과 6월 두 차례에 걸쳐 우크라이나를 방문했다. 그의 방문은 우크라이나가 러시아와 타협해 평화회담에서 도장을 찍을 것을 염려하여 서방의 지원에 대한 확신을 심어 주기 위해서였다. 당시 영국 총리는 우크라이나를 계속 지원하고 전쟁이 끝나서도 다시 일어설 수 있게 지원하고 지지하겠다는 공개적인 약속을 했다.

러시아의 입장을 대변하는 《키예프프라우다》지는 "3월에 터키(튀르키예)의 중재로 러시아와 우크라이나가 회담에서 많은 접점이 있었다는 것을 인지한 보리스 존슨 총리가 젤렌스키를 만나서는 러시아와는 절대로 회담을 해선 안된다고 압박했다"라고 밝혔다. 영국의 우크라이나전쟁에 대한 입장은 미국과 동일하거나 보다 강경하다.

사실 지난해 3월 10일 터키 정부의 중재로 터키 남동부 해안도시 안탈라야에서 열린 러시아와 우크라이나의 외교 장관들의 회담에서는 상당한 진전을 이뤘던 것으로 전해졌다. 열흘

우크라이나 키이우를 방문해 전쟁 지원을 약속한 보리스 존슨 영국 총리.

후에 터키 정부가 공식적으로 언론에서 밝히면서 이를 재확인
시켜 주었다. 물론 두 나라는 전면전 이전부터 지속적인 충돌이
있었기 때문에 서로 간의 입장은 너무도 잘 알고 있다. 가장 중
요한 문제는 무엇보다도 영토의 문제이다.

2014년 3월에 합병한 크림반도와 그후 러시아의 지배하에
들어간 도네츠크와 루한스크, 2022년 침공으로 점령한 헤르손
과 자포리차 지역이 종전문제의 핵심 사안이다. 회담이 성사되
기 위해서는 어느 한 편이 전쟁에서 완전히 승기를 잡든지 아니

제1부    우크라이나전쟁 속으로

면 다른 한 편이 항복하고 포기해야 결론이 난다. 하지만 팽팽한 접전이 이뤄지고 있는 상황에서는 서로가 양보하지 않기 때문에 회담에서는 쉽게 결론이 날 수가 없다. 물론 눈에 보이는 상황만으로 판단할 수는 없다. 앞으로 맞닥뜨려야 할 상황들과 조건들이 변수가 된다. 모든 상황은 변수이며 모든 조건은 변한다. 오늘의 적이 내일의 동지가 되며 오늘의 동지가 내일의 적이 되기도 한다.

미국이 우크라이나전쟁을 바라보는 입장은 가능한 한 전쟁을 오래 끌고 가서 러시아를 약화시키는 것이라고 밝혔다. 러시아 출신의 올리가치(Oligarch: 소비에트 몰락 후 민영화를 통해 순식간에 부를 이룬 사업가)이자 영국의 유력일간지인 '인디펜던스' 신문사의 소유주인 레베데프는 미국이 우크라이나전쟁을 보는 관점을 잘 정리했다.

"미국은 우크라이나를 돕기도 하지만, 할 수 있는 만큼 최대한 러시아를 약화시키기 위해 모든 것을 다할 것이다. 또한 전쟁은 우크라이나만의 전쟁이 아니라 '거친 아시아의 야만인들'과 서방세계와의 전쟁이다."

러시아의 침공으로 수많은 인명피해와 물적 자산의 피해를 입은 우크라이나는 복수심에 이를 갈고 있을 것이다. 그리고 가능하면 러시아가 입힌 피해보다 몇 배로 되갚아주고 싶을 것이다. 당연히 러시아에서 아무런 보상과 원상회복이 없이는 전쟁을 끝낼 수 없을 것이다. 현실적으로 종전이라는 문제가 어려운 이유는 이 때문이다. 침공한 러시아가 승산이 없어서 종전을 원한다 해도 우크라이나에서는 받지 않을 것이다. 러시아가 받은 피해는 우크라이나에 비해 상대적으로 아주 미미하다. 따라서 전쟁의 늪에 한번 빠져들게 되면 더 이상 헤어날 수 없다. 6·25전쟁이 끝날 때, 휴전 협상을 위한 테이블에 이승만 정부에서 참여하지 않았던 것도 이 때문이다. 침공당해 피해를 입은 측은 쉽게 휴전이나 종전을 위한 문서에 서명하기 힘든 게 사실이다.

# 핵전쟁의 가능성은 있는가

## 핵무기를 포기해야 했던 우크라이나

1991년에 소비에트 연방에서 독립한 우크라이나는 영토 내에 1,700기의 핵무기를 가지고 있었다. 러시아는 우크라이나와 카자흐스탄, 벨라루스에 흩어져 있던 모든 핵무기들을 수거하기 위해 노력했다. 당시에 러시아에 가장 적대적으로 돌아섰던 국가가 우크라이나였으며, 다른 두 국가들-벨라루스나 카자흐스탄-은 독립했더라도 러시아와의 관계에서는 큰 변화가 없었다. 따라서 우크라이나에 흩어져 있던 핵무기들을 수거하기 위해 옐친 정부는 당시 클린턴 정부를 동원해서 우크라이나의 핵무기들을 수거했다. 1992년에 포르투갈의 리스본에서 핵확산금지조약에 세 국가들을 가입시켰으며, 1994년 12월 5일에는 부다페스트에서 각서에 서명하고 모든 핵무기들을 수거해 갔다.

1994년 12월에 헝가리 부다페스트에서 미국과 러시아, 영국, 우크라이나 정상들이 모여 우크라이나가 핵무기를 포기하는 대신에 국제적으로 안전을 보장하겠다는 각서(memorandum)

에 서명했다. 당시에 서명된 각서의 내용은 다음과 같다. 하지만 이 각서는 2022년 2월 러시아의 전면적인 침공으로 휴지 조각으로 변했다.

1. 기존 국경에서 서명국의 독립성과 주권을 존중한다.
2. 서명국에 대한 위협이나 무력 사용을 삼가한다.
3. 주권에 내재된 서명국의 권리에 의한 행사를 자신의 이익에 종속시키고 모든 종류의 이익을 확보하기 위해 고안된 경제적 압박을 삼가한다.
4. 서명국이 "핵무기가 사용되는 침략 행위의 희생자가 되거나 침략 위협의 대상이 되는" 경우, 안보리는 즉각적인 지원을 제공하기 위한 조치를 취한다.
5. 서명국에 대한 핵무기 사용을 삼가한다.
6. 위의 사항들에 관한 질문이 생기면 서로 상의한다.

전쟁이 실행되고 있는 일각에서는 당시 우크라이나가 러시아에 핵무기를 넘겨주지 않았더라면 러시아로부터 침공당하지 않았을 것이라는 말을 한다. 대표적인 학자가 시카고대학의 미어샤이머 교수인데, 1993년《포레인어페어즈》여름호에 기고한 글에서 '우크라이나는 핵무기 포기로 인해 러시아의 공격을 받을 것'이란 예견을 했다. 그는 "우크라이나가 절대로 핵무기를 포기해서는 안 되며, 이것이 유럽의 평화를 지켜내는 방도"라고 강력하게 경고했다.

그의 경고는 소비에트가 붕괴하고 유럽에 평화가 찾아올

　　　　　제1부　우크라이나전쟁 속으로

것이란 기대에 한껏 부풀어 있던 세계에 경종을 울렸지만, 당시 클린턴 정부는 그의 의견을 무시해버렸다. 당시에 클린턴 대통령은 중동의 평화회담을 성공적으로 중재하면서 아라파트와 라빈, 페레스가 노벨평화상을 받도록 주선해 '평화의 사도'라는 역할에 한껏 도취해 있었다. 당연히 한 대학 교수의 찬물 끼얹는 경고에 귀를 기울일 리가 없었다. 1994년 12월, 클린턴 대통령은 부다페스트 회의를 통해 우크라이나의 핵무기를 러시아에 넘겨주게 된다. 결과적으로 미국이 현재 상황을 만든 부분적인 책임이 있는 것이다.

당시 미어샤이머 교수는 핵무기에 대해서도 상당한 예지력을 보여주는데, 50년 동안 유럽을 평화롭게 만든 원인은 양 진영이 가진 핵무기 때문이라고 보았다. 평화의 원흉이던 핵무기가 오랜 평화를 가져다 준 대들보였다는 말이다. 매우 아이러니하고 의미심장한 코멘트이다.

## 핵무기는 푸틴의 마지막 카드

소비에트는 아프간전쟁에서 패배하면서 추락했고 끝내 해체까지 갔다. 그럼에도 러시아는 패배한 전쟁에서 제대로 교훈을 체화하지 못했다. 현재 진행 중인 우크라이나전쟁에서 패한다면 러시아의 완전한 붕괴까지도 내다볼 수 있다. 러시아에 절체절명의 위기가 온 것이다. 푸틴의 말처럼 서방에서 달려들어 러시아를 완전히 갈기갈기 찢어 놓을 수도 있다. 이 때문에 러시아로서는 우크라이나전쟁에서의 패배는 국가와 민족의 생존과 연관돼 있기 때문에 전쟁의 패배란 있을 수가 없다.

푸틴은 지난해에 핵무기의 사용 가능성을 몇 차례 언급한 바 있다. 최근에도 푸틴은 "국가의 존립이 위협받는다면 국가가 보유하고 있는 어떤 무기라도 사용하여 위협 요소나 수단을 제거하기 위해 노력할 것"이라고 밝혔다. 당연히 수천 기의 핵무기를 보유하고 있으면서 국가의 존립이 위협당한다면 누구라도 핵무기를 사용할 것이란 사실은 논리적이다. 이는 단순한 위협이나 가벼운 농담이 아니라 아주 무겁고 심각한 현실적으로 가능한 표현이다. 그만큼 핵전쟁은 현실로 우리 곁에 성큼 다가왔음을 알 수 있다. 서방세계 또한 이를 심각하게 받아들이고 있다.

현재 러시아가 보유하고 있는 핵무기 수는 5,977개이며 1,588개의 전략핵무기를 보유하고 있다. 반면에 미국은 5,428개의 핵무기와 1,644개의 전략핵무기를 보유하고 있다. 유럽에서는 영국과 프랑스가 핵무기를 보유하고 있는데 영국은 225개, 프랑스는 290개를 보유하고 있다. 당연히 이들 국가가 보유하고 있는 핵무기들은 지구를 몇 개나 파괴하기에 충분하다. 러시아는 지난 2011년부터 2020년까지 10년 동안 핵무기를 현대화하기 위해 700억 달러(85조)를 지출한 것으로 알려졌다. 현재 러시아가 배치한 전략 핵탄두는 1,588개이며 대륙간탄도미사일은 527개가 배치된 것으로 밝혀졌다.

핵무기의 사용이 시작되고 상황이 격화되면 핵무기의 사

용은 전면화할 수밖에 없다. 핵무기로부터 안전한 국가들은 유럽과 아시아, 아메리카 대륙에서 멀리 떨어진 그린란드나 태평양의 피지 같은 작은 섬들을 제외하고는 거의 없다.

러시아(당시 소비에트)는 미국에 이어 세계에서 두 번째로 핵폭탄을 가진 나라가 되었다. 1949년 8월 29일 카자흐스탄 세미팔라틴스크에서 핵실험을 성공적으로 마쳤다. 당시의 핵실험 성공은 미국의 일본에 대한 핵무기 투하에 주눅들어 있던 소비에트에 큰 자신감을 불러일으킨 일대 사건이었다. 1950년 한국에서 일어난 6·25 전쟁도 사실은 소비에트가 핵실험에 성공하면서 세계에 자신감을 보여주기 위해 일으킨 전쟁이라는 주장도 있다. 물론 소비에트는 당시에 핵기술을 자체적으로 개발한 게 아니라 스파이 활동에 의해 획득한 결과물이었다. 미국의 핵무기 개발 프로젝트 팀인 '맨하탄 프로젝트' 팀의 핵무기 개발 책임자인 오펜하이머와 두 명의 핵물리학자들이 러시아 스파이들에게 자료를 넘겨주었으며 이 자료들을 토대로 핵무기를 개발할 수 있었다. 이 사실은 소비에트의 KGB(소비에트 정보부) 고위직에 있으면서 직접 핵무기 개발을 위한 자료를 넘겨받았던 파벨 수도플라토프의 비망록에 잘 드러나 있다.

러시아에 핵무기 개발 기술을 넘겨준 미국 측 과학자들은 일본에 투하된 핵무기의 어마어마한 위력을 직접 목도하면서 미국의 핵무기 독점은 더 큰 재앙을 불러일으킬 것이란 생각에서 핵기술을 넘겨줬다는 것이다. 이들의 생각은 옳았다. 핵무기가 한 국가에만 독점되지 않고 여러 국가에 분산되면서 서로를 견제하여 더 이상 핵무기를 사용하는 일이 일어나지 않게 되었다.

1980년대, 냉전 시대가 끝나가면서 새로운 시대로 접어들 무렵에 세계는 하나의 큰 전기를 맞게 되었다. 물론 핵무기의 사용이 가능할 수도 있는 시대가 왔다는 의미이다. 그동안 핵무기는 양적으로나 질적으로나 다양하게 개발돼 왔다. 전략핵무기와 전술핵무기, 소형핵무기 등 다양한 위력을 가진 핵무기들이 개발되었다. 그럼에도 무기 개발의 경쟁을 비판해온 전 세계의 활동가들과 정치인들, 지식인들의 캠페인에 의해 하나의 소중한 결실이 맺어지게 된다.

1987년 12월 로널드 레이건 미국 대통령과 미하일 고르바초프 소련 서기장은 두 나라의 중단거리 탄도 미사일, 순항 미사일 또는 미사일 발사대 배치를 제한하는 중거리 핵전력 조약(Intermediate-Range Nuclear Forces Treaty)에 서명했다. 사정거리가 500~5,500km대에 이르는 중거리 핵무기는 당시 소련 지도자 미하일 고르바초프와 미국 대통령 로널드 레이건 사이의 1987년 조약에 따라 유럽에서 금지됐다. 이 조약의 체결은 냉전의 긴장을 완화시킨 주요 사건이었는데, 1991년까지 양측은 핵무기 2,700개를 파괴했다.

하지만 트럼프 행정부의 에스퍼 국방장관은 2019년 8월 2일, 중거리 핵전력 조약(INF조약)에서 탈퇴한다고 발표했다. 에스퍼 장관은, 미국의 반대에도 불구하고 러시아가 계속해서 조약을 위반했다며 이것이 미국이 철수한 이유라고 밝혔다. 성명서에서 에스퍼 장관은 더 이상 미국이 32년 동안 준수해온 INF 규정에 얽매이지 않고 러시아가 위반하여 개발한 위협에 대응할 수 있는 자체 방어시스템을 개발할 것이라고 밝혔다.

중단거리 핵무기를 제한하는 조약은 그동안 유럽과 러시아의 중요한 안보 축이었다. 500～5,000km의 사거리는 유럽이나 러시아 어디에서 쏘아도 유럽의 어느 곳이나 또는 러시아의 어느 곳에도 도달할 수 있는 거리이다. 물론 그동안 조약을 위반했든 하지 않았든 누구의 잘잘못을 따지기 전에 이제 세계는 더욱 위험한 곳으로 변해가고 있다는 것만은 확실해졌다.

인류의 평화와 안녕을 위해 핵무기를 사용하지 않는다는 건 로맨틱한 몽상이다. 자신이 죽을 위기에 처하게 되면, 살기 위해서 어떠한 수단이라도 사용할 것이라는 건 자명한 사실이다. 미국이나 나토국가들도 러시아가 침공해 와서 국가의 존립이 위험해지면 당연히 핵무기에 손을 댈 것이다. 1962년에 소비에트가 쿠바에 미사일 기지를 건설하겠다는 계획을 밝혔을 때, 케네디 정부는 핵전쟁을 불사하더라도 쿠바에 소비에트 미사일 기지 건설을 막겠다고 나섰다. 이것이 소위 말하는 '쿠바 미사일 위기' 사건이다. 당시의 문제를 미국은 존재 자체에 대한 위협으로 봤다는 것이다.

### 코너에 몰린 러시아

우크라이나를 침공한 러시아도 당시의 미국과 같은 심정

이었을 것이다. 자기 나라와 국경을 수백 킬로미터나 맞대고 있는 우크라이나가 적대적인 국가들의 집합체인 나토의 일원이 되어 강력한 공격 무기들을 배치한다고 생각하면 불안해서 밤잠을 이룰 수 없을 것이다. 나토의 확장은 러시아를 이렇게 코너로 몰아넣기 시작했으며, 더욱이 미국의 중단거리 핵무기 조약의 탈퇴 또한 러시아를 더욱 옥죄는 결과를 가져왔다.

2022년 10월 25일, CNN은 러시아가 우크라이나를 고발한다는 주장을 내보냈다. 러시아는 "우크라이나가 '더러운 폭탄(dirty bomb)'이라 불리는 급조된 핵폭탄을 사용할 계획"이라고 주장했다. 이것은 기존의 폭탄에 방사성 물질인 우라늄을 섞어서 만든 폭탄으로 방사능 유출을 통해 인체에 해를 주기 위한 목적으로 만들어졌다. 하지만 이 폭탄은 1995년에 체첸 반군들이 모스크바에서 시도하다 실패한 것으로 사실상 한 번도 사용된 적은 없다. 우크라이나 측은 러시아가 핵무기 사용을 정당화하기 위해 계속 우크라이나에 대한 거짓 선전을 하고 있다고 대응했다.

현재 진행되는 우크라이나전쟁은 러시아에 대한 실존적 위협은 아니지만, 푸틴은 이를 자신에 대한 위협으로 인식할 수도 있다. 그는 전쟁에서 지는 것이 자신의 권력이나 목숨을 잃는다는 것을 의미한다고 생각할 수도 있다. 패전의 가능성이 커질수록 푸틴은 핵무기를 자기 보존을 위한 최후의 수단으로 간주할 수도 있다.

어쨌든 코너에 몰린 러시아가 살아남기 위해 할 수 있는 일

2022년 3월 우크라이나로 진격중인 러시아 기갑부대.

핵전쟁의 가능성은 있는가

은 자신이 가진 것들을 세계에 보여주는 일이다. 러시아가 보여줄 수 있는 것들은 많지만 세계에 긴장감을 줄 수 있는 것들은 에너지와 핵무기이다. 세계에서 가장 많은 핵무기들을 비축하고 있고 수천 기의 미사일을 보유하고 있는 러시아가 미국이 하는 대로 순응하면서 숨소리조차 내지 않기를 바라는 것은 너무도 순박한 바람일 뿐이다. 물론 재래식 무기로 전쟁을 벌이지만 코너에 몰릴수록 보유하고 있는 핵무기에 더 손이 갈 수밖에 없다. 너무도 파괴적인 지구의 종말을 부추기는 사탄의 유혹이다.

러시아의 마지막 핵실험은 소비에트 시절이던 1990년 10월 24일 실행됐으며 북한을 제외하고는 1998년 이후로 핵실험을 실시한 국가는 없었다. 이제 러시아는 다시 핵실험을 시도할 수 있다. 인도주의적, 환경적 영향까지도 고려하여 시베리아 북부 지역이나 공해상의 해저, 또는 우크라이나의 무인 지역을 핵실험 장소로 선택하여 핵실험을 통한 시위를 벌일 수도 있다.

## 러시아의 핵무기 공격이 두려운 미국

또 다른 핵무기 사용 가능성은 전술핵무기 사용 가능성이다. 러시아는 우크라이나의 전투 의지를 약화시키고 군사력을 훼손시키기 위해 우크라이나군대 또는 에너지 인프라를 목표물로 설정하여 핵무기를 사용할 수도 있다. 전술핵무기는 작은 탑재량과 정확한 표적을 가지고 있다. 러시아는 비행기, 미사일 또는 선박에 탑재할 수 있는 2,000개의 전술핵무기를 보유하고 있다. 그 중에서 가장 위력이 큰 것은 제2차 세계대전 말 일본 히로시마에 미군이 투하한 핵폭탄보다 폭발 반경이 약 0.5km 더 넓다. 핵 공격은 사람이 살 수 없는 무인 지대를 만들어 우크라이나군의 전진을 막을 수 있다. 폴란드의 무기 공급 시설이나 발트해 연안의 무기 보관 시설 등, 우크라이나전쟁과 관련된 군사 시설이나 기반 시설을 타겟으로 삼을 수 있다.

하지만 군사 목표물에 대한 러시아의 전술핵무기 사용은 우크라이나의 반격을 중단시키지는 못할 것이다. 핵무기의 공격이 지상 진격을 더욱 어렵게 만들더라도 우크라이나는 공중 공격과 대공 방어에 계속 집중할 것이다. 더욱이 전장에서 핵무기 사용은 기존의 공중 폭격이나 미사일 폭격보다 우크라이나의 전기 및 에너지 인프라를 차단하는 데는 덜 효과적이다. 그리고 전술핵무기 사용에 따른 파괴의 효과는 계산하기 어렵다. 핵탄두의 문제나 폭발의 강도, 날씨 및 지리에 따라 위력이 달라진다.

이에 대응하여 미국과 나토 동맹국들은 우크라이나에 더 많은 무기를 보낼 것이며, 낙진과 방사능 피해에 대응한 인도주의적 지원을 제공할 것이다. 결과적으로 러시아의 전술핵무기 사용은 러시아가 예상한 목표를 제대로 달성하지도 못하고 더 큰 역효과만 불러일으킬 수도 있다.

무엇보다도 러시아가 실행할 수 있는 최후의 선택은 우크라이나 또는 우크라이나의 동맹국들에 대해 전략핵무기를 사용하는 것이다. 전략핵무기 공격은 전술핵무기의 공격보다 수백

배 더 강력하다. 이것을 사용한다면 러시아는 서방의 전쟁 지원을 약화시킬 수도 있다. 파리나 런던, 뉴욕과 같은 서방의 주요 도시에 핵 폭격을 가할 경우도 가정할 수 있다. 이 경우에는 서구의 대응 핵 공격이 즉각 이어지면서 러시아의 주요 도시들은 모두 잿더미로 변할 것이다. 사실상 이 경우에는 지구 자체가 거의 종말 수준으로 파괴될 것이다.

조 바이든 대통령은 "어떤 규모로든 핵무기를 사용하는 것은 우리뿐만 아니라 다른 나라에서도 전혀 용납할 수 없으며 심각한 결과를 초래할 것"이라고 경고했다. 하지만 바이든의 경고는 모호하며 명확하지 않다. 러시아의 핵 공격이 발생한다 해도, 미국 본토를 대상으로 한 게 아니라 우크라이나나 인접국이 공격당할 경우엔, 미국의 대응 또한 달라질 것이다. 괜히 러시아를 핵무기로 공격하여 미국도 핵무기 공격을 당할 수 있으니 이를 피해 갈 것은 자명한 사실이다.

핵 공격이 있어도 미국 본토가 아니고 사상자들 중에 미국 국민들만 없으면 미국은 단지 무기 판매의 확대와 비군사적 물자의 지원 강화만을 통해 기존의 방식을 그대로 유지할 것이다. 미국은 러시아를 상대로 재래식 무기를 사용할 가능성이 더 클 수 있다. 또한 러시아를 침공하기 위한 적극적인 공격보다는 단지 우크라이나와 서방을 방어하는 데 집중하는 소극적인 대응에 치중할 가능성이 더 크다. 러시아의 핵 공격 후에는 나토군이 우크라이나에 직접 배치될 것이지만, 국경을 넘어 러시아로는 들어가지는 않을 것이다. 또한 첨단 미사일이나 드론을 통한 공격 작전도 우크라이나 내의 러시아 시설이나 군대로 타겟을 제한할 것이다. 러시아 본토보다는 기껏해야 우크라이나의 점령 지역과 크림반도로 공격 지역을 제한할 것이다.

그만큼 미국도 러시아의 핵 공격을 두려워하고 있는 것이다. 만약에 러시아가 핵무기로 미국을 공격할 경우, 단지 한 발만 쏘는 게 아니라 수십 발을 동시에 쏠 것이기 때문에 미사일 방어시스템으로 방어를 한다 하더라도 한두 발은 놓칠 수 있다. 한 발만 떨어져도 미국의 한 도시는 완전히 잿더미로 변할 것이다. 현재의 우크라이나전쟁에서 미사일 발사는 러시아의 미국에 대한 미사일 공격의 실전 연습일 수도 있다.

# 우크라이나와 러시아의 종전 조건들

이미 러시아와 우크라이나는 종전 협상을 위한 조건들을 제시했다. 물론 종전협정의 내용들은 전황에 따라 가변적이다. 종전 협상에서 가장 중요한 것은 국경선을 긋는 문제이다. 영토를 확정지어 국제적인 승인을 받는 일이 종전 협상에서 중요한 논쟁거리가 된다. 우크라이나는 러시아가 2014년 이전으로 후퇴할 것을 요구하고 있다. 2014년이란 2차 오렌지혁명이 일어난 해이며 크림반도를 합병한 해이기도 하다. 우크라이나의 요구 조건은 점령한 크림반도와 우크라이나 동부의 돈바스 지역을 모두 반환하고 러시아군이 무조건적으로 철수하는 것이다.

하지만 러시아는 우크라이나가 제시한 조건을 받아들일 리 만무하다. 2014년부터 러시아가 국제사회의 비난을 무릅쓰고서 크림반도를 합병하고 동부 돈바스 지역을 점령하면서 들인 공은 만만찮다. 러시아가 원했던 전쟁의 목표와는 상당히 거리가 멀어졌으며 이제는 돌이킬 수 없는 양상으로 발전했다. 러시아가 원했던 특수작전의 목표였던 젤렌스키 정부를 붕괴시키겠다는 레짐 체인지 목표는 실패로 돌아갔다.

변경된 플랜 B는 전쟁을 통해 점령하고 있는 땅을 국제적으로 승인 받는 일이다. 마리우폴과 헤르손, 자포리차, 바흐무트 지역과 이미 러시아가 합병한 크림반도와 도네츠크 공화국과 루한스크 공화국의 국제적인 인정을 획득한다면 전쟁을 끝낼 수 있다는 입장이다. 그러나 이 또한 서방세계에서 받아들이지 않고 있으며 무엇보다도 전쟁 당사자인 우크라이나 국민들이 받아들이지 않고 있다. 전쟁의 참화를 겪어온 우크라이나 국민들은 러시아가 2014년 2차 메이단 혁명 이전의 상태로 돌아가 주기를 원하고 있다.

## 물밑에서 계속된 협상 테이블

지난 2022년 11월 15일, 16일 양일간 인도네시아 발리에서 열린 G20 정상회담에서 젤렌스키는 모인 정상들에게 화상으로 평화를 위한 정식(Formula)으로 10가지를 제안했다.

1. 방사능과 원자력 보장
2. 식량 보장
3. 에너지 보장
4. 모든 죄수들과 추방자들의 석방
5. 유엔헌장의 구현과 우크라이나의 영토와 국제질서의 회복
6. 러시아군대의 철수와 적대적 행위 중지
7. 정의
8. 생태파괴로부터 즉각적인 자연환경 보호
9. 확전의 금지
10. 종전의 확정

반면에, 푸틴은 우크라이나 침공을 개시한 후 3월에 휴전을 위한 6개 조항을 요구 조건으로 제시했다.

1. 우크라이나는 나토에 가입하지 않고 중립적인 위치를 지킨다.
2. 크림반도는 러시아의 영토로 인정한다.
3. 도네츠크 인민공화국과 루한스크 인민공화국의 독립을 인정한다.
4. 우크라이나를 비(非)군사화시키며 러시아에 위협이 되는 어떤 무기도 반납한다.
5. 우크라이나는 비(非)나치화의 과정을 거치면서 우크라이나 지도부의 변화가 필수적이다.
6. 러시아어를 우크라이나의 제2의 공식어로 인정하며, 이를 금지하는 어떠한 법률도 폐기한다.

많은 사람은 지금까지 러시아나 우크라이나 모두 종전을 위한 평화협상을 하지 않았다고 생각하지만, 포탄이 발사되고 공습이 이어지는 가운데서도 협상 테이블은 쉬지 않고 움직여 왔다. 러시아와 우크라이나는 2014년과 2015년의 민스크협정 문서에 도장을 찍은 이래로 지금도 물밑에서는 계속 협상이 진행되고 있다. 물론 민스크협정은 제대로 이행되지 않으면서 종이 속에서만 합의가 이뤄졌을 뿐이다. 그만큼 종전 협상은 어려운 일이다. 협상 중에도 계속 전투가 진행 중이기 때문에 협상의 내용은 진행 중인 전투를 따라잡을 수 없다. 결국에는 협상 내용이 현실 전투의 진행 상황과 다르게 되면 종전 협상은 깨지게 된다. 민스크협정은 이런 문제로 인해 흐지부지해졌다.

당연히 협정의 이행은 중요하다. 협정이 이행되지 않으면 상호 간의 불신만 커져 끝내 전면전으로 이어지고 만다. 그 결과가 지금 진행되고 있는 전면전이다. 이런 사례는 세계역사에서 무수히 찾아볼 수 있다. 평화는 상호 간의 합의만 이행되면 반드시 올 수밖에 없으나 이행되지 않으면 더 큰 불행이 찾아온다.

러시아의 침공 후, 젤렌스키는 푸틴 대통령에게 즉각적인 직접 대화에 동의할 것을 촉구했다. 엄청난 군사적 압박 속에서 우크라이나 측은 2월 28일 벨라루스의 고멜에 대표단을 파견하기로 합의했으며, 회의는 3월 3일과 7일에 열렸다. 그 후 회담은 온라인으로 계속되었다. 3월 10일 우크라이나와 러시아의 두 외무장관 드미트로 쿨레바와 세르게이 라브로프가 터키의 동남부 도시인 안탈라야에서 만났다. 3월 29일 대표단은 터키의 중재 하에 이스탄불에서 다시 미팅을 가졌다. 그곳에서 우크라이나 측은 휴전, 영구적인 우크라이나 중립, 15년 이내에 크림의 지위를 명확히 할 것, 국제 안보 보장을 위한 조건을 설명하는 10개 조항의 '이스탄불 코뮈니케'를 제안했다. 남은 쟁점은 두 대통령의 회담에서 해결될 것으로 남겨놓았다.

당시, 우크라이나는 중립을 위한 전제 조건으로 안보 보장을 요구했다. 4월에 우크라이나 측은 러시아와의 휴전 협정과 러시아를 제외한 국제적인 보증 국가 그룹과의 안보 협정이라는 두 가지 문서를 요구했다. 즉, 우크라이나는 더 이상 러시아만을 보증인으로 받아들이려 하지 않았다. 반면에 모스크바는 안보 보장의 문제에서는 각자 자신의 역할을 수행하면서, 유엔의 안전보장이사회에서 모든 미결 문제를 단일 문서로 채택할 것을 요구했다. 러시아 측은 2021년 12월에 러시아가 제기한 미국과 NATO의 안보 보장에 대한 요구도 함께 받아들여져야 한다고 주장했다.

이스탄불 코뮈니케에서 우크라이나는 모스크바가 어떤 형태로든 도네츠크와 루한스크를 합법적인 합병으로 인정해달라는 요구를 거부했다. 러시아는 크림에 대한 논의를 거부했으며 점령 지역의 '독립'을 주장했다. 이 차이로 인해 합의가 이루어지지 않았다. 이스탄불 코뮈니케에서 우크라이나는 안보 보장에 크림반도와 돈바스 점령 지역 두 지역을 모두 포함할 것을 요구했다. 러시아 측은 우크라이나가 요구한 회담 내용이 이스탄불 코뮈니케의 본질에서 벗어난다면서 반복해서 비판했다.

## 휴전회담을 붕괴로 몰고 간 요인들

4월 회담의 분위기가 급격하게 악화된 배경에는 전쟁 상황의 악화를 들 수 있다. 키이우에 대한 공격이 실패하자, 러시아는 북부 전선을 포기하고 돈바스와 우크라이나 남부에 군사력을 집중했다. 그리고 러시아군이 점령한 지역에서 발견된 우크라이나 민간인들에 대한 반인륜적인 범죄 행위는 우크라이나와 국제사회에 큰 분노를 불러일으켰다. 이 문제가 터지자 서방은 우크라이나에 대대적인 무기 지원을 시작하게 된다. 당시에 가장 당면한 이슈는 러시아가 우크라이나인들에 대한 대량학살을 어떻게 저질렀는지, 러시아의 전쟁 범죄를 어떻게 처벌

할지의 여부였다.

　같은 기간 동안, 서방의 첫 번째 주요 무기들이 우크라이나에 도달했다. 4월 26일 람슈타인 회의에서 서방 동맹국과 다른 국가들은 키이우에 체계적인 군사 지원을 제공하기로 합의했다. 이러한 서구 입장의 변화는 러시아군의 대량 학살 범죄에 대한 대응이었다. 또한 우크라이나가 러시아의 공격에 물러서지 않고 계속적으로 저항할 수 있다는 신뢰로 인해서다. 서방의 지원에 고무된 우크라이나인들은 러시아를 군사적으로 격퇴할 수 있다는 확신을 더 강하게 가질 수 있었다. 휴전회담을 붕괴로 몰고 간 또 다른 요인은 마리우폴 전투였다. 포위된 아조프 철강공장에서 민간인과 우크라이나군인 및 민간인들을 위한 인도주의적 구호를 위한 통로를 구축하려는 국제적 노력은 러시아의 거듭된 거부로 실패했다. 4월 중순에 젤렌스키는 민간인이나 포로가 사망할 경우, 휴전 협상 가능성 자체를 배제했다. 러시아군은 마침내 5월 16일, 아조프 제철소의 완전한 통제권을 확보했다. 1,700명 이상의 우크라이나군인과 비정규군이 포로가 되었다(그중 일부는 포로 교환으로 풀려났다). 5월 17일, 우크라이나와 러시아가 공식적으로 휴전회담에서 탈퇴했다.

　우크라이나는 세계 최대의 농산물 수출국 가운데 하나다. 전쟁으로 흑해를 통한 곡물 수출이 차질을 빚으면서 국제 곡물 가격이 크게 올랐다.

　에르도안 터키 대통령과 구테레스 유엔 사무총장은 양측에 긴급하게 필요한 우크라이나 곡물의 운송을 허용하기 위해

우크라이나는 세계 최대의 농산물 수출국 가운데 하나다.
전쟁으로 흑해를 통한 곡물 수출이 차질을 빚으면서 국제 곡물 가격이 크게 올랐다.

봉쇄된 우크라이나 흑해 항구를 개방하는 것에 대한 협상을 제
안했다. 2022년 7월 22일 소위 곡물 거래 협정은 우크라이나 흑
해의 오데사, 토르노모르스크, 피브데니 세 항구에서 우크라이
나 곡물의 수출을 가능하게 했다. 그러나 러시아는 우크라이나
항구에 대한 군사적 봉쇄를 해제하지 않았고 우크라이나도 연
안 해역을 개방할 용의가 없었다. 당사자들이 합의한 내용은 매
우 복잡하여 언제든지 깨질 수 있다. 터키와 유엔, 우크라이나,

러시아의 인력들이 함께 이스탄불에 있는 공동 조정 센터를 통해 선박이 우크라이나에 무기를 운반하는 데 사용되지 않도록 감시해야 한다는 조건이었다. 이와 관련된 문제를 보장하기 위해 런던의 로이즈 보험회사에 '해상 화물 및 전쟁 시설'에 관한 보험이 만들어졌다. 러시아는 또한 유엔으로부터 "식량과 비료의 투명하고 방해받지 않는 접근을 촉진하기 위한 노력을 계속하겠다"라는 약속을 받았다. 양측은 중재자와 계약에 서명했다. 러시아는 10월 29일 이 합의를 중단했다가 4일 후 재승인했다. 이 합의는 11월 19일부터 120일 동안 연장하기로 했다.

곡물 협정이 성공적으로 체결된 후 몇 주 동안 터키와 UN은 상호 간의 전투로 인해 핵폭발의 위험성이 있는 자포리차 원자력발전소 문제를 중재하기 위해 나섰다. 국제원자력기구(IAEA)의 사찰팀은 현재 자포리차 발전소에 들어와 있으나 여전히 전투가 벌어지고 있는 실정이라고 알려왔다. 자포리차 원자력발전소 지역을 '안전지대'로 만들기 위해 노력하지만, 양측의 군 관계자들은 한 치의 땅도 포기하지 않기 위해 계속 전투 중이어서 협상은 어려워지고 있다. 최소한 중무기 사용만이라도 자제해야 하나 그것마저도 지켜지지 않아서 계속 발전소 안으로 포탄이 날아들고 있다는 것이다. 물론 누구도 자포리차의 원자력발전소가 폭발하는 것을 원치 않는다고 말은 하면서도 포격은 계속하고 있다.

2022년 9월 30일, 푸틴은 우크라이나 동부와 남부의 점령지 합병을 기념하는 연설에서 러시아는 더 이상 두 지역의 지위

핵폭발의 위험을 안고 있는 자포리차 원자력발전소.

에 관해 협상할 의향이 없다고 선언했다. 즉, 그는 새로 병합된 영토와 크림은 러시아의 영토라는 확고한 의지를 다시 천명했다. 동시에 그는 '러시아 영토'라고 주장하는 지역에 대한 공격에 대해서는 최대한 핵무기를 포함한 보복으로 대응하겠다고 위협했다. 그의 핵무기 사용 위협은 협상을 계속 어렵게 만들고 있다.

# 두 진영으로 나눠진 세계

## 전쟁이 계속될 수밖에 없는 국제정치 메커니즘

18세기 프랑스의 위대한 법철학자 몽테스키외는 "전쟁으로 세워진 제국은 전쟁으로 유지돼야만 한다"라는 의미심장한 말을 남겼다. 몽테스키외의 말을 해석하면, 제국은 전쟁을 해야만 유지되지 전쟁을 멈추면 더 이상 제국이 아니며, 이미 망했거나 망한다는 의미이다. 몽테스키외의 말대로 전쟁을 지속적으로 해온 제국을 꼽으면 사실 몇 국가들로 축약된다. 러시아와 미국, 영국, 프랑스, 터키 등 몇 국가들을 들 수 있다. 중국이 위의 리스트에 빠져 있는 것은 이상하지만 여전히 국내에서 다른 민족들과 전쟁을 치르고 있다.

러시아와 미국은 지난 20세기에 전쟁을 주도적으로 해온 국가들이다. 특히 미국은 끊임없이 전쟁을 해온 국가이다. 당연히 세계의 전쟁터에서 미국이 없다면 이상할 정도다. 물론 이들 국가가 전쟁에서 항상 대승을 거둔 것은 아니다. 그렇다고 대패한 것도 아니다. 대패했으면 미국이나 러시아라는 국가는 아예 존재하지 않을 것이다. 나라가 남아 있는 걸 보면 여전히 전쟁에서 이기는 횟수가 더 많으며 전쟁을 통해 돈벌이를 하고 있다는 의미이다. 그리고 미국이 전쟁하러 가는 곳에는 영국이나 프랑스도 예외 없이 함께하고 있다.

그리고 제국들은 무기와 밀접하게 연관돼 있다. 세계 무기 시장에서 대규모 무기 수출국들을 꼽는다면, 미국, 러시아, 프랑스, 중국, 독일, 영국 등의 순이다. 미국에 이어 러시아도 무기 수출에서는 두 번째로 규모가 크다. 무기 거래를 하는 국가들은 항상 전쟁과 연관돼 있다. 현재 진행되고 있는 우크라이나전쟁의 당사국인 러시아를 비롯해 우크라이나를 지원하는 미국이나 프랑스, 독일, 영국 등 국가들은 모두 전쟁에 관여돼 있다. 이들 국가들은 파괴와 살상의 체인 속에서 헤어나지 못하고 있다. 또한 무기를 수입하는 국가들도 같은 체인 속에 들어 있다. 무기 수입국들은 인도, 사우디아라비아, 호주, 한국 등의 순으로 많은 무기들을 수입하고 있다. 무기 수입국들 중에는 한국처럼 무기 수입을 하면서 결국에는 경쟁에서 살아남아 무기 수출국으로 변신할 국가도 있을 것이다.

러시아의 우크라이나 침공은 세계를 두 진영으로 갈라놓았다. 러시아를 지지하든 우크라이나를 지지하든 사실상 중립적 위치에 설 수 있는 여건을 제공하지 않는다. 이것 아니면 저것이라는 이분법적인 대립이 지배하는 상황이 바로 전쟁이며, 적이 아니면 친구가 되는 세계가 전쟁의 세계일 수밖에 없다. 얼마 전에는 브라질이 러시아의 편으로 돌아섰다. 미국에 비판적인 좌파인 룰라가 정권을 잡으면서 브라질은 러시아의 지지 세

력으로 등장했다. 우리나라도 미국과의 동맹관계로 인해 우크
라이나 편으로 분류되며 러시아와는 대립되는 진영에 서게 됐
다. 물론 러시아도 이해할 것이지만 어쩔 수 없다.

러시아는 비록 유럽이 적으로 돌아섰지만 중국과 인도, 브
라질 등 인구가 많은 국가들을 지지 세력으로 얻었다. 이들 국
가들은 러시아가 닥친 경제적 위기를 해결하기 위해서도 중요
한 국가들이다. 러시아의 주수입원은 석유와 가스 수출에서 나
온다. 주요 가스 수입국이던 유럽이 가스 수입을 금지하면서 러
시아는 수출 대상 국가를 변경해야 했다. 중국과 인도는 이제
러시아의 중요한 무역 파트너로 떠올랐다. 미국의 주도 아래 실
행된 러시아에 대한 금수조치로 단기간 내에 러시아의 경제가
위기를 맞아 붕괴할 것으로 기대했다. 하지만 1년이 지난 지금,
여전히 러시아는 경제적으로 망하지 않았고 건재한 것처럼 보
인다. 물론 이전보다 러시아 국민들의 생활수준은 많이 낮아졌
고 더 많은 고통을 겪고 있지만 그렇다고 러시아가 삶의 질이 저
하되었지만 굶주린다고 단언할 수는 없다. 그리고 러시아가 굶
주린다고 해도 항복하지 않으리라는 사실은 명확하다.

## 신냉전 시대로 들어선 세계

올해 1월 12일, 콘돌리자 라이스 전 미국 국무장관은 러시
아에 대한 경제적 압박으로는 러시아를 굴복시킬 수 없다고 하
면서 오직 하나의 방법은 우크라이나에 중무기를 공급해 러시

아를 전투에서 굴복시키는 방법밖에 없다고 한 적이 있다. 여기서 주목할 만한 코멘트는 러시아는 절대로 경제적 압박에 굴복하지 않을 것이라는 대목이다. 라이스의 관점에 동의한다.

러시아는 미국이나 서방의 국민들과는 질적으로 다르며 고난에 맞서는 태도 또한 다르다. 이는 역사적으로 검증된 사실이다. 2차세계대전 당시 독일은 러시아의 페테르부르크를 거의 2년 반 동안 포위해 시민들을 거의 아사 직전으로 몰아넣었다. 하지만 러시아인들은 지옥 같은 상황에서도 항복하지 않고 버텼고 도리어 독일 나치를 굴복시켰다. 물론 푸틴에 대한 여론이 악화될 수는 있지만 서방의 금수로 인해 푸틴 정권이 바뀌지는 않을 것이다. 도리어 러시아 국민들이 금수조치를 한 서방에 맞서 더 굳건하게 단결할 가능성이 크다.

어쨌든 세계는 분열되면서 신냉전 시대로 들어서고 있다. 러시아에 맞서 우크라이나를 전적으로 지원하는 나라들은 단연코 나토 회원국들이다. 미국을 제외한 29개국이 우크라이나를 지원하고 있다. 물론 나토 회원국들은 전쟁을 원치 않으며 우크라이나 지원에는 소극적이지만 여전히 러시아의 침공에는 비판적이며 우크라이나에 대한 지원도 지속하고 있다.

나토의 창립 멤버 국가들은 캐나다, 벨기에, 덴마크, 프랑스, 아이슬란드, 이탈리아, 룩셈부르크, 네덜란드, 노르웨이, 포르투갈, 영국, 미국이다. 여기에 더해 그리스, 터키, 독일, 스페인, 체코, 헝가리, 폴란드, 불가리아, 에스토니아, 라트비아, 리투아니아, 루마니아, 슬로바키아, 슬로베니아, 알바니아, 크로아티아, 몬테네그로, 북마케도니아 등이다. 일본, 한국, 호주도 우크라이나 지원국에 포함된다.

우크라이나와의 전쟁에서 몇몇 국가들은 직간접적으로 러시아를 지원하고 있다. 벨라루스는 러시아의 가장 큰 지지자이며 러시아군대가 자국 영토에서 우크라이나에 진입하는 것을 허용했다. 다른 지원 국가들은 쿠바, 니카라과, 베네수엘라, 키르기스스탄이다. 몇몇 국가는 간접적으로 러시아의 침공을 지지하거나 러시아나 우크라이나 어떤 국가에도 찬성이나 반대를 드러내지 않는다.

시리아는 우크라이나 동부의 공화국에 대한 모스크바의 합병에 대해 지지를 표명했다. 이란은 나토가 도발하여 원인을 제공했다고 러시아의 침공을 정당화했다. 아랍에미리트와 사우디아라비아는 러시아에 대한 비판을 거부했다. 이들은 중립을 표방하고 있다. 이들 국가들은 러시아와 같은 산유국이어서 같은 이해관계를 가지고 있다. 카자흐스탄은 러시아의 동맹이면서도 모호한 태도를 보여 왔으며 합동 군사 훈련에도 군대 파견을 거부했다. 아르메니아는 유럽 의회에서 러시아를 축출하는 것에는 반대 투표를 했지만, 침공에 대해서는 침묵을 지켰다. 중국과 인도는 중립적인 태도를 표방해 러시아에서 석유를 수입하면서 미국과 서방의 금수조치에 동의하지 않는다.

# 우크라이나의 중립화는 종전의 해법일까

## 전쟁을 끝내기 위한 첫걸음

러시아는 우크라이나를 침공하면서 우크라이나의 나토 가입 추구로 인해 러시아의 안보가 위협받았으며, 우크라이나를 나치의 지배로부터 해방시키고 탈군사화시키겠다는 목표를 내걸었다. 우크라이나전쟁을 끝낼 수 있는 많은 방안이 제시됐으며 지금도 물밑으로는 종전 협상이 진행되고 있지만 전쟁은 계속되고 있다. 전쟁을 끝낼 수 있는 방안으로 우크라이나의 중립화 방안을 생각해 볼 수 있다.

우리는 보통 중립국이라 하면 스위스나 오스트리아를 떠올린다. 어느 편에도 참가하지 않으면서도 모든 진영이 존중하는 위상을 가진 국가가 이상적인 중립국가이다. 우크라이나도 어느 진영에도 가담하지 않으면서 자유로운 위상을 가진 국가가 된다면 더 이상의 충돌은 없지 않을까? 지금까지 전쟁이 진행 중인 우크라이나는 러시아와는 완전히 손절하기를 원했고, 유럽연합과 나토 가입을 원해왔다. 하지만 우크라이나의 지리적 특성상 러시아와의 완전한 손절은 불가능하다. 수백 킬로미터의 국경을 접하고 있으며 역사적으로 천 년 이상을 함께 뒤섞여온 상태여서 순수하게 완전히 결별하기는 거의 불가능하다. 그렇다면 우크라이나에 적합한 위상은 무엇인지 고민해볼 문제이다.

우선 우크라이나는 나토에 가입하는 문제를 포기해야 한다. 물론 나토 가입은 우크라이나의 안보 문제와 직결돼 있다. 나토에 가입하려는 이유도 안보를 보장받기 위해서다. 우크라이나가 가장 크게 느끼는 적은 러시아이다. 벨라루스도 국경을 접하고 있지만 군사력으로 보나 도리어 우크라이나보다는 약한 국가여서 우크라이나 안보에는 전혀 위협이 되지 않는다. 나토에 가입하려는 첫 번째 이유가 안보 보장이다. 물론 또 다른 이유로는 유럽연합 가입을 위해서다. 다른 동구권 국가들의 과거 전철을 보면 유럽연합에 가입하기 전에 나토부터 가입했다. 우크라이나도 폴란드나 체코 같은 국가들처럼 유럽연합에 가입하기를 원한다. 유럽연합 최초의 관문을 나토라고 봤을 수도 있다.

그렇다면 우크라이나가 러시아에게서 받는 군사적 위협과 영향에서 벗어나기 위해서 나토 가입을 원해왔다면, 러시아는 이에 대한 명확할 해결책을 내놓아야 한다. 러시아는 우크라이나가 나토에 가입하는 문제를 극구 반대해왔다. 2008년, 부쿠레슈티에서 열린 나토 정상회의에서 푸틴은 직설적으로 우크라이나와 조지아의 나토 가입을 반대했으며, 반드시 결과가 따를 것임을 경고한 바 있다. 또한 지속적으로 푸틴의 경고는 이어졌으며 이는 2022년에 전쟁으로 나타났다. 그렇다면 우크라이나가 나토에 가입하지 않는다고 선언하고 국제적으로 약속만 한다면 러시아의 요구는 충족된다. 이에 대한 우크라이나의 입장이 충족되기 위해서 러시아는 우크라이나의 안보를 보장하고 정치·군사적 영향력을 행사하지 않는다는 약조를 해야만 한다. 이것이 전쟁을 끝내기 위한 첫걸음이다.

## 우크라이나의 나토 가입을 용납할 수 없는 러시아

또 다른 문제는 우크라이나의 유럽연합 가입 문제이다. 러시아는 항상 우크라이나가 유럽연합에 가입하는 것은 자유롭다고 했지만, 나토의 가입은 절대로 용납할 수 없다고 경고했다. 유럽연합은 정치·군사적 성격을 지닌 조직체가 아니라 경제공동체라는 이유를 들었다. 그리고 우크라이나가 중립적 위상의 국가적 성격을 유지한다면 그것도 받아들일 것이라고 밝혔다. 무엇보다도 중립국의 경우 어떠한 외국 군대도 주둔할 수 없다. 당연히 나토군이나 미국 군대는 절대로 우크라이나에 주둔할 수 없다. 러시아가 요구하는 것도 바로 이것이라고 봐야 한다. 우크라이나의 중립화가 성사될 경우에는 러시아가 굳이 전쟁을 치를 이유도 없다.

그리고 러시아가 요구한 우크라이나의 '탈군사화'라는 문제도 깊이 고려해야 할 문제가 된다. 탈군사화라는 것은 국가가 전혀 무장하지 않는다는 의미는 아니다. 국가의 영토와 영해, 영공을 보호하기 위해서는 반드시 무장된 군사력이 필요하다. 단지 무장은 하되 합리적이고 이해할 만한 수준에서의 무장을

우크라이나 동부 4개 주의 러시아 합병을 지지하는 군중집회에 참석한 푸틴 대통령.

의미한다. 현재 중립국인 스위스나 핀란드, 오스트리아의 경우 비무장은 아니지만, 국경을 지키고 국내 질서를 지키기 위한 무장은 하고 있다. 전 세계가 객관적으로 봤을 때 다른 국가를 침공할 수 있는 수준의 무장은 아니라는 의미이다. 그러나 이전의 소비에트는 스위스가 중립국이면서도 과도하게 무장하고 있다는 비판을 한 적 있다. 어쨌든 러시아의 요구인 우크라이나의 탈군사화는 중립국으로서 위치를 국제적으로 인정받게 된다면 자연스럽게 이뤄질 수 있는 일이다.

러시아가 요구하는 '탈나치화'라는 문제는 과거에 나치들이 유대인들을 집단 학살한다는 의미라기보다는 우크라이나에 살고 있는 러시아인들의 민족적 문화적 권리를 보장해달라는 요구이다. 우크라이나는 러시아어 사용을 전면적으로 금지시켰고 학교 교육에서도 러시아어를 완전히 배제시켰다. 도네츠크와 루한스크의 우크라이나 동부지역에서는 2014년부터 지금까지 군사적 충돌이 이어져 왔다. 물론 상호 간에 15,000명에 이르는 많은 사상자들이 발생했다.

그리고 러시아가 우크라이나에 대해 비판하는 내용 중 하나는 우크라이나가 신나치들에 의해 지배되고 있다는 것이다. 하지만 이 문제는 젤렌스키가 유대인으로서 조부모들이 모두 독일 나치의 홀로코스트 희생자들이라는 점을 부각시키면서 사실상 큰 반향이 없는 이슈이다. 어쨌든 우크라이나의 정치 지형에서 극도의 반러시아적 성향을 가진 극우민족주의 정당이 존재하는 것도 사실이지만 소수의 지지층만 확보하고 있다. 젤렌스키 정부는 중도를 표방하고 있다.

# 미국만이 우크라이나전쟁을 끝낼 수 있다

미국은 미래의 나토에 대해 사실상 아무런 전망도 제시하지 못하고 있다. 나토에 미군을 증강시킨다든지, 아니면 신속하게 대응할 수 있는 비상군을 7배로 늘리겠다는 계획 외에는 새로운 대안이 없다. 그리고 우크라이나와 조지아를 나토에 가입시키겠다는 이전의 계획만 반복적으로 되풀이하고 있다.

이러한 미국의 대안 부재는 러시아를 더욱더 전쟁에 매진하게 만들고 핵무기에 의존하게 만든다. 러시아는 NATO의 재래식 전력 확대에 대응할 수 있는 능력이 한계에 부딪히면 반드시 핵무기에 의존할 수밖에 없다. 또한 러시아와 중국을 동시에 적으로 둔다는 것은 미국으로서도 상당한 부담이 될 수밖에 없으며, 러시아와 중국을 고립시키면 시킬수록 두 나라는 더욱더 강하게 뭉칠 수밖에 없다.

## 푸틴이 물러나면 전쟁은 끝날까

전쟁을 끝낼 하나의 시나리오로 거론되는 것이 강력한 경제 제재를 통한 러시아의 정권교체이다. 즉, 푸틴의 실각이다.

군부 쿠데타를 통하든 국민들의 저항이나 선거를 통하든 푸틴의 실각이 현실화된다면 전쟁이 끝나고 러시아는 조용해진다는 생각이다. 푸틴만 물러나면 모든 게 해결될 것이란 낙관론이다. 하지만 이런 시나리오는 단지 바람이나 꿈에 지나지 않는다는 사실이다.

푸틴은 이미 오래전부터 우크라이나에 대한 전쟁 준비를 해왔을 수도 있다. 서방의 경제제재에 대응하기 위한 준비를 지난 8년 동안 해왔을 수 있다. 인도와 중국으로 원유와 가스의 거래선을 전환시키는 등의 준비로 경제제재가 큰 효과 없이 끝났다. 서방의 제재는 유가 상승만 불러왔을 뿐, 경제적으로 러시아에 큰 타격은 주지 못했다. 현재 푸틴은 러시아 내의 여론조사에서 전쟁 전보다 더 인기가 높다. 그리고 푸틴이 축출되더라도 그의 후임이 서방에 더 순응적이거나 서구식 민주주의를 시행할 의도가 있으리라는 것도 불확실하다.

세계가 평화의 길로 나아가기 위해서는 우선 모든 진영들-러시아, 우크라이나, 미국, 나토 회원국들-이 한 발 뒤로 물러서야 한다. 물론 전쟁의 직접적인 당사자들은 한 발 물러선다는 것을 패배를 자인했다고 상대방이 오인할 수도 있다고 생각해 도리어 더 강경한 태도로 일관할 수 있다. 하지만 그런 태도만 고집하게 되면 절대로 전쟁은 끝날 수 없다. 전쟁을 끝내는 것은 전쟁이 아니라 회담이다. 전쟁의 피해자는 군인들과 일반 민간인들이다.

러시아가 전쟁을 끝내도록 하기 위해서는 무엇보다도 러시아가 전쟁을 일으켰던 주요 원인인 나토의 확장을 멈추겠다는 미국의 의지를 보여주는 것이 무엇보다 중요하다. 우크라이나와 조지아의 나토 가입 시도를 중단하겠다는 의향을 명확하게 보여주는 것이다. 전쟁 전, 러시아가 미국에 요구했던 법적인 제재를 받는 문서로 약속하는 것이다. 우크라이나가 계속 나토에 가입하려 고집한다면 절대로 러시아는 전쟁을 멈추지 않을 것이다.

현재 미국이나 영국이 러시아를 대하는 태도는 러시아를 완전히 굴복시킬 때까지 전쟁을 계속하겠다는 의지를 드러내고 있다. 물론 독일과 프랑스 등 유럽 국가들은 전쟁에 대해 회의적이지만 여전히 미국의 정책에 따르는 수밖에 없다. 지금은 미국이나 영국은 자국 병사들이 참전하지 않고 단지 돈과 무기만 지원하고 있어 국내 여론이 그렇게 나쁘지 않지만, 막상 자국 병사들이 참전할 상황이 온다면 전쟁이 그렇게 즐거운 게임이 될 수는 없을 것이다.

우크라이나는 이전에 앞으로의 대안을 스스로 제시한 적 있다. 전쟁 초기인 작년(2022년) 3월에 나토나 러시아 동맹의 일부가 아닌 중립국을 선언하고 국제사회가 보증하는 안보만 보장된다면 전쟁을 끝낼 수도 있다는 제안을 한 적 있다. 러시아는 원칙적으로 이 안을 환영했지만, 미국은 지지하지 않았다.

우크라이나의 중립성은 실제로 러시아의 안보를 보장하는 데 있어 중요한 제안일 수 있다. 그리고 우크라이나의 제안 중 하나는 완전한 휴전 후에 크림반도의 위상에 대해 15년간의 유예 기간을 갖자는 것이다. 이는 러시아군이 점령한 다른 우크라이나 영토에도 같은 방식이 적용될 수 있음을 의미한다. 이 제안은 서로 한발 물러선 진일보한 제안으로 현실적인 방안이 될 수 있다.

이 제안을 통한 종전 협상이 합의에 도달하기 위해선 서방의 적극적인 지원이 필요하지만, 여전히 러시아에 대한 미국의 양보는 보이지 않는다. 이번 기회에 아예 러시아를 완전히 주저앉게 만들려는 의향을 보이고 있다. 하지만 세계에서 가장 많은 핵무기를 보유한 러시아를 완전히 무너뜨릴 수는 없다. 러시아도 가만히 앉아서 당하지는 않을 것이다.

## 미국만이 푸틴을 설득할 수 있다

미국만이 푸틴을 설득할 수 있다. 프랑스도 독일도 전쟁을 중지시키기 위해 푸틴과 만나고 회담했지만, 푸틴은 미국이 아닌 다른 나라의 제안은 듣지 않았다. 미국만이 우크라이나전쟁을 끝낼 수 있다. 미국 스스로 세계를 완전히 자신의 발 앞에 굴복시키겠다는 야망을 버릴 때만 전쟁은 끝날 수 있다. NATO의 확장을 억제하고 현재의 나토 회원국들을 방어하는 데만 초점을 맞출 때 평화를 달성할 수 있다.

전쟁이 길어지면서 미국의 움직임도 서서히 드러나고 있다. 러시아가 우크라이나 침공 1주년인 2월 24일 대대적인 새로운 공세를 계획하고 있다는 주장이 제기되는 가운데, 바이든 미국 대통령은 푸틴 러시아 대통령에게 전쟁을 끝내는 대신에 우크라이나 영토의 20%를 제안했다는 국제 언론의 보도가 나왔다. 스위스의 독일어 신문인 *NZZ*의 보도에 따르면, 지난 1월 17일, CIA 국장 윌리엄 번즈는 격화되는 전쟁을 종식시키기 위해 블라디미르 푸틴 러시아 대통령에게 우크라이나 영토의 5분의 1을 제안했다고 보도했다.

조 바이든 대통령을 대신하여 CIA 국장은 비밀리에 모스크바를 방문하여 크렘린에서 평화 제안에 대해 브리핑한 다음 키이우를 방문하여 젤렌스키 우크라이나 대통령을 만나 제안을 논의했다는 것이다. 하지만 번즈의 제안은 양측으로부터 거절당했다고 보도했다. 우크라이나 측은 '영토를 분할할 의사가 없기 때문에' 거부했고, 러시아는 '어쨌든 장기적으로는 전쟁에서 승리할 것'이라는 이유로 거절했다고 전했다.

지금 미국이 우크라이나전쟁을 마무리하기 위해 나선 이유로는 중국과 맞서기 위해서이다. 2월 초에 미국 공군소속 4성 장군 마이크 미니한은 "2025년에 중국과 전쟁이 있을 것이니 준비해야 한다"라고 공공연하게 말한 바 있다. 물론 그는 사견을 전제로 했지만 현직 4성 장군이 언론에서 밝힌 말은 가볍게 넘길 수 있는 문제가 아니다. 미국은 두 대국인 중국과 러시아를 동시에 상대하는 전쟁은 감당하기 힘들다. 미국 CIA국장 번즈의 모스크바와 키이우 비밀 방문도 이런 맥락에서 나왔다. 미국 정부와 정보 조직들에서는 우크라이나전쟁을 신속히 마무리하고 중국과의 전쟁을 준비해야 한다는 의견으로 들끓고 있다는 소식이다. 미니한 장군의 말도 이런 워싱턴 정가의 분위기를 반영하고 있다. 물론 우크라이나전쟁이 격화되는 시점에서 누구도 감히 나설 수 없는 상황인 것만은 분명하다.

현재는 미국이나 러시아가 이 보도를 거짓으로 부정하고 있지만, 러시아가 이미 점령한 우크라이나의 영토 20%를 국제적으로 승인해주는 선에서 전쟁이 끝날 가능성도 있다. 러시아는 이 제안을 받지 않을 이유가 없으나, 우크라이나 정부는 당분간은 받지 않을 것이다. 젤렌스키는 그동안 우크라이나 국민들을 향해 항전을 통해 점령된 동부 지역과 크림반도를 완전히 수복하고 러시아를 빈손으로 돌려보내겠다고 공언해왔다. 물론 전투가 격화되고 있는 현 시점에서는 당연히 협상의 여지는 없다. 하지만 조만간에 전세가 한편으로 완전히 기울지 않는 한 양측은 협상에 나설 수밖에 없으며, 이렇게 전쟁이 마무리될 가능성이 크다.

# 우크라이나와 러시아의 전쟁이
# 달갑지 않은 유럽

　누구나 꿈꾸는 생활은 경제적으로 아무런 걱정 없이 가족들과 안정적인 생활을 영위하는 것이다. 수많은 민족들이 모여 살아온 유럽은 사실 역사적으로는 평화스러운 곳이 아니었지만, 유럽인들은 그런 바람을 가지면서 또한 그런 평화로운 현실을 수십 년 동안 살아왔다. 사실은 미국이 주도적으로 만든 나토 덕분이며 수천 기의 핵무기 덕분이다. 두 차례에 걸친 세계대전을 겪어오면서 유럽인들은 전쟁 없이 살기를 원했으며 우크라이나에 전쟁이 발생하기 전에는 국지전 외에는 정말로 전쟁이 없었다. 75년 이상 유럽 대륙에서는 전쟁이 없었다. 우크라이나 전쟁은 바로 유럽 대륙에서 일어난 전쟁이지만, 유럽에 사는 사람들은 유럽의 평화가 깨졌다는 사실을 믿으려 들지 않았고, 이제서야 비로소 현실로서 깨닫고 있는 중이다. 물론 대부분의 유럽인들은 여전히 이 사실을 수긍하지 않고 있으며 지금까지 살아온 방식대로 평화롭게 살기를 원하고 있다.

## 유럽의 평화를 깨뜨린 우크라이나전쟁

이러한 태도는 우크라이나인들의 눈에는 매정하고 차갑게 보이며 비인간적으로 비춰질 것임이 틀림없다. 그러나 유럽인들은 자신들이 살아왔던 삶에 우크라이나가 끼어들기를 원치 않고 있다. 우크라이나 난민들이 오면 그동안 내세웠던 인도주의적이라는 유럽의 기치에 먹칠할 수 없으니 할 수 없이 받아주지만, 우크라이나에 가서 전쟁을 대신 치러주거나 전쟁에 개입해 물자나 무기를 지원해주는 데는 반대의 입장을 드러내고 있다. 사실 소극적인 태도는 반대라고 봐도 무방하다. 특히 서방 유럽인들의 우크라이나에 대한 태도는 전쟁 반대이며 난민들도 받기 힘들다는 다소 지친 태도이다. 삶에 지친 노인네들의 태도와 비슷하다. 더 이상 우리 삶에 개입하지 말고 우리도 너희 삶에 개입하고 싶지 않다는 태도가 바로 유럽인들의 태도이다. 젤렌스키가 아무리 우크라이나 다음은 유럽이라고 외쳐도 별 소용이 없다. 사실 미국인들은 더하다. 우크라이나전쟁에는 아예 관심도 없다고 봐야 한다. 먼 동화 나라의 이야기이며, 세상에 관심 있는 교육받은 사람들에게는 TV 뉴스 정도의 가십거리다.

유럽연합을 대표하는 국가들인 프랑스와 독일은 우크라이나와 러시아의 전쟁이 내심 달갑지 않다. 전쟁의 부정적인 결과들은 모두 유럽이 떠안아야 하지만 우크라이나전쟁의 핵심 지원국인 미국은 사실상 아무런 부정적인 영향을 받지 않는다. 미국은 나토를 통해 유럽의 방위를 책임지고 있지만 지리적으로는 러시아와 멀리 떨어져 있어 사실상 러시아의 직접적인 위협 대상이 될 수 없다. 물론 러시아의 안보를 위협하는 국가는 미국이지만 전쟁이 벌어지면 유럽이 러시아의 직접적인 타격 대상이 될 수밖에 없다.

그리고 유럽으로 쏟아져 나오는 우크라이나 난민들은 유럽이 떠안아야 한다. 중동이나 아프리카에서 온 난민들도 모두 유럽에서 맡아서 돌봐야 하는 실정이다. 독일은 이미 수백만 명의 중동과 아프리카에서 온 난민들이 거주하고 있으며, 1백만 명 이상의 우크라이나 난민들이 들어왔다. 시간이 갈수록 우크라이나 난민 수는 계속 늘어나고 있다. 현재 독일에 사는 난민 수는 1,100만 명으로 집계되고 있다.

2022년 12월 1일, 바이든 대통령을 국빈으로 방문한 프랑스 대통령 마크롱은 우크라이나전쟁을 끝내기 위해 지속적으로 러시아의 푸틴 대통령과 접촉할 것임을 공개적으로 밝혔다. 그러나 여전히 바이든 대통령은 푸틴과의 직접적인 접촉은 하지 않을 것이며 접촉은 나토를 통해 이뤄질 것이라고 했다. 여기서 유럽과 미국의 우크라이나전쟁에 대한 시각 차이를 엿볼 수 있다. 미국은 우크라이나를 지원하여 러시아의 힘을 완전히 소진시키기를 원하지만, 유럽은 다른 입장을 가질 수밖에 없다. 유럽을 대표하는 프랑스나 독일은 러시아와의 전쟁이 빨리 끝나기를 원한다. 물론 표면적으로는 유럽과 미국 모두 우크라이나전쟁에 대한 무한한 지원을 약속한다고 공표했지만, 의미는 다를 수밖에 없다.

우크라이나전쟁으로 인해 직면한 유럽의 문제는 크게 두 가지로 꼽을 수 있다. 먼저 러시아의 에너지 공급 단절로 인한 에너지 수급 문제를 들 수 있다. 물론 에너지원은 지구상에 여러 곳이 있지만 경제성과 안정성이 가장 중요한 문제이다. 러시아에서 파이프라인을 통해 들여오는 천연가스의 경우 미국이나 다른 나라에서 들여오는 액화가스보다 훨씬 가격이 싸다. 거의 40% 싼 가격으로 러시아 가스를 공급받아왔다. 그러나 우크라이나전쟁은 가스 공급원을 미국으로 바뀌게 만들었지만 높은 가격으로 인해 계속 비판의 대상이 되었다. 프랑스의 마크롱 대통령은 "싼 가스를 생산한 미국은 비싼 가격으로 유럽에 팔고 있다"라고 지난 11월 15일에 미국을 정면으로 비판하기도 했다. 사실 미국에서의 가스 가격은 유럽으로 바다 건너오면 4배가 훌쩍 뛰어오른다. 그래서 "우크라이나전쟁에서 가장 이득을 보는 국가가 미국"이라면서 유럽의 정상들이 모두 하나같이 비판하고 있다.

우크라이나전쟁이 일어나기 전까지 유럽은 러시아와 지속적으로 경제 교류를 늘려왔으며 특히 에너지 부문에서는 러시아 가스가 유럽 대륙의 가스 소비량의 3분의 1을 차지해왔다. 소비에트가 붕괴한 이후로 유럽의 러시아 에너지 의존도는 지속적으로 증가해왔고 이를 위한 인프라 구축도 지속적으로 진행돼왔다. 가스를 공급하기 위한 파이프라인의 건설이 계속돼오면서 러시아 가스의 가격은 지속적으로 인하돼온 것이 사실이다. 하지만 러시아가 우크라이나를 침공한 2022년 2월 24일부터 러시아는 우크라이나를 지원하는 유럽에 대한 가스 공급을 중단하겠다고 선언했다.

또 다른 하나의 문제는 우크라이나 난민 문제이다. 유럽은 언제나 불법 이민자들로 골머리를 앓아왔다. 하지만 우크라이나전쟁으로 인해 발생한 우크라이나 난민들을 모두 떠안아야할 처지에 놓여 있다. 이미 수백만의 불법 이민자들이 아프리카와 중동에서 들어와서 사회경제적 문제를 야기시켜왔다. 이에 더하여 이미 1,400만 명의 우크라이나 난민들이 국경을 넘어 우크라이나를 탈출해 나왔다. 최근에는 러시아의 무차별 대대적인 공습으로 인한 전기나 수도 등의 기간시설 파괴로 더 많은 난민이 국경을 넘어오고 있다. 문제는 이들을 모두 유럽이 떠안아야 한다는 데 있다. 당연히 유럽은 전쟁이 끝나 우크라이나 난민들이 모두 돌아가 주어야 짐을 조금이나마 덜 수 있으나 상황은 정반대로 가고 있다.

## 유럽 국가들과 미국의 엇박자

2023년 1월 25일, 독일은 마침내 레오파르트2 전투 탱크를 우크라이나 전선에 보내기로 결정했다. 바이든 행정부도 우크라이나에 아브람스 탱크를 공급할 계획이라고 밝혔다. 독일이 탱크를 비롯해 무기들을 공급하는 것은 제2차세계대전 이후 처음 있는 일이다. 그동안 독일은 나토 동맹국들과 우크라이나의 간곡한 요청에도 불구하고 레오파르트2 탱크를 보내는 것을 계속 주저해왔다.

독일의 레오파르트2 탱크는 우크라이나에 특히 중요하게 간주되고 있다. 소련제 탱크에 비해서 훨씬 더 정교한 현대식 전투 탱크이다. 수천 대의 레오파르트2가 이미 유럽 내에 배치된 상태인지라 부품 조달도 쉬워 가장 효율적으로 다룰 수 있다는 장점이 있다. 우크라이나 정부는 영국의 챌린저2 같은 탱크는 작전 목표를 달성하기에 충분하지 않다는 이유로 레오파르트2를 원하고 있다. 레오파르트2는 시속 70킬로로 달릴 수 있는 고속의 전차이며 대상 목표물에 따라서 다른 포탄들을 장착할 수 있다.

하지만 독일은 탱크를 넘겨주는 데 굉장히 소극적인 모습을 보여주었다. 이유는 몇 가지가 있다. 독일 탱크가 동쪽으로 굴러 가서 러시아군인들을 죽이는 것을 보는 것은 2차세계대전을 상기시키는 이미지를 만들기 때문에 나치를 연상시킨다는 것이다. 더 이상 독일 나치라는 오명을 쓰고 싶지 않다는 국민적인 심리가 저변에 깔려 있다. 가능하면 외부의 전쟁과는 거리를 두겠다는 게 독일인들의 정서이다.

독일 정부를 불안하게 만드는 또 다른 요인은 레오파르트2 탱크의 인도를 시작으로 탄약과 장갑차를 포함하여 이미 우크라이나에 제공한 군사 지원보다 훨씬 더 많은 지원이 이루어질 수도 있다는 러시아의 우려 때문이다. 독일은 그동안 러시아와 원만한 관계를 유지해왔다. 하지만 러시아의 침공 이후 러시아의 가스 공급을 거부했고 우크라이나에 재정적으로 군사적으로 지원하면서 러시아와의 관계가 어긋나기 시작했다.

하지만 독일만이 우크라이나에 탱크를 보내는 것을 고려하는 국가가 아니다. 미국은 우크라이나에 M1 아브람스 탱크를 공급하는 것을 승인했으며 영국은 이미 우크라이나에 영국산 챌린저2 탱크를 제공하겠다고 발표했다. 폴란드는 베를린의 동의 여부와 관계없이 자체 비축하고 있는 레오파르트2를 우크라이나에 인도하겠다고 약속했다. 한편 프랑스는 프랑스산 르클레르 탱크를 보내겠다고 밝혔다.

2023년 1월 19일 여론 조사에 따르면 독일인의 46%만이 우크라이나에 레오파르트2 탱크를 공급하는 데 찬성한 반면, 43%는 반대했다. 많은 독일 국민들은 우크라이나전쟁에 개입하기를 원치 않는다. 더구나 우크라이나에 무기와 탱크를 지원하는 데 반대한다. 하지만 미국이나 다른 유럽 국가들과 보조를 맞춰야 하니 어쩔 수 없는 행보를 보이고 있다. 더욱이 상황이 격화되고 전쟁이 확산되면 책임은 슐츠와 바이든 대통령, 마크롱 대통령이 져야 한다는 것도 부담이다.

2022년 4월의 여론 조사에 의하면 독일인의 80%는 우크라이나전쟁이 독일 경제에 지속적인 피해를 입힐 것이라고 우려했다. 그리고 76%는 독일이 에너지 부족을 겪을 것, 64%는 전쟁이 우크라이나에서 유럽 전역으로 확산될 것이라 우려했다. 이처럼 독일은 우크라이나전쟁에 대해 부정적이다. 그럼에도 독일 정부가 국민들의 반대 여론을 무시하고 우크라이나에 독일 탱크를 보낸 이유로 든 것은 전쟁을 신속하게 종결하기 위해서라는 것이다.

프랑스도 독일과 별반 다르지 않으며 정책적으로는 거의 궤를 같이하고 있다. 독일과 유럽연합을 함께 선도해나가는 지도국으로서 위상을 지키기 위해 미국의 정책과 함께하면서도 비판적인 목소리를 내고 있다. 하지만 언제나 미국의 정책에 동의하고 소극적이나마 함께한다. 독일과 영국의 중간 정도의 위치에 서 있으면서 유럽을 추동해나가고 있다. 우크라이나에 대한 지원에는 당연히 소극적이며 우크라이나에서도 프랑스의 마크롱 대통령은 친러라고 보는 시각이 강하다. 2023년 1월에 우크라이나인들을 대상으로 한 여론 조사에서 마크롱은 단지 43%만 지지한다는 결과가 나왔다. 이에 반해 폴란드 대통령은 86%의 절대적인 지지를 받았다.

## 유럽의 목소리는 하나가 아니다

우크라이나전쟁을 대하는 유럽 국가들의 태도는 조금 더 면밀히 볼 필요가 있다. 우크라이나 방어에 가장 적극적으로 나서는 국가는 폴란드이다. 방어적이라기보다는 러시아에 호전적이라는 표현이 어울릴 것이다. 폴란드는 우크라이나전쟁이 터졌을 때부터 발 벗고 나서서 우크라이나를 지원했으며 수백만의 난민들도 아무런 불평 없이 수용해주었다. 이유는 역사적으로 한 국가였다는 사실도 있으며, 러시아의 압제에 고통당했다는 역사적인 유대감 또한 작용했다고도 할 수 있다. 하지만 과거의 역사보다는 현재 폴란드가 느끼는 것은 '우크라이나 다음은 폴란드'라는 우려가 가장 크게 작용한다고 볼 수 있다. 러시아가 우크라이나를 완전히 제압할 경우, 폴란드는 러시아와 국경을 마주하게 되면서 국방에 상당한 역량을 소모해야 한다는 것이다. 즉, 완충지대로서 역할을 해줬던 우크라이나의 손실은 폴란드로서는 너무도 큰 손실인 셈이다. 따라서 폴란드는 보유하고 있는 독일 전차인 레오파르트2를 독일의 승인 없이도 보내주겠다고 발표하면서 미국과 서방에 압력을 넣기도 했다.

러시아로서도 폴란드는 소비에트를 붕괴시킨 주범 중의 하나였고 가장 적대적인 국가로 간주하고 있다. 그리고 우크라이나와 국경을 맞대고 있는 루마니아도 마찬가지로 적극적인 지원국이다. 난민 수용과 더불어 가능한 군사적 지원도 아끼지 않고 있다. 국경을 맞대고 있는 또 하나의 국가인 헝가리는 오르반 정권이 푸틴과 좋은 관계를 유지해왔기에 계속 눈치만 보고 있으며 난민을 받아주는 정도로 지원에는 소극적이다.

유럽에서 가장 우크라이나전쟁에 비판적인 국가는 이탈리아이다. 유럽연합에서 4대 강국에 드는 이탈리아는 국민들 중 40%만이 우크라이나에 대한 지원을 지지했으며 60%는 반대했다. 이탈리아는 좌파와 노동조합이 전통적으로 강한 나라여서 그동안 러시아와의 관계가 좋았다. 미국은 2차세계대전 이후로 이탈리아인들에게는 정복자로서 받아들여졌다. 무솔리니의 이탈리아는 독일의 히틀러와 동맹국으로서 전쟁을 일으킨 전범국가로 찍혔지만, 히틀러의 악명으로 인해 이탈리아는 거의 묻

혀버렸다. 하지만 지금도 여전히 그 잔재는 남아 있다.

2022년 10월에는 극우파를 대표하는 게오르기 멜로니가 정권을 잡으면서 유럽은 충격으로 인해 거의 뒤집어졌다. 프랑스는 마크롱의 중도파가 우파를 누르고 정권을 잡아 안도했지만, 이탈리아에서는 극우파의 입김이 되살아나기 시작한 것이다. 물론 우파의 논리는 이탈리아 국민들의 관심을 사로잡고도 남는다. 이탈리아가 가장 고통당하는 원인 중 하나는 난민 문제여서 아프리카에서 오는 난민들을 어떻게 대처하느냐가 가장 큰 이슈이다. 우파 당들은 난민들이 아예 이탈리아 땅에 발을 디디지 못하게 막겠다고 난민들에게 거의 선전포고를 했다. 게다가 전쟁이 일어나면서 인구의 절반이 난민이 돼 버린 우크라이나에 대한 이탈리아인들의 두려움은 커졌으며 이는 현실 정치에서 선거 결과로 나타났다.

소극적이면서도 모호한 유럽 국가들의 태도와는 달리 최근 신입 회원국이 된 크로아티아는 공개적으로 유럽연합의 우크라이나 지원을 비판하고 나섰다. 2023년 1월 30일 로이터통신은, 12월에 크로아티아 의원들은 우크라이나군대를 지원하기 위해 유럽연합 미션의 가입을 거부했다고 전했으며, 1월 30일에는 밀라노비치 크로아티아 대통령이 "유럽연합의 신입 회원국인 자신의 나라가 우크라이나전쟁으로 인해 비참한 결과에 직면하는 것을 원하지 않는다"라고 한 언급이 보도됐다.

밀라노비치는 키이우에 대한 서방의 군사 지원은 전쟁의 해결책이 없기 때문에 매우 부도덕하다고도 비판했다. 그는 우크라이나에 독일 탱크가 도착하면 러시아를 중국에 더 가깝게 만들게 될 것이라고 덧붙였다. 그리고 "크림반도는 다시는 우크라이나의 일부가 되지 않을 것이 분명하다"라는 점도 분명히 했다고 로이터는 전했다.

사실 크로아티아는 러시아와 지리적으로 멀리 떨어져 있으며 전쟁의 영향도 거의 받지 않는다. 또한 관광업으로 살아가는 작은 국가여서 전쟁에 휘말리고 싶지 않다는 점도 이해된다. 또 한 가지는 관광국가로서 괜히 러시아에 반하는 정책을 내세우면 그동안 관광 수입을 꽤나 올려줬던 러시아 관광객들이 더 이상 오지 않을 것이란 점도 염두에 두고 있다.

우크라이나전쟁의 기간이 길어지면 질수록 유럽연합의 우크라이나 지원에 대한 회의적인 목소리가 더 많이 공개적으로 분출될 것은 분명하다. 당연히 지금까지 당근만 받아먹어 왔던 유럽 국가들이어서 손해 보겠다는 생각이 조금이라도 들면 가차 없이 유럽연합도 탈퇴하여 러시아로 돌아설 것이다. 아직은 미국이 나토를 통해 국방을 책임져주니 아무 말 없이 미국의 정책을 따라가지만, 미국이 조금이라도 약하거나 흐트러진 모습을 보일 경우엔 미국과도 등을 돌릴 게 분명하다.

영국은 여전히 냉전 시대의 틀에서 벗어나지 못하고 있다는 느낌을 준다. 지금까지도 러시아를 가장 큰 적으로 간주해왔다. 미국보다도 더 강한 러시아에 대한 적대적인 정책을 부추겨왔다. 그럼에도 영국의 능력도 한계에 부딪히고 있다. 지난해에 보여준 보리스 존슨의 퇴진과 내각 구성에서 보여줬던 혼란은 과거 질서정연하던 영국의 모습이 아니었다. 이제는 더 이상 대영제국의 영화는 볼 수 없으며, 단지 미국의 2인자 역할에만 충실하는 모습이다. 현재 영국도 우크라이나를 재정과 무기로 막대하게 지원하고 있지만, 지원이 얼마나 오래 갈지가 미지수다. 우크라이나를 제대로 지원할 여력이 없어 전쟁 반대와 평화를 외치는 노동당의 견제를 강하게 받아오고 있다. 우크라이나를 지원하기 원하는 보수당의 집권이 언제까지 갈지 두고 봐야 할 일이다. 사실 영국 국민들이 등을 돌려 노동당으로 민심이 돌아선다면 우크라이나에 대한 서방의 전반적인 지원도 분열이 생길 게 분명하다. 하지만 여전히 영국의 국제사회에서의 위상은 무시할 수 없는 정도로 강하다.

# 우크라이나전쟁의 용병들

## 바흐무트 전선은 6·25전쟁 때의 낙동강 전선

우크라이나전쟁이 시작된 이래로 가장 치열한 전투를 꼽으라면 바흐무트 전투를 들 수 있다. 바흐무트에서는 지금도 전투가 진행되고 있다. 사상자의 규모에 비해 전투에서의 진도는 거의 나아가지 않고 있다. 전투는 2022년 8월에 시작됐지만, 이 글을 적고 있는 시점이 2023년 1월이니 5개월째 전투 중인 셈이다. 아직도 전투 중이어서 군사적 손실에 대해선 정확한 통계가 나오진 않았지만 대략 수천 명까지 사상자가 발생한 것으로 추정된다. 어쨌든 러시아 정부로서는 바흐무트 전선이 6·25전쟁 때 낙동강 전선과 유사한 의미를 가지는 라인일 수 있다. 바흐무트에서 패하게 되면 돈바스 지역 전체가 무너질 수도 있다는 위기감 때문일 수도 있다.

미국 국방부에서는 바흐무트 전투에서 러시아의 용병 그룹인 와그너 소속의 용병들 천 명 이상이 사망했다고 발표했다. 바흐무트 전투로 인한 민간인 피해는 125명 이상이 사망한 것으로 알려졌지만 사망자 수는 계속 늘어나고 있다. 바흐무트시에는 전쟁 전에 8만 명이 살다가 지금은 1만 명 정도가 남아 있는 것으로 알려지고 있다. 바흐무트 전투는 21세기 들어서 가장 치열한 전투로 꼽히고 있다.

우크라이나 소금의 90%를 공급하는 소금 광산이 있는 솔리다르(Soledar)는 2023년 1월 10일에 러시아군이 점령했다는 발표가 있었다. 하지만 패퇴한 우크라이나군은 재탈환을 위해 여전히 공세에 집중하고 있다고 전한다. 솔리다르는 인구 1만의 작은 도시지만 소금 광산의 존재로 인해 중요한 전략적 요충지로 꼽히고 있다. 바흐무트에서 얼마 떨어지지 않은 곳이어서 여전히 물러설 수 없는 격전지가 되고 있다.

## 악명 높은 러시아 용병부대 와그너 그룹

우크라이나전쟁으로 유명해진 와그너 그룹은 프리고진이 회장으로 있다. 프리고진은 소비에트 시절 절도와 사기로 감옥에서 7년을 복역한 범죄자이지만 핫도그 장사로 돈을 벌어 나중엔 페테르부르크의 명물인 보트 레스토랑을 차려 유명해졌다. 푸틴을 단골손님으로 사귀면서 세계 각국의 귀빈들이 그의 식당을 드나들기 시작했다. 푸틴을 배후로 해서 나중엔 러시아 전역의 군부대 급식을 독점하면서 엄청난 수익을 올리기 시작했고, 한 해 수익만 해도 1.2조 원이 되었다. 그 뒤 국제적 용병 조직회사를 만들어 세계 각국에서 활동하면서 돈을 벌어들였다. 우크라이나전쟁에 참여해 5만 명의 용병(죄수 포함)을 동원

나무마저 온통 고사해버린 불모의 땅 바흐무트.
와그너 그룹 용병들과 우크라이나군 사이에 몇 달째 치열한 전투가 계속되고 있다.

하면서 러시아군의 한 축을 이루고 있다.

　와그너 그룹은 2014년부터 2015년까지 우크라이나 돈바스 전쟁으로 유명해졌으며, 그곳에서 도네츠크와 루한스크 인민공화국의 분리주의자들을 지원했다. 용병들은 시리아, 리비아, 중앙아프리카공화국(CAR), 말리의 내전을 포함하여 전 세계의 다양한 분쟁에 참여했으며 현재는 러시아 정부에 고용돼 싸우는 것으로 알려져 있다. 하지만 러시아 법률상 용병조직을 고용하는 것은 불법이어서 러시아 정부에서는 아무런 언급이 없다. 사상자가 발생하더라도 러시아 정부 측에서는 별개의 문제로 취급하면서 아무런 대응도 하지 않는다.

와그너 그룹은 부정적인 의미로 유명해졌다. 용병들은 자신들이 배치된 지역에서 전쟁 범죄를 저지르기도 했다. 민간인에 대한 강간과 강도, 내부 조직의 탈영병 고문 살해 등으로 인권단체로부터 고발당하기도 했다. 러시아의 이익을 지원하기 위해 운영되고 러시아 국방부로부터 군사 장비를 받고 훈련을 위해 러시아 국방부 시설을 사용하기 때문에 와그너 그룹은 러시아 국방부나 러시아군사정보 기관의 한 축으로 여겨지고 있다.

와그너 그룹은 러시아 정부가 특정 분쟁에서 러시아의 외국 개입으로 인한 사상자 수와 재정적 비용을 조작하기 위해 이용한 것으로 추측된다. 2022년 러시아의 우크라이나 침공과 우크라이나 지도자들을 암살하기 위해 고용된 것으로 알려졌으며, 포로와 죄수들을 최전선에 광범위하게 모집해 배치하는 것으로 알려지고 있다. 최근에는 체첸 감옥의 죄수들과 러시아 감옥에 복역 중인 중범죄자들을 고용하여 배치한 것으로도 알려져 국제적인 비난에 직면하기도 했다.

바흐무트 전투에서 핵심적인 역할을 하는 와그너 그룹은 푸틴 대통령이 가장 의지하는 민간 용병조직이다. 와그너 그룹은 교도소의 중범죄 장기수들을 채용하여 이들에게 아주 짧은 열흘 동안 군사 훈련을 시킨 뒤에 전선에 배치하는 것으로 알려졌다. 이들은 전선에 6개월 동안 배치된 뒤에 석방해주는 계약을 맺는다고 한다. 또한 우크라이나와의 전선에서 전투를 벌이다 돌아온 죄수들은 러시아 사회에서 최상급으로 대우해주기를 요구하고 있다. 러시아 사회에서 최상급이라는 의미는 러시아 경찰들이 이들을 최고로 대우해주는 것을 의미한다.

얼마 전에 잠비아에서 유학하러 왔다가 범죄 행위로 교도소에서 수감됐던 잠비아 학생 한 명이 와그너 그룹에 자발적으로 참여했다가 죽임을 당한 일이 있었다. 이에 잠비아 정부가 러시아를 비판한 비디오가 떠돌면서 와그너 그룹의 교도소 죄수 모집이 수면 위로 떠오르게 됐다. 물론 그전에도 우크라이나 정부로부터 문제 제기가 있었지만, 전시선동 정도로 무시당하다가, 잠비아 정부의 비난이 알려지면서 와그너 그룹이 러시아 교도소의 죄수들을 전선으로 보낸다는 사실이 확인된 것이다. 와그너 그룹의 소유주인 프리고진은 "술을 너무 많이 마시지 마라. 마약을 사용하지 마라. 여성들을 강간하지 마라. 악한 일에는 일어나지 마라."라는 나름대로의 훈육 슬로건을 내걸고 있다고 한다. 또한 죽어서 묻히기를 원하는 곳을 계약서 양식에 적으면 그대로 묻어 줄 것이라고도 약속한다는 것이다.

지난 2022년 12월 백악관의 안보 대변인 존 커비는 와그너 그룹의 용병들이 정규직 1만 명과 죄수 4만 명을 포함해 우크라이나에 5만 명의 용병들을 보유하고 있다고 주장했다. 또한 미 국방부는 러시아 정부와 와그너 그룹이 바흐무트 전투에 집중하고 물러서지 않는 이유로 바흐무트 인근에 소금과 석고를 생산하는 광산이 있어 이를 수취하기 위해서라고 공개적으로 밝힌 바 있다. 물론 전시에 발표된 선전이기에 100% 확인할 수는 없다. 경제적 이익을 위해 수많은 사상자를 낸다는 것도 이해가 되지 않는다.

## '우크라이나 국제부대' 의용군

러시아 용병 부대인 와그너 그룹과는 달리, 우크라이나측에 가담하여 러시아를 상대로 전투를 벌이는 외국인들은 대가를 바라고 참전한 용병이 아니라 자발적으로 우크라이나를 지원하기 위해 모인 외국인들이다. 따라서 용병이라는 호칭은 어울리지 않으며, 굳이 호칭을 붙이자면 '의용군'이 적당할 것이다. 특히 우크라이나 정부는 자원한 외국인들을 주축으로 '우크라이나 국제부대'(International Legion of Ukraine)를 편성하였다. 현재 전쟁이 진행 중이기 때문에 모든 현황이 군사기밀이지만, 유출된 증언으로는 약 17,000명의 외국인들이 국제부대에 소속된 것으로 알려져 있다.

국가별로 본다면 미국 출신이 가장 많은 수천 명이며, 다음으로 영국 출신 그리고 독일과 프랑스, 폴란드 출신들로 채워져 있다. 우크라이나 정부에서 요구하는 자원 요건은 군사 훈련 경험이 있어야 하며 범죄 경력이 없어야 한다는 것이다. 완전 무급은 아니고 한 달에 100만 원 정도 지급하는 것으로 알려져 있는데, 급료 지급은 개인에 따라 천차만별로 다르다. 자원의용군답게 아예 급료 수령을 원하지 않는 사람부터 특수한 일을 맡은 외국인들 중에서는 한 달에 수백만 원을 받는 사람들도 있다고 한다.

우크라이나에 참전한 미국인 중에서 언론에 이름이 올랐던 인물은 미국의 명문가로 꼽히는 케네디가의 사람으로 1986년에 암살당한 로버트 케네디 상원의원의 손자인 코니 케네디이다. 그는 집안사람들과 한 마디 상의도 없이 혼자서 결정해 우크라이나로 향했다는 사실이 알려지면서 구설수에 오르기도 했다. 어쨌든 그는 스스로 우크라이나 최전방 배치를 요청했을 정도로 열성적이었으며, "자유민주주의를 수호하기 위해 우크라이나전쟁에 참전했다"며 우크라이나전쟁을 미국의 전쟁과 동일시하는 시각을 언론에 밝힌 바 있다. 우크라이나 정부는 그를 내세워 더 많은 자원의용군들의 참여를 독려해왔다.

물론 러시아의 시각에서 이들은 돈을 받고 고용된 '용병'이며, 심지어 관변 러시아 언론에서는 우크라이나에 참전한 외국인들을 '테러리스트'라고 부르기도 한다.

### 용병을 쓰는 이유는 무엇인가

사실 역사적으로 용병들은 언제나 존재했다. 고대 그리스 시대에도 용병들이 존재했었고 로마 시대에도 용병들은 존재했었다. 유명한 알렉산더 대왕의 원정 때도 용병들이 반수를 넘었다는 추정이 있다. 물론 용병들의 숫자에 대한 기록은 남아 있지 않지만 알렉산더 대왕의 아버지 필립 왕이 전투 때에는 용병들로 정규군의 반을 채웠다는 기록이 남아 있다.

로마 시대 때는 용병들로 거대한 로마 제국을 유지할 수 있었다. 로마 제국은 용병들을 고용할 수 있던 부자 나라였고, 정복한 광활한 땅을 지켜내기 위해서는 병사들이 필요했다. 용병들은 정복된 땅의 외국인 병사들이었는데, 이들의 반란을 막기 위한 방책이기도 했다. 1453년까지 버텼던 동로마 제국은 서로마 제국보다 용병에 의지하는 비중이나 횟수가 훨씬 컸다. 군사 제국이라기보다는 종교 제국에 가까웠던 동로마는 군인들보다 기독교 승려들의 숫자가 훨씬 더 많았다고 한다. 자연히 국방은 거의 용병들에 의해 유지됐다고 한다.

그리고 1389년, 6월에 코소보 벌판에서 벌어진 세르비아와 터키의 한판 승부에서 세르비아는 10만의 병력을 동원했는데 전 유럽에서 온 수만의 용병들이 전투에 참여했다. 세르비아가 터키에 대패하면서 세르비아 황제까지 전사했으며 대부분 병사들은 학살당했다. 코소보 전투의 패배로 인해 무슬림들이 유럽의 관문을 뚫었으며 유럽을 별 장애물 없이 침공하는 계기가 되었다.

대영제국도 해가 지지 않는 나라를 지키기 위해 많은 용병들을 고용했다. 특히 인도인들을 대거 용병으로 고용했으며 이는 2차세계대전이 끝날 때까지 이어졌다. 용병들을 고용하는 이유는 경제적인 것도 있지만 아무런 정치적인 부담이 없다는 이유가 가장 크다. 정규군이 민간인 학살을 저지른 경우에는 정치적 위기와 국제적인 비판에 직면하지만, 계약직 용병이 저지른 문제는 용병회사의 문제로 떠넘기면 그만이다.

용병들이 유명세를 탄 것은 이라크 전쟁 때 블랙워터라는 용병회사로 인해서였다. 2007년, 당시 블랙워터 소속의 용병들이 바그다드의 니수르 광장에서 17명의 비무장 민간인들을 사살한 사건이 발생했다. 물론 그전에도 블랙워터는 유명한 용병회사로 잘 알려져 있었지만 전 세계적으로 악명을 날리게 된 것은 이 사건 때문이었다. 사살된 사람들은 모두 이라크인들로 이라크와 중동, 나아가 전 세계의 비판을 받았다. 미국도 이 사건으로 인해 이라크 전쟁의 개입까지 비판받게 되었다.

전쟁터에서 용병들의 활용은 언제나 논란거리가 되어왔다. 미국 정부는 우크라이나전쟁에서 러시아 정부와 계약해 활동하는 와그너 그룹에 대해 비판해왔다. 그러나 미국 정부로서도 용병을 비판할 처지가 아니다. 이는 내로남불이기 때문이다. 미국은 블랙워터라는 용병회사와 계약을 맺어 이라크 전쟁과 아프가니스탄 전쟁을 치렀다. 심지어 아프가니스탄 전쟁에서는 용병들이 차지하는 비율이 거의 70%나 됐다고 알려졌다.

용병들을 쓰는 이유는 먼저 경제적이기 때문이다. 용병들은 전쟁 기간만 계약하기 때문에 전쟁이 끝나면 돈을 주지 않아도 된다. 하지만 정규군의 경우에는, 전쟁이 있든 없든 지속적으로 월급을 지불해야 한다. 한 대대 병력(500명~800명)에 드는 비용이 정규군의 경우 1.1억 달러라면 같은 규모의 용병들을 쓰면 9천만 달러가 소요되는 것으로 나타났다. 그리고 또 다른 이유로는 사상자가 발생해도 국가가 책임지지 않아도 된다는 장점이 있다. 전쟁터에서 희생되더라도 국가 전사자 명단에는 오르지 않는다. 국가로서는 뒤처리할 일이 없으니 가장 간단하다.

　용병들을 원하는 국가들은 전 세계에 걸쳐 다양하다. 우선 경제력이 뒷받침되지만, 군사력이 약한 중동국가들의 수요가 많다. 사우디아라비아나 아랍에미리트, 카타르 같은 국가들이 용병들을 원한다. 현재 진행되고 있는 예멘전의 경우, 사우디가 고용한 용병집단들과 이란이 지원하는 후투군이 전투를 벌이고 있다.

# 전쟁의 참상: 도시 전체의 95%가
# 파괴된 마리우폴

### "시내 전체에 죽은 사람들로 가득하다"

우크라이나전쟁의 참상은 잘 알려지지 않았다. 가장 비극적인 참상은 지난해 3월 마리우폴에서 벌어졌다. 인구 40만의 해안도시 마리우폴은 러시아나 우크라이나 모두에 전략적 요충지여서 어느 누구도 쉽게 포기할 수 없는 곳이다. 러시아는 여러 방면에서 우크라이나로 침공하면서 남쪽에서는 마리우폴로 침공해 들어왔다. 러시아는 도시 전체에 포격과 공습을 가해 완전히 폐허로 만들었다. 당시의 참상은 가히 지옥이라 할 수 있다.

2022년 3월 24일 독일방송(DW)은 당시 마리우폴의 현장 상황을 생생하게 전했다. 끊임없는 포격 속에서 아조프해의 항구 도시 마리우폴은 러시아군대에 대한 저항과 인도주의적 재앙의 상징이 되어버렸다. 어린이와 임산부를 치료하는 병원이 파괴되었고, 민간인들이 대피했던 극장이 폭파되어 전 세계가 충격에 빠졌다. 유럽연합은 러시아가 '대규모의 전쟁 범죄'를 저질렀다고 말했다.

마리우폴 TV의 대표로 있는 미콜라 오시첼코는 "시내 전

도시 전체가 파괴되다시피 한 마리우폴.

체에 죽은 사람들로 가득하다"라고 전했다.

　"병원은 내가 일하는 빌딩에서 500미터 떨어져 있다. 비행기가 폭격을 감행했을 때 내가 있는 건물이 폭격을 맞았다고 생각했다. 공습 음이 너무 커서 나는 바로 몸을 숙였다. 하지만 공습을 당한 곳은 어린이 병원이었다. 공습을 받은 곳은 병원 3층의 산부인과였다. 러시아는 병원엔 어린이나 산모가 아무도 없었다고 했지만, 사실은 많은 어린이들과 산모들이 있었다.

우리 건물의 온도는 바깥과 다르지 않아 영하 6도나 7도를 가리키고 있었다. 우리는 모두 지하실의 나눠진 방에서 잤다. 지하가 가장 따뜻한 곳이어서 바닥에 매트리스와 쿠션을 깔고 아이들을 그 위에 올려놓았다. 아이들은 하루종일 잠을 잤다. 어린아이들은 어머니들과 함께 누워 있었고, 할아버지들은 의자에 앉아 잤으며 젊은 사람들은 그냥 계단에서 잤다.

마리우폴을 떠나기 전에 우리는 남아 있던 사람들에게 우리가 가진 물을 주었다. 우리는 또한 가지고 있던 나머지 음식도 그들에게 넘겨주었다. 창고는 파괴되고 약탈당했으며 상점도 약탈당했다. 떠나기 전에 우리는 건물 앞에서 음식을 요리했지만 마른 나무가 충분하지 않았다. 그래서 사람들은 폭격당한 학교의 창틀과 건축 자재를 장작으로 사용했다. 그러나 언제든지 폭탄이 날아왔기에 그것들을 모으는 건 위험했다. 사람들은 완전히 산산조각으로 찢겨졌다.

사람들은 우물에서 물을 얻으려 했지만 어떤 특정한 장소에서만 구할 수 있었고, 오랫동안 줄을 서서 기다려야 했다. 사람들은 마셔서는 안 되지만, 파괴된 건물의 난방 시스템에서 물을 뽑아내어 사용했다. 사람들은 이 물을 끓여서 마셨다. 어느 날 밤, 눈이 내렸는데, 우리는 어린아이처럼 뛸 듯이 기뻤다. 우리 블록의 모든 사람들은 눈을 양동이에 모아 녹여서 사용했다.

우리가 도시를 떠날 때, 온전한 건물은 하나도 보지 못했다. 모든 곳에서는 아파트의 부서진 창문들과 파괴된 벽들만 보였다. 일부 건물에는 지붕과 꼭대기 층이 전혀 남아 있지 않았다. 사방에는 여자, 남자, 아이들의 시체가 놓여 있었다. 우리는 이 광경을 아이들이 보지 못하게 차안에서 주의를 산만하게 하려고 노력했다. 한마디로 너무나 끔찍했다."

## "전쟁 속에서도 삶은, 인생은 계속된다"

나탈리아 코리야지나는 간호사인데, 인터뷰는 3월 14일에 있었다.

"당시에는 포격이 적었기 때문에 마리우폴의 칼미우스강 왼쪽 강둑에서 배낭만 챙겨 도심의 한 건물로 향했다. 79세의 어머니는 나와 함께 가고 싶어하지 않았다. 나의 눈물이나 야멸찬 경고도 그녀의 마음을 바꿀 수 없었다. 내가 우리 건물을 떠난 지 불과 한 시간 만에 학교 하나와 인근 건물 두 채가 폭격당했다. 우리 이웃의 창문들은 모두 산산조각이 났지만, 어머니 집의 창문은 깨지지 않았다. 나중에는 전기와 수도가 나갔다. 나는 어머니에게 다음날 데리러 오겠다고 말했고, 다음에는 나의 말을 따를 것이라고 했다.

나의 동료들과 가족들은 집이 도시의 위험한 지역에 있었기 때문에 피난민 센터의 건물에 머물고 있었다. 우리는 여섯 명의 자녀들을 포함하여 16명이 함께 있었다. 지하에 침대를 깔고 매트와 에어 매트리스를 설치했다. 공습 사이렌이 자주 울렸고 우리는 하루 대부분을 지하실에서 보냈다. 다음날, 나는 도시의 은행에 도착할 수 없었다. 택시를 부르기 위해 4시간 이상 시도했다. 대답은 '휘발유가 떨어져서 누구도 은행에 가지 않는다' 라는 것이었다. 나는 간청하면서 큰 비용을 제안했지만 아무런 소용이 없었다. 내 지인 중에서는 누구도 나의 어머니를 데려오는 것을 도울 수 없었다. 나는 어머니에게 전화했다. 어머니는 도리어 나를 진정시켰다. '물과 음식이 있으며, 전쟁은 영원히 지속되지는 않을 것'이라고 말했다. 그녀는 스스로 잘 지낼 것이라고 말했다. 그것이 내가 어머니에게서 들은 마지막 말이었다. 나의 남편은 현재 군대에 있고 우리나라를 지키고 있다. 처음 며칠 동안 그와 연락이 없었다. 내 아들은 '하르키우'(하르키프)에 있다. 내 마음은 세 조각으로 찢겨졌다. 하지만 삶은, 인생은 계속된다. 도시 주변의 포위 공격이 강화되면서 전기, 수도, 가스가 중단되었다. 우리는 여전히 시장에서 일정량의 음식을 얻을 수 있었다. 상점은 이미 오래전에 문을 닫았고, 전기는 나갔고 화재가 발생하였으며 약탈도 당했다. 우리는 밖에서 불을 때서 음식을 요리해야 했다. 요리할 당시, 갑자기 우리 건물은 사방에서 포격을 받았다. 모든 창문과 지붕들이 파괴되었고 건물이 너무 흔들려서 무너질 것 같았다. 그러나 지하실은 버텼다. 1층의 온도는 섭씨 1도에서 2도였고 지하실은 4도에서 5도였다. 그러나 최악은 물 부족이었다. 눈이 두 번 내렸기 때문에 두 개의 욕조에 눈을 채울 수 있었다. 우리는 운이 좋았다. 건물에서는 휴대전화 수신이 안 되었고 수신가능 거리는 불과 900m 떨어져 있었다. 우리는 개인 차량의 통행을 허가한 코리도(통로)에 대해서 인지한 후 떠나기로 결정했다. 우리가 차에 짐을 싣고 있을 때, 다시 폭발이 반복되었고 금속 파편이 울타리를 향해 날아갔다. 우리는 12시에 마리우폴을 떠났고 사방에 펼쳐진 폐허와 타오르는 불을 보았다. 우리는 오후 9시경에 베르단스크에 도착하여 학교에서 밤을 보냈다. 호송대의 많은 차에는 아이들이 있었다. 사방에 불발탄이 있었기 때문에 모두가 조심스럽게 운전했다.

도시를 드나드는 모든 도로에는 러시아군의 검문소가 있었고 검문소는 30개가 넘었다. 자포리차 근처의 폭파된 다리 앞에서 엄청난 교통 체증이 있었다. 우회로는 좁은 길이었으며, 우리는 통과했지만 한 시간 후에는 다른 호송대에서 사격을 가해 사상자가 발생했다고 들었다. 우리는 오후 7시경에 드니프로에 도착했다."

올렉산드르 스코로보하트코는 국제인도주의 조직에서 일하고 있었고 3월 15일 마리우폴을 떠났다.

"3월 초까지 도시 전체는 인도주의적 재앙에 직면해 있었다. 더 이상 음식과 약이 들어오지 않자 사람들은 공포에 질리기 시작했다. 나는 이전에 이론적으로만 인도주의적 재난에 대해서 들었다. 누나와 나는 친척들과 함께 지냈다. 우리는 더 안전하다고 느꼈던 복도의 바닥에서 잤다. 어떡하던지 우리는 폭격과 식량 부족에 적응해야 했다. 이웃 건물은 이미 파괴되었다. 우리는 이웃들과 많은 시간을 보냈고 요리를 위해 불을 피웠다. 사람들은 별로 희망이 없었고 도시에 머무는 것이 더 안전하다고 확신했다. 라디오에서 500대의 자동차가 자포리차에 도착했다는 소식을 들었을 때 처음에는 믿을 수 없었다. 그러나 다음 날 지인이 와서 또 다른 자동차 호송대가 있을 것이라고 했다. 우리는 즉시 차에 탔다. 우리는 직관적으로 옆길을 택했다. 우리가 그 도시에서 5킬로미터 내지 10킬로미터 벗어나자 마침내 조용해졌다. 검문소, 통제, 끝없는 대기 줄이 도처에 있었다. 우리가 자포리차에 도착했을 때 비로소 마리우폴을 떠났다는 것을 느낄 수 있었다. 나는 자녀가 있는 친구들과 가족들에게 미리 경고하지 않은 것에 대해 죄책감을 느꼈다. 그래서 나는 가서 그들을 데려 오기로 결정했다.

우리는 모든 검문소를 다시 통과했다. 소위 '도네츠크 인민공화국'의 병사들이 방금 나에게서 차를 빼앗아 갔다. 나는 걸어서 돌아와야 했다. 나는 다음 마을에서 자고 먹을 수 있었다. 아침에 몇몇 좋은 사람들이 나를 자포리차로 데려왔다. 나는 이들을 평생 기억할 것이다. 현재 많은 자원봉사자들이 마리우폴에 도착하고 있다. 그러나 누구도 다른 이의 안전을 보장할 수 없으며, 반대로 살아 돌아오지 못할 수도 있다는 경고가 있다. 그럼에도, 나는 여전히 친척들을 안전한 마을로 데려갈 방법을 찾고 있다."

## 사람도 문화유산도 모든 것이 사라지다

러시아의 우크라이나 침공은 우크라이나의 수많은 교육과 문화 수단들을 파괴했다. 공습과 포격으로 대학들과 학교들,

교회들, 극장들, 박물관들, 도서관들, 공연장들, 문화센터 등 수많은 교육과 문화 환경 시설들을 파괴해버렸다. 이것들 중 많은 것들은 영원히 복구할 수 없다. 파괴된 수많은 희귀자료들과 역사적인 유산들은 영원히 복원될 수 없으며 영원히 인류의 곁을 떠나버렸다.

러시아가 우크라이나를 침공했을 당시 많은 시민들은 자발적으로 총을 들면서 러시아에 대한 결사 항전을 외쳤다. 그렇지만 모든 우크라이나인들이 한결같지는 않았다. 많은 우크라이나 사람들 중에서는 러시아와의 적당한 타협을 통해서 평화적인 해결을 원하는 사람들도 있었다. 러시아의 침공으로 아름다움을 뽐내던 항구 도시 마리우폴은 폐허로 변했다. 마리우폴에 사는 한 시민의 이야기는 고통당하는 우크라이나인들의 심정을 대변하기도 한다.

"러시아가 침공했을 당일에 우크라이나가 포기하고 항복했더라면 누구도 피해를 보지 않아도 됐는데 괜히 저항한다고 싸우는 바람에 이렇게 우리의 삶이 파괴돼 버렸다."

마리우폴은 러시아가 침공하면서 주전쟁터가 되었다. 도시 전체의 95%에 달하는 빌딩들이 파괴되었고 대극장 건물과 주요 문화 시설들이 대부분 파괴되었다. 인적 피해도 엄청나 민간인 4천 명이 사망했으며 러시아군인 5천 명, 우크라이나군인 4천 명이 전사한 것으로 발표됐다. 러시아가 침공하던 날인 2022년 2월 24일부터 5월 20일까지 마리우폴은 가장 큰 격전지였으며 러시아군의 승리로 끝났다.

마리우폴을 지키던 우크라이나 아조프 연대의 최후 항전의 거점이었던 아조프스탈 제철소.

　당시 마리우폴의 최대 격전지는 '아조프 제철소'였다. 러시아군에 포위되어 공급망이 끊어진 상태에서도 거의 4천 명의 우크라이나군이 집결해서 항전을 벌인 것으로 유명하다. 시시때때로 우크라이나 본대에서 헬리콥터로 생필품들을 공수 받았던 것으로 알려졌다. 하지만 5월 20일 항전하던 우크라이나군 3,900명이 항복하고 전쟁 포로가 되면서 모두 러시아가 통제하는 우크라이나 동부지역이나 러시아로 끌려갔다.

　전쟁 전 마리우폴은 40만 명의 시민들이 살아가던 도시였으나 전쟁이 나면서 완전히 파괴됐으며 사망하거나 실종된 숫자는 정확하게 파악되지 않고 있다. 우크라이나 정부에서는 2만 명의 시민들이 사망했다고 발표했으나 유엔에서는 등록된 사망자 숫자는 1,348명이나 이보다 수천 명 더 많을 것이라고 발표했다. 마리우폴은 2022년 12월까지도 러시아군이 점령하고 있으며 러시아의 영토로 복속시킨 상태이다.

우크라이나전쟁으로 인한 인적 피해는 여전히 전쟁 상황이 진행 중이기 때문에 통계가 일치하지는 않지만 대략 서로 근접한다. 전쟁 중의 군사적인 인적 피해는 사실상 보안 문제에 속하기 때문에 모든 게 묻혀 있다. 물론 전쟁이 끝난 뒤에는 명확하게 밝혀질 것이다.

러시아가 우크라이나를 전면적으로 침공한 2022년 2월 24일부터 12월 4일까지의 우크라이나 민간인들의 피해 통계이다. 6,702명이 사망했고 10,479명이 부상당했다고 한다. 그중 386명의 어린이들이 사망했다. 우크라이나와 러시아가 교전 중인 도네츠크와 루한스크 지역의 인적 피해가 상당히 크다는 것을 알 수 있다. 약 4천 명이 사망했고 6천 명이 부상 당했다는 통계가 있다.

우크라이나를 침공한 러시아 측의 인적 피해는 상대적으로 적다고 볼 수 있다.

# 미군의 아프가니스탄 철수가
# 우크라이나전쟁의 원인?

우크라이나전쟁이 일어난 원인 중에서 중요한 한 가지는 아프가니스탄 전쟁과의 관련성이다. 미국의 갑작스러운 아프간 철수가 전 세계에 보여준 모양새는 군사 강국 미국의 모습을 완전히 바닥으로 추락시킨 충격적인 것이었다. 2021년 1월에는 대통령 선거의 결과를 부정하던 친트럼프 시위대가 미국 의사당을 난입한 사건이 있었다. 이 사건은 민주주의의 수호자라고 자처하던 미국의 위상에 큰 상처를 남겼다. 미국과 관계된 이러한 사건들은 미국이 과연 다른 동맹국들을 보호해줄 수 있는 나라인지에 대한 의구심을 불러일으키기에 충분했다. 무엇보다도 러시아의 우크라이나 침공은 아프간에서의 철수와 관련 있다고 볼 수 있다. 우크라이나를 침공해도 미국이 제대로 반응하지 못할 것이라는 계산이 작용했을 것이다.

### 미국은 왜 아프간에서 떠났나

그렇다면 미국은 왜 아프간을 떠났는지 짚어보는 것도 중요하다. 미국의 국력이 정점을 찍었을 시기는 2003년, 이라크 침공 때였다. 당시만 해도 럼즈펠드 국무부 장관이 "미국은 두 개의 전쟁도 치러낼 수 있다"라고 호언장담하던 시절이었다. 하지만 트럼프 정부에 와서는 계속적으로 다른 나라들에 군비 분담을 요구하면서 미국의 위상에 먹칠하기 시작했다. 물론 미국의 경제가 과거와는 달리 미국 중심의 세계질서를 떠받치지 못하는 형편이라는 현실을 그대로 드러냈다고 볼 수 있다.

미국이 약한 모습과 내부의 무질서를 세계에 드러내자, 러시아가 그 기회를 엿보고서 우크라이나를 침공했다고 볼 수도 있다. 물론 러시아의 우크라이나 침공에는 여러 가지의 이유가 있지만 약해진 미국 모습의 노출이 한몫 했다고 봐야 한다.

미국이 아프간에서 탈출하던 날(2021년 8월 15일), 세계를 경악시킨 것은 세계 최강이라는 미군들이 탈레반에 쫓겨서 도망치듯 아프가니스탄을 빠져나오는 모습이었다. 또 다른 하나는 당시 아프간 대통령이 헬기에 달러를 가득 싣고 아프간을 탈출하다 헬기가 너무 무거워 돈 가방을 던지고 도망했다는 뉴스였다. 미국 비행기에 몸을 실으려는 수만의 아프간 난민들의 모습과 비행기에 매달려 가다가 떨어져서 죽는 아프간 난민들의 모습도 세계에 충격을 던져주었다.

러시아가 우크라이나를 과감하게 침공한 이유 중 하나로 미국의 아프간 철수를 드는 학자들도 있다. 미국이 아프간을 도망치듯 탈출해 나온 것을 보고서 푸틴이 자신감을 얻어 침공했다는 주장이다. 미군들이 아프간을 떠날 때의 모습이 거의 베트남 철수작전과 유사했고 아직도 그 모습을 생생하게 기억하는 미국 국민들과 세계에 엄청난 충격을 안겨주었다. 아프간 철수는 바이든 정부의 지지도를 추락시켰고 미국 정부에 대한 신뢰도를 바닥으로 떨어뜨렸다. 그렇다면 미국이 왜 그렇게 급하게 아프간에서 철수했는지 궁금하다.

물론 아프간에서의 철수는 트럼프 정부 때부터 계획된 것이었다. 이를 위해 2021년 11월 말에 카타르의 도하에서 미국과 탈레반 대표들이 만나서 아프간에서의 철군에 따른 계획을 논의하기도 했다. 하지만 이런 식의 질서정연한 철군 모습은 아니었다. 마치 도망치듯 아프간에서 떠나는 미군들의 모습은 상상할 수도 없었다.

미국은 아프간 정부의 부정부패가 미국이 아프간에서 철수한 주요한 원인의 하나라고 밝히고 있지만 변명처럼 들린다. 미국은 부패한 국가들도 이용 가치가 있으면 계속 지원해왔다. 미국도 그 나라의 부패를 잘 알고 있지만 알면서도 지원한다. 무엇보다도 미국의 지원이 막대하기 때문에 부패를 부추기는 면도 없진 않다. 국제투명성기구에서 발표한 부패 순위에서, 물론 아프가니스탄이나 북한은 최하위여서 통계 자체가 나오지 않지만, 2019년 우크라이나는 126위, 러시아는 137위를 차지했다. 이 순위는 아프리카나 남미 등의 제3세계 국가들의 부패지수와 같은 수준에 해당한다.

미국은 나라가 부자여서 그런지 무엇을 하든지 스케일이 크다. 우리말로 "손이 크다"라는 말이 적당한 표현일 것이다. 미국이 누구를 지원하겠다고 나서면 엄청난 지원을 한다. 1980년대의 러시아와 아프간전쟁 때도 미국이 지원한 돈과 무기는 십년 동안 파키스탄이나 아프간 사람들을 모두 먹여 살리고도 남았다. 무엇보다도 수만 명의 무자헤딘-무슬림 전사들-들을 무장시키고도 남는 엄청난 돈과 무기를 지원했다. 무자헤딘들은 사용하다 남은 무기들은 앞날을 위해 숨기거나 다른 나라에 팔아 엄청난 수입을 올리기도 했다.

미국이란 나라의 기준에서 지원이란 풍족한 지원을 의미하지, 적당한 양의 지원이란 아무런 의미가 없다고 생각한다. 지원하는 양이 너무 많으니까 지원받는 쪽에서는 분배하고도 엄청나게 많이 남는다. 당연히 지원받은 사람들은 남는 것들을 다른 나라에 팔아 수입을 올린다. 우리나라 사람들도 6·25 이후에 경험했듯이 미국이 지원했던 온갖 물건들이 양키 시장에 나뒹구는 것을 많이 봐왔다. 당시에는 모든 생산시설이 파괴된 상태여서 대부분 물자들이 미국이나 서방세계에서 들어왔다.

## "미국이 가는 곳은 모두 부패해버린다"

"미국이 가는 곳은 모두 부패해버린다"라는 말이 틀린 말은 아니다. 너무 많이 지원하니까 감당을 못해서 부패하는 것이다. 미국은 1980년대 아프간전쟁 당시 파키스탄을 완전히 부패시켰다. 파키스탄은 지금도 부패한 상태이며 앞으로도 부패의 늪에서 헤어나지 못할 것이다. 미국이 들어갔던 이라크도 부패해버렸고 지금도 부패의 늪에서 헤어나지 못하고 있다. 미국은 이라크 정부나 군, 경찰을 살진 돼지로 만들어버렸다. 더 이상 싸울 의지가 결여된 상태로까지 부패시켰다. 물론 미국이 의도적으로 이들을 부패시키진 않았지만 그럼에도 모든 책임은 미국에 돌아갈 수밖에 없다.

아프가니스탄의 하미드 카자이는 2002년부터 2014년까지 대통령으로 재직했다. 당시 그와 그의 가족들의 부패상은 서방세계에도 잘 알려졌다. 그의 동생인 모하무드 카자이의 부패상은 널리 알려져 있다. 당시에 많은 부패 스캔들은 카불 은행을 통해 이뤄졌다. 그는 카불 은행의 3번째 주식 보유자였는데, 카불 은행에서 빌린 돈으로 주식을 보유했다. 이런 식의 부패가 공공연하게 행해지고 있었기에 아프간을 지키려는 의지가 사라져버렸다. 10억 달러의 은행 돈이 그와 그의 주위 사람들의 호화생활을 위해 쓰인 것으로 알려졌다. 모하무드 카자이는 2,500만 달러를 카불 은행에서 빌려 아랍에미리트의 유명한 호화저택을 구입했다. 아프간에서는 권력과 가까운 사람들은 은행에서 돈을 빌린 뒤 갚지 않는 것이 보통이었다. 당시 《뉴욕타임즈》는 "아프간의 부패는 시스템으로 정착됐다"라고 썼다. 개인이 공적 업무로 정부 기관을 만나면 반드시 뇌물을 건네야 하며 이것은 제도처럼 정착되었다.

미국이 한 해에 아프간에 퍼부었던 군사 부문의 비용만 해도 4조 원에 달하지만, 흔적도 없이 사라졌다. 아프간 정부군은 미국이 지원해주는 무기의 대부분을 암시장에서 탈레반이나 외국의 무슬림 전사들에게 팔아먹었다. 당연히 미국의 불평이

터져 나올 수밖에 없었다. 전쟁을 치르는 상대방인 적군 탈레반 병사들이 미국의 무기로 전투를 벌이는 기묘한 현상이 속출했다. 당시 미 국방부에 따르면 아프간에 지급한 무기 45만 정이 사라졌으며 모두 암시장으로 팔려 나갔다고 믿고 있다.

그리고 국제사회가 의료나 교육의 명목으로 지원해준 인도주의적인 지원금은 대부분 가짜 학생들과 가짜 교사들의 이름을 올린 거짓 보고서를 통해 사용처가 만들어진 것으로 밝혀졌다. 의료비용으로 지원을 요청했던 비용들도 대부분 거짓이었다. 이 때문에 아프간에 지원해줘도 모두 관료들이나 군경 간부들 주머니로 들어간다면서 지원할 필요가 없다는 회의론이 대두됐다.

또한 아프간 정부가 붕괴된 후 미국은 예치된 아프간 정부의 돈 8.5조 원가량을 동결했다. 모두 미국이 지급한 돈이 되돌아온 것이다. 유럽의 은행들도 2.5조 원을 묶어 놓고 있다. 이렇게 엄청난 돈이 아프간 정부에 의해 해외에 보내진 것이다. 물론 더 있을 것이다.

미국이 아프간전쟁을 시작한 것은 2001년 9·11 테러로 국제무역센터의 쌍둥이 빌딩과 펜타곤이 공격당하면서 테러의 주범으로 알려진 오사마 빈 라덴을 제거하기 위해서였다. 하지만 20년 후 미국은 아프간에서 철수했다. 아프간 국민과 정부의 극심한 부정부패로 인해 탈레반과 싸우려는 의지가 없다고 판단했고 아무리 도와줘도 전쟁에서 패한다고 판단했다. 사실 미국은 아프가니스탄에서 후퇴하면서 테러와의 전쟁을 포기했다.

테러와의 전쟁에서 승리할 수 없었기에 후퇴한 것이다. 그리고 테러와의 전쟁에만 매달릴 수는 없었다. 미국은 일어서고 있는 중국을 상대해야 하는 신냉전 시대로 접어들었다고 진단했다. 아프간에서의 철수도 이 때문이다. 앞으로의 전쟁인 신냉전을 준비해야 하는 것이다.

세계가 보기에는 미국이 아프간전에서 패해서 도망쳤다고 보지만, 미국 스스로는 그렇게 보지 않는다. 아프간과 이라크에서 전쟁을 시작한 2001년 이래로 철수하기 전인 2021년까지 미국에 대한 주공격이 한 번도 일어나지 않았다는 사실에서 미국 내에서는 아프간전이 패전은 아니라고 평가하고 있다. 하지만 그건 객관적인 평가가 아니다. 사실은 탈레반의 완전한 박멸이 목표였으나 오히려 탈레반이 정권을 재탈취했으니 실패한 전쟁이며 패배이다.

# 우크라이나의 부정부패와 전쟁의 미래

다시 우크라이나로 돌아와서 부정부패 상태를 진단한다면 우크라이나도 아프간에 못지않은 나라임이 틀림없다. 2021년 국제투명성기구에서 진단한 부패지수를 보면 우크라이나는 180개국 중에서 122위를 차지했다. 러시아는 136위로 우크라이나보다 좀 더 타락한 국가로 나타났다. 사실 러시아는 모스크바나 페테르부르크를 제외하고는 대부분 도시들이 마피아 두목 비슷한 자들이 시장 자리를 차지하고 있는 것을 볼 수 있다. 특히 모스크바에서 멀어질수록 이 현상은 두드러진다.

한 나라에서 전쟁이 일어나는 이유 중 하나가 부정부패라는 것은 부정할 수 없다. 국민들이 희생해서 지킬 가치가 없는 나라라고 생각하면 무질서와 혼란이 판치게 된다. 이로 인해 외세가 침략해서 그 나라를 공격하는 것은 당연하니 전쟁이 벌어진다. 하지만 우크라이나는 푸틴이 판단한 것처럼 그 정도로는 부패하지 않았다. 푸틴은 러시아가 침공하면 사흘 안에 전쟁은 끝날 것으로 생각했다. 젤렌스키는 국외로 망명하고 국민들은 무기를 내려놓고 항복할 것으로 보았다. 하지만 젤렌스키는 도망하지 않았고 정부는 키이우에 그대로 건재하며 우크라이나 국민들은 무기들 내려놓지 않고 계속 싸우고 있다. 그러나 부패의 늪에 빠질 가능성은 언제나 도사리고 있다. 한 해에 서방세계에서 들어오는 돈과 물자만 해도 60조 이상이 된다. 전쟁 중이지만 이 막대한 재정을 다루는 주체는 당연히 부패의 유혹에 빠질 수밖에 없다. 아직 더 두고 봐야 할 일이다.

## 서방제 무기와 부패의 유혹

우크라이나전쟁이 시작된 후로 미국과 유럽에서는 엄청난 양의 무기들과 돈을 우크라이나 정부로 보냈다. 미국이 보낸 원조만 해도 3조 원어치 정도가 되며, 수많은 미사일과 탱크 등 중무기를 포함해 헤아릴 수 없는 양의 폭탄과 소총, 총알 등 경무기도 함께 전달됐다. 엄청난 돈과 무기들은 모두 우크라이나 정부에 의해 관리되지만 얼굴마담으로 세계에 알려진 젤렌스키 대통령은 신뢰가 간다고 해도 젤렌스키 밑에서 돈과 무기를 관리하고 분배하는 사람들은 누군지 도무지 알 수 없다.

지금 미국이나 유럽에서는 넘겨준 무기들이 원치 않는 다른 진영으로 넘어갈까 노심초사하고 있다. 사실 우크라이나처럼 투명하지 않고 부패가 만연된 나라에서 외국의 원조가 제대로 투명하게 집행될 리가 없다. 미국 국방성의 한 고위 관리는 "우크라이나로 넘겨준 무기는 큰 블랙홀로 들이민 것과 같으며 곧 그 사실을 알 것이다"라는 말을 했다. 즉 넘겨준 무기는 사라져 버릴 것이라는 말이다.

무기가 용병들의 손에 들어갈 수 있다는 위험성을 미국의 관리들이나 국방전문가들도 동의하지만 별 뾰족한 대책이 없다는 입장이다. "사실 우크라이나에 주어진 원조물자를 검증할 인원이 없다"라고 CNN은 밝힌 바 있다. 우크라이나와 미국은 외국 용병들이 우크라이나전쟁에 참전해 우크라이나를 도와달라고 호소해왔기에 외국인 용병들에 대해 엄격한 검증을 할 수가 없다는 것이다.

　　현재 우크라이나전쟁에는 아조프, 드니프로 1, 드니프로 2, 아이다르, 돈바스 군단 등 많은 용병단체들이 참전하고 있다. 이들은 단순한 자발적 용병조직이 아니라 히틀러 문양을 숭배하는 네오나치 그룹으로 분류된다. 우크라이나 정부로 넘어간 무기들이 이들을 무장시킬 거라는 사실은 자명하다. 이 때문에 우크라이나와 전쟁을 벌이는 러시아는 미국과 유럽의 원조를 강하게 비판하고 있다. 러시아는 개전의 이유로 든 '신나치의 척결'이라는 정당성을 확보한 것처럼 언론에 이 사실을 대대적으로 홍보하고 있다. 2022년 4월 워싱턴 주재 러시아 대사 아나톨리 안토노프는 "서방세계의 무기들이 우크라이나의 전선으로 투입되는 것은 불에다 기름을 붓는 것과 같다"라고 경고하기도 했다.

　　물론 아프간전을 경험한 미국도 이 문제를 심각하게 걱정하고 있다. 우크라이나가 자칫 아프가니스탄의 재판이나 되지나 않을까 머리를 싸매고 있다. 1980년대 10년간에 걸친 러시아와 아프간전쟁 당시 미국은 막대한 양의 무기를 지하드 용사들에게 지원했다. 처음에는 소비에트와의 전면전 가능성을 고려해 다른 나라의 무기를 구입해서 공급하다가 전투가 격화되면서 본격적으로 미국산 무기들을 공급하기 시작했다. 당시 최첨단 무기였던 스팅어 미사일까지 공급하기 시작했다.

1986년 미국은 여러 차례 행정부와 의회의 논쟁을 거쳐 고성능의 지대공미사일인 스팅어 미사일을 지원하기로 결정했다. 스팅어 미사일의 지원으로 인해 소비에트가 전투에서 패배했다는 소리까지 나올 정도로 수많은 소비에트 전투기들과 헬기들이 격추당하기 시작했다. 미국 CIA는 스팅어 미사일을 1,500기 내지 2,000기를 지원한 것으로 알려지고 있지만, 공식적으로는 500기를 지원한 것으로 서류상에 나와 있다. 지하드 조직들은 지원받은 스팅어를 숨기거나 이란이나 카타르, 크로아티아 등의 국가들에 팔아서 엄청난 수익을 획득한 것으로 드러났다. 전쟁이 끝난 뒤 미국 정부는 사용하다 남은 스팅어 미사일을 한 대에 20만 달러를 주고 다시 사들이는 정책으로 5,500만 달러 이상의 예산을 책정하면서도 300기만 회수할 수 있었다. 현재 실종된 스팅어만도 대략 600기 이상이 되는 걸로 추정되고 있으며 여전히 민간 항공기의 격추가 염려되는 상황이다.

또한 미국이 2021년에 아프간에서 철수하면서 회수하지 못하고 남겨놓은 무기는 중무기를 포함한 경무기들까지 모두 70억 달러(8.5조 원)에 이른다. 지금 남겨놓은 무기들은 모두 탈레반의 손에 들어가서 재무장했거나, 아니면 세계의 무기 암시장에 내놓아 엄청난 수입을 올리고 있다. 사실 아프간과 파키스탄 국경을 접한 곳에 있는 무기 암시장은 무기를 싼값에 구입하려는 사람들로 언제나 북새통을 이루고 있다.

이미 우크라이나의 전쟁터에서는 용병들의 불법적인 활동들이 계속 회자되고 있다. 무장 갱단들의 충돌과 무장 강도 행위, 살인 등이 계속 발생하고 있다. 물론 외국 원조의 중단을 우려하는 정부에 의해 언론들이 통제되고 있지만 물밑으로의 소문은 계속 퍼지고 있다.

## 우크라이나 부패와 싸운 스파르츠 의원

2022년 12월 24일, 우크라이나 태생의 이민자로 미국 하원의원인 빅토리아 스파르츠 의원은 FBI에 우크라이나 정부가 자신의 선거를 방해하려 하며 그녀에게 위협을 가하고 있다면서 조사를 정식으로 요청했다. FBI에 보낸 편지에서 "나의 선거에 간섭하려는 잠재적 시도, 해외에서 공무를 수행하는 과정에서 미국 정부의 관리에 대한 위협을 알리기를 원하며, 이러한 행위가 우크라이나 대통령실 직원들이나 우크라이나에 거주하는 외국인들에 의해 계획되고 지시된 것인지에 대한 조사를 공식적으로 요청한다"라고 밝혔다. 스파르츠는 지난해 가을, 우크라이나를 여행하는 동안 관찰한 바에 따르면 미국의 지원이 우크라이나에서 가장 심각한 피해를 입은 지역에 도달하고 있는지에 대한 증거가 부족하다는 것을 목격했다고 주장했다. 그리고 우크라이나 언론은 그녀를 러시아 협력자로 공격한다고 했다.

하지만 사실은 스파르츠는 반우크라이나 진영에 있지 않다. 스파르츠 의원은 우크라이나전쟁이 터지자마자 미국 의회에서 우크라이나에 대한 미국의 대규모 무기와 인도주의 지원을 호소한 바 있다. 하지만 2022년 7월, 스파르츠는 우크라이나에 대한 재정 및 안보 지원에 대해 의회와 미국 국민들에게 보다 자세한 브리핑, 감독과 책임을 요청한다는 서한을 바이든 대통령에게 보낸 바 있다. 미국 정부가 지원한 무기와 재정이 제대로 쓰이지 않고 잘못 운영될 가능성이 크다면서 부패 문제를 제기했다. 이 편지로 인해 우크라이나 정부가 통제하는 언론 매체를 포함하여 우크라이나 정부의 관료들로부터 악의적인 인신공격을 당했다는 것이다. 지난해 가을에 스파르츠 의원이 우크라이나를 공식 방문하는 동안, 우크라이나 정보국은 비밀경찰들을 동원해 그녀를 만났거나 만나고 싶어하는 사람들을 범죄 혐의로 위협했으며, 비밀경찰들이 협박하도록 지시했다고 주장했다.

### 젤렌스키의 반부패 캠페인

우크라이나는 항상 부패로 유명했으며, 서방 관리들은 우크라이나가 유럽연합과 나토에 가입할 수 없는 이유로 부패 문제를 제기해왔다. 2021년 6월, 바이든 대통령은 우크라이나가 NATO에 가입할 것인지에 관한 질문을 받은 뒤 이 사실을 시인하기도 했다. 그러나 러시아가 우크라이나를 침공한 이래로 미국은 아무런 검증 절차도 없이 1,130억 달러(141조 원) 이상의

전쟁 첫날인 2022년 2월 24일 격추된 우크라이나 군용기. 5명이 사망하였다.

지출을 승인함에 따라 부패 우려가 강하게 제기되었다. 이 금액에는 우크라이나 정부에 직접 전달되는 돈인 '직접적인 예산 지원'이 수조 원이 포함되어 있다.

2023년 1월 24일, 젤렌스키 우크라이나 대통령은 월요일 야간 연설에서 우크라이나의 인프라부 차관인 바실 로진스키를 횡령 혐의로 파면하고 체포했으며 곧 인사를 단행하기로 결정했다고 밝혔다. 우크라이나의 국가반부패국은 로진스키가 9

월에 우크라이나로 수입된 발전기들을 고가로 구매하도록 용인해주고 40만 달러의 뇌물을 받은 혐의로 고발되어 체포되었다고 밝혔다.

다른 우크라이나 국방부 관리들은 식량 공급을 포함한 군수품을 부풀려진 가격으로 구매하는 데 관여한 혐의를 받았다. 이 혐의로 인해 구매를 감독한 뱌체슬라브 샤포발로프 국방부 차관이 사임했으며, 국방장관 올렉시 레즈니코프는 자리를 유지한 채 정밀 조사를 받고 있다. 레즈니코프는 우크라이나 국방부는 잘못이 없으며 가격이 부풀려진 것은 '기술적 실수'라고 주장하면서 혐의를 부정하고 있다.

사임한 또 다른 우크라이나 관리는 전쟁 내내 고급 스포츠카를 운전하는 것이 목격된 대통령실의 부실장 키릴로 티모센코이다.(카릴로 티모센코는 티모센코 전 총리와는 아무런 관계가 없다.) 우크라이나 언론은 티모센코가 한 달에 6,000달러 임대 저택에 살고 있다고 보도했지만, 부동산 관계자들은 일반적으로 그 지역 저택들의 한 달 임대료는 10,000달러에서 25,000달러 사이로 가격이 훨씬 높다고 주장했다.

몇몇 지역의 주지사를 포함한 고위 관리들도 화요일에 사임했다. BBC에 따르면 강제로 쫓겨난 다른 고위 관리들은 다음과 같다. 올레스키 시모넨코 검찰차장, 지역 사회 및 영토 개발 차관 이반 루케리아, 지역 사회 및 국토개발 차관 비야슬라브 네고다, 비탈리 무지첸코 사회정책부 차관, 그리고 드니프로페트로프스크, 자포리차, 키이우, 수미, 헤르손 주의 주지사들이다. 이 사건은 러시아의 침공 이래 최대의 부패 스캔들로 간주되며 우크라이나 사회를 뒤흔들고 있다.

〔필자가 몇 차례에 걸쳐 우크라이나를 여행하면서 경험한 것은 우크라이나는 상당히 부패한 국가라는 사실이다. 부패 문제는 그 지역 경찰들이 외국인들을 대하는 태도를 보면 한눈에 알 수 있다. 아무 이유도 없이 외국인 관광객들을 검문한다면 터무니없는 이유로 돈을 뜯어내려는 것이다. 멕시코 경찰들은 아예 총을 만지작거리면서 돈을 요구했으며, 러시아나 우크라이나, 불가리아는 비자나 등록증을 확인한다는 구실로 접근했다. 필자는 러시아나 우크라이나, 동구권 유럽 국가들을 여행하면서 경찰들에게 돈을 뜯긴 사례를 헤아릴 수 없을 정도로 들었다.

당시 필자는 오데사역에서 키이우로 여행하기 위해 기차를 기다리는 중이었다. 많은 우크라이나인들이 지켜보는 가운데 대여섯 명의 경찰들이 오로지 필자에게만 다가와 여권과 비자를 검사한 일이 있었다. 이들의 태도는 무례했고 나에게서 무엇인가를 원하는 듯했으나, 나의 모든 것이 완벽했기에 발걸음을 돌렸다. 하지만 그렇게 썩 기분 좋은 상대는 아니었다. 경찰들이었지만 마치 마피아 집단 같아서 역에 있던 우크라이나 사람들은 경찰들이 오니 아예 숨소리조차 내지 못하는 것 같았다.

그 당시 러시아는 많이 개혁되었지만, 우크라이나는 2014년 2차 오렌지 혁명 이후에나 조금 나아졌던 것 같다. 젤렌스키의 반부패 캠페인이 단지 외국의 원조를 지속적으로 받기 위한 목적의 보여주기 캠페인이 아니라, 나라를 위한 진정한 개혁이 되기를 바라는 마음 간절하다.]

# 무기 장사들의 천국, 무기 실험의 장

## 군사원조는 미래를 위한 투자

BBC(영국방송)는 2022년 12월 22일에 우크라이나전쟁에 동원된 외국산 무기들을 공개했다. 지난 12월까지 우크라이나로 넘어간 무기들은 275억 달러(34.4조 원)어치나 된다. 단연 미국의 무기들이 3분의 2를 차지하며 나토 회원국에서 제공한 무기들이 3분의 1을 차지하고 있다. 지난 12월에 미국을 방문한 젤렌스키는 미국의 도움에 감사하면서도 미국의 군사원조는 "기부가 아닌 미래를 위한 투자"라고 했다. 물론 미국 국민들이나 유럽의 국민들은 그렇게 생각하지 않을 것이다.

미국의 군사 원조액은 185억 달러이며, 독일(23억 달러)과 영국(19억 달러), 폴란드(18.2억 달러) 순으로 원조했으며 나토 회원국들은 모두 90억 달러의 무기를 지원했다. 젤렌스키는 매달 전투를 위한 무기 소요액만 50억 달러(6조 원)가 된다고 말한 적 있다. 그만큼 전쟁에는 천문학적인 경비가 소요된다.

미국은 조기 대공망 시스템인 패트리엇 미사일을 우크라이나에 제공한다고 지난 12월 21에 발표한 바 있다. 패트리엇 대공미사일 체계는 비싸서 감히 수입하기도 어려운 무기이며 러시아도 경계하는 미사일 체계이다. 패트리엇 미사일 체계의 발사대 하나의 비용만 1,000만 달러(125억 원)이며 미사일 한 발에 400만 달러(50억 원)이다. 패트리엇 미사일 체계는 160km를 커버할 수 있다.

미국이 제공한 중거리 미사일로는 M142 고속이동로켓시스템(Himars: 히마스)이 있다. 사정거리는 80km이며 적중률과 사정거리가 러시아 측의 스머츠 시스템보다 훨씬 뛰어나다. 미국과 캐나다, 호주는 호위처 탱크 100대를 공급했으며 155mm 포탄 30만 발을 제공했다. 호위처 탱크는 러시아제 탱크보다 사정거리가 훨씬 더 길다. 그리고 영국과 스웨덴이 생산한 대탱크 미사일 Nlaw(엔로) 5,000기가 우크라이나로 전달됐다. 최대 사정거리는 1km이며 발사기의 비용은 3만 달러이다. 엔로 미사일은 어깨에 걸어서 쏠 수 있는 간편함으로 인해 많은 인기를 누리고 있으며 실제로 러시아 탱크의 진격을 성공적으로 막았다는 평가를 받고 있다.

우크라이나는 폴란드와 체코로부터 230대의 탱크를 제공받았는데, 영국제 첼린저2 탱크들과 연합군의 탱크들을 구입해서 공급했다. 지금까지 우크라이나군은 T-72 탱크를 사용해왔는데 오래된 기종을 계속 수리하며 사용해왔다.

우크라이나전쟁에서는 많은 드론들이 사용돼왔다. 관측이나 공습, 중장비들을 들어 올릴 때도 사용된다. 터키는 바이락타 TB2 무장 드론을 판매했다. 이 드론은 시속 220km로 최대 300km를 비행할 수 있으며 디지털 장비로 조종된다. 가격은 500만 달러에 거래되고 있다.

전쟁은 무기 장사들의 천국이다. 미국이나 영국, 유럽 국가들, 이스라엘, 러시아, 한국의 무기 장사들은 전쟁이 나면 최신식 무기들을 실전에서 실험해본다. 새로 개발된 무기들의 성능을 실제 전쟁에서 테스트를 해보는 것이다. 미국이 침공해서 시작된 이라크 전쟁은 무기 실험의 최적 실험장으로 활용되었다. 그리고 IS와 시리아 전쟁 또한 무기 실험의 장으로 활용되었다는 사실을 부정할 수는 없다. 테러와의 전쟁이라는 명분을 가지고 소총이나 기관총 정도로만 빈약하게 무장한 무슬림 테러리스트들을 대상으로 한 최신식 무기들의 실험은 아주 비밀리에 진행되었다. 서방의 언론인들을 납치하고 사살하면서 아예 전쟁에 대한 보도를 극도로 제한한 이유 또한 바로 이 때문이다. 무기 장사들의 천국을 만들어 놓고서 아무런 거리낌 없이 거래했던 것이다.

이번 우크라이나전쟁도 어김없는 무기 실험의 장이 되었다. 러시아의 타스 통신은 2023년 1월 19일 러시아가 몇 년 전에 개발한 신형전투 로봇 마르케르를 우크라이나에 보낼 예정이라고 보도했다. 마르케르는 미래형 군사 로봇이다. 5km 떨어진 거리에서도 조종이 가능하며, 무한궤도나 바퀴를 단 소형 장갑차 모양을 하고 있다. 1회 배터리 충전으로 3,000km를 이동할 수 있다. 마르케르 로봇은 자체 정찰 장비를 이용해 최대 15km 떨어진 곳에 있는 적을 발견해 지휘소에 관련 정보를 전달하며, 새로 장착된 대구경 기관총과 유탄발사기로 적을 공격하고, 대공 로켓으로 공중목표물 타격하거나 레이저 무기로 적의 공격용 드론(무인기)도 격추 가능하다. 이 밖에 아군 부상자를 찾아내 후송하는 임무 수행도 가능하다.

미국과 유럽, 우크라이나도 전쟁을 무기 실험의 장으로 적극 활용하고 있다. 우크라이나에 군사원조로 제공한 무기들을 실전에 배치해 직접 사용하면서 무기의 결함도 발견하여 업그레이드시키는 기회로 활용한다. 특히 이번 전쟁에서 가장 사용량이 많았던 장거리포에 대한 면밀한 개량에 착수했으며, 로켓포와 드론의 사용을 점검해 개량해 나가고 있다.

우크라이나는 자체 사이버 공간의 기술을 무기화해서 선보인 바 있다. 델타시스템으로 불리는 디지털 지도 시스템이다. 델타는 초기 경보 시스템 이상으로 실시간 지도와 적 자산 사진을 결합하여 얼마나 많은 군인이 이동 중이고 어떤 종류의 무기를 휴대하고 있는지까지 파악한다. 또한 감시 위성, 무인 항공기, 정부 출처의 정보와 결합하여 우크라이나군대가 공격할 위치와 방법을 결정하는 것으로 알려졌다.

2022년 여름부터 미국과 독일은 흑해에서 폭발물로 가득찬 원격 조종 보트를 시험해왔다. 그리고 10월 세바스토폴 연안에서 러시아 함대에 대한 공격을 실행하여 실험을 성공적으로 완수한 것으로 알려졌다. 곧 독일은 우크라이나에 이것과 비슷한 배를 공급했다. 러시아의 강력한 전함을 상대로 작고 저렴한 공격용 보트가 실전에 배치될 전망이다.

튀르키예가 개발한 무인 공격용 드론 바이락타.
러시아의 위협 앞에 동병상련을 안고 있는 리투아니아에서 우표로 제작했다.

지난해 말 우크라이나군은 리투아니아가 새로이 개발한 스카이와이퍼(SkyWiper)로 알려진 안티드론 총(gun)을 사용하여 위력을 발휘하였다. 스카이와이퍼는 통신 신호를 차단하여 드론의 방향을 바꾸거나 방해할 수 있는 무기이다. 우크라이나군과 러시아군 모두가 가장 탐내는 전쟁 자산으로 선정되기도 했다.

## 우크라이나전쟁의 최대 수혜국은 미국

전쟁이 일어나면 총알 한 발 쏘지 않고도 엄청난 수익을 올리는 나라들이 있다. 우크라이나전쟁의 수혜자를 들라면 단연 미국이다. 미국은 우크라이나전쟁으로 유럽의 수호신으로 떠올랐다. 그동안 유럽은 공공연하게 미국의 독보적인 행보에 제동을 걸어왔으며 사사건건 미국의 정책에 반대하면서 독자적인 행보를 추구해왔다. 하지만 우크라이나전쟁이 시작되면서 나토를 통해 전적으로 미국의 국방력에 의존해온 유럽이 더욱 미국에 의존하는 결과를 낳았다. 유럽연합이 시작되면서 항상 주창해왔던 유럽연합군의 창설이라는 말도 쏙 들어가 버렸다. 그리고 러시아산 가스가 끊기고 미국의 액화가스(LNG)를 높은 가격으로 수입하기 시작하면서 미국은 상당한 수입을 올리고 있다. 프랑스의 마크롱 대통령이 작년 12월 초에 미국을 방문하여 바이든 대통령에게 따졌던 문제가 바로 액화가스의 가격 문제였다. 미국 국내의 액화가스 가격보다 네 배나 더 비싼 가격으로 유럽에 판매한다면서, 왜 미국은 우크라이나전쟁에서 이득을 보려고 하느냐고 대들었다는 일화는 유명하다.

미국이 이득을 보는 것은 가스뿐만이 아니다. 바로 무기 산업의 호황이다. 전쟁이 나면서 많은 유럽 국가들은 우크라이나에 무기를 제공해왔는데 그 무기들은 대부분 미국에서 구입해 제공해왔다. 독일은 80억 달러 상당의 35F-35A 전투기들의 구매를 추진했다. 캐나다 또한 150억 달러 상당의 F-35A 전투기 88대를 구매할 계획이다. 그리고 핀란드는 이미 미국의 록히드 마틴사에 낡은 F/A-18 전투기들을 대체할 94억 달러에 달하는 F-35 전투기 64대를 주문한 바 있다. 무엇보다도 독일이 군의 업그레이드를 위해 1,000억 달러의 예산을 편성한 것으로 알려져 미국의 무기업자들은 쿠바산 시가를 피우면서 기다리고 있다.

　노벨평화상을 수여하는 나라이자 가스 등 천연자원이 풍족하여 삶의 질이 세계 최고인 노르웨이도 우크라이나전쟁의 가장 큰 수혜자라 볼 수 있다. 러시아가 우크라이나를 침공하면서 끊어버렸던 가스와 값비싼 미국산 액화가스의 공급을 대체하여 유럽으로의 가스 공급을 도맡으면서 앞으로 엄청난 부를 쌓을 것이 예상된다.

　우크라이나전쟁은 한국도 수혜자로 만들었다. 2022년 7월에 폴란드와 한국은 20조 규모의 무기 구매 계약을 체결했다. 우크라이나와 국경을 접하고 있으면서 러시아와는 같은 나라라고 할 수 있는 동맹국인 벨라루스와도 넓은 국경을 접하고 있는 폴란드는 사실상 위기에 봉착했다. 이를 타개하기 위해 무기 도입을 서두르기 시작했다. 미국에 타진해봤지만 미국의 무기 산업 시설을 풀가동하더라도 수요를 맞추기가 어렵다고 통보해오자 다음으로 눈을 돌린 곳이 바로 한국이었다.

　폴란드가 주문한 내용을 보면 3.5세대 전차 180대, 초음속 전투기 12대, 자주곡사포 48문 등이다. 폴란드의 무기 구매는 2030년까지 이행되어야 한다. 한국의 한 해 총 국방예산이 54조인데 20조 상당의 무기 계약을 했다는 것은 상당한 성과지만 앞으로 두고 볼 일이다. 2022년 12월 27일에 북한 무인기(드론) 다섯 대가 서울 상공을 휘젓고 다녔지만 한 대도 격추하지 못했고 속수무책으로 당했다. 이로 인해 한국에서 생산된 국방 장비에 대한 의문이 제기되지 않을 수 없기 때문이다.

　전쟁에서 가장 고통받는 패자들은 민간인들과 병사들이다. 당연히 패자가 있으면 승자가 있다. 전쟁에서의 승리자는 무기 제조회사들과 무기 상인들이다. 이들은 전쟁이 나면 호황을 누리면서 엄청난 이익을 남긴다. 전쟁 당사국들은 전쟁에서 승리하기 위해 모든 것을 아낌없이 부어 넣어야 하기 때문이다. 전쟁에서의 패배는 곧 모든 것을 잃는다는 것을 의미한다. 자칫 국가의 존립까지도 위협받게 된다. 당연히 모든 것을 걸고서, 모든 담보를 끌어내 걸고서라도 무기를 구입한다. 생명이 위태로운 환자의 가족들이 담당 의사에게 모든 수단을 동원해서라도 환자의 생명을 구해 달라고 부탁하는 것과 같다.

　2021년 8월에 미군이 아프가니스탄에서 철수하자 서구세계의 무기회사들은 땅을 치고 통곡했다고 한다. 그런 와중에 우크라이나전쟁이 터지자 축제의 불꽃놀이와 함께 샴페인을 터뜨렸다는 것이다. 무기회사들은 우크라이나전쟁이 나기 전에 이미 7,680억 달러(약 1,000조 원)를 미국 정부로부터 받았다. 무기 제조사들과 딜러들이 지난 20년간 정부 고객들을 상대로 소비한 로비자금은 자그마치 2조5천억 원 이상이라는 통계가 나와 있다. 1년에 1,200억 원 이상을 로비자금으로만 지출해왔다는 의미이다. 미국 의회를 움직이는 무기 로비스트들은 미 의회의 전체 의원 수보다 많다고 한다. 영국만 해도 영국의 무기회사인 BEA에서 영국 정부 장관들을 상대로 한 미팅만 지난 2년 동안

30회를 넘었다.

　이처럼 무기회사들은 관계 국가들의 수장들을 상대로 딜을 하기 때문에 사실 로비자금의 규모나 거래내역은 여전히 베일에 싸여 있다. 로비내역이 드러나고 거래가 알려지게 되면 정치가들은 감옥에 가야 하게 때문에 무기 거래는 비밀스럽게 이뤄진다. 의회에서 예산을 승인 받아야 하므로 거래된 무기의 내역과 가격은 밝혀지지만, 무기 거래에 관여한 정치인들이나 수중에 흘러 들어간 리베이트는 철저히 극비로 다뤄진다.

제2부

# 우크라이나전쟁과 난민들

# 무엇을 위한 전쟁인가

## 우크라이나전쟁: 서방세계와 러시아의 대리전

인류의 역사는 전쟁의 역사이다. 강한 국가들이 약한 국가들을 침공하고 파괴하고 학살한 역사였으며 지금도 이런 역사는 반복되고 있다. 문명이 발달하고 인간의 지적 능력이 고도화되어도 본질은 하나도 변하지 않았다. 우크라이나는 독립 국가이며 주권이 존중 받아야 하는 국가임에도 상대적으로 약하다고 침공해 들어온 것이다. 인류 역사상 많은 사상가들은 전쟁에 대해 한 마디 씩 남기고 갔지만 여전히 분명한 답은 주지 못하고 갔다. 공자가 활동할 때에도 전쟁의 와중이었고 소크라테스 당시에도 아테네는 전쟁 중이었다. 언제나 인류는 전쟁과 함께 살아왔다.

현재 우크라이나에서 벌어지는 전쟁은 서방세계와 러시아의 대리전적 성격을 띠면서 진행되고 있다. 러시아는 붕괴된 소비에트체제의 재건을 위해 구소비에트 국가들을 중심으로 유럽연합과 같은 경제공동체블록을 건설하기 위해 유라시아경제연합(Eurasia Economic Union)을 출범시켰다.

유라시아경제연합에 가입한 나라들은 러시아와 카자흐스탄, 벨라루스, 아르메니아, 키르기스스탄 등 5개국이다. 물론 과거의 모든 소비에트국가들은 아니지만 대부분의 구소비에트 국가들을 가입시키기 위해 문을 열어놓고 있는 상태다.

그러나 구소비에트 국가들 중에서 정치경제적으로 가장 핵심 국가로 꼽히는 우크라이나가 빠진 상태다. 우크라이나는 러시아와 물리적 충돌을 벌이면서 적대국으로 돌아서 버렸다. 우크라이나의 내전도 사실은 유럽연합과 유라시아경제연합 사이에서 한쪽을 선택해야만 하는 기로에서 벌어진 충돌이다. 유럽연합이냐 아니면 유라시아경제연합이냐의 선택에서 키이우를 비롯한 서부지역은 사실상 유럽연합을 선택했고 동부지역은 유라시아경제연합을 선택했다. 당연히 충돌이 일어나면서 우크라이나는 동서로 분단됐고 크림반도는 러시아가 합병해버렸다.

사실상 푸틴이 꿈꾸는 구소비에트의 재건은 우크라이나의 반발로 벽에 부딪혔다. 우크라이나가 없는 유라시아경제연합은 현실성 없는 움직임으로 끝날 가능성이 더 높아졌다. 흑해를 접한 국가인 우크라이나가 러시아에 반기를 들자 러시아는 국제적인 여론을 거스르는 모험을 하면서까지 크림반도를 재빨리 합병한 것이다. 러시아는 흑해와 크림반도의 지정학적 중요성을 잘 알고 있기 때문이다. 이미 발트해 연안의 세 국가들-라트비아, 리투아니아, 에스토니아-은 유럽연합에 합류하면서 러시아와는 완전히 멀어졌고 우크라이나만이 희망이었다.

유라시아동맹에 참여하는 국가 중에서 바다를 접한 국가

우크라이나 북부 코노토프 전장에서 발견된 주인 잃은 장화.
장화의 주인공은 어떻게 되었을까?

는 없다. 조지아도 2008년 8월에 러시아와 물리적 충돌을 벌이면서 러시아와는 이미 적대적인 국가로 돌아서 버렸기 때문에, 흑해라는 해양통로에서 우크라이나의 중요성은 더욱 높아졌다.

러시아의 움직임을 간파하고 있던 미국과 유럽연합은 러시아가 붕괴된 구소비에트를 재건할 기회나 시간을 주지 않고 러시아의 영향력을 축소 내지 차단하기 위해 소비에트가 붕괴한 시점부터 우크라이나를 지원해왔다. 우크라이나가 러시아와 충돌하고 있는 지금도 여전히 우크라이나를 지속적으로 지원하면서 전쟁을 지원하고 있다.

1989년 베를린 장벽이 붕괴된 이래로 미국과 서유럽 국가들은 동진 정책을 지속해왔다. 곧 발칸 전쟁이 벌어졌고 발칸은 몇 개의 국가들로 찢어져 독립했다. 그 과정에서 몇 차례의 발칸 전쟁이 벌어졌다. 발칸 전쟁은 팽창하는 미국과 유럽의 민낯을 스스럼없이 보여줬으며, 반면에 나약해진 러시아의 위상을 드러낸 사건이었다. 결국에는 미국과 유럽연합이 우크라이나까지 진출하면서 핵무장국가인 러시아와 바로 국경을 맞대고 대치하는 위험한 상황까지 치달았다. 만약에 러시아와 국경을 사이에 두고 충돌한다면 3차세계대전까지도 예상할 수 있다.

물론 대륙간 탄도미사일과 핵폭탄을 수천 기씩 보유한 국가들끼리 충돌하게 되면 상호멸망으로 치닫는다는 사실을 잘 알고 있다. 이 때문에 미국이나 러시아 어느 한쪽도 전면적으로는 충돌하기를 원치 않는다. 그럼에도 미국과 유럽연합은 러시아의 목줄을 죄면서 계속 압박을 가하고 있다. 사실상 최대한 러시아의 목줄을 죄는 게 목적이다.

### "서방세계는 러시아를 갈가리 찢어버리려 한다"

2008년 4월 3일 루마니아의 수도 부쿠레슈티에서는 나토 정상회의가 열렸다. 이 회의에는 미국의 부시 대통령을 비롯한 서방세계의 지도자들이 모두 모였고, 심지어는 러시아의 푸틴 대통령까지 초대받았다. 이 자리에서 미국은 러시아를 분노하게 만들었다. 미국과 유럽의 정상들은 나토의 미래에 대해 의견을 나누었는데, 러시아에 사실상 많은 상처를 주었다.

조지 부시 대통령은 우크라이나의 나토 가입에 대해 명확하고 구체적인 입장을 선언문에 넣기를 원했다. 하지만 유럽 국가들의 설득으로 "우크라이나는 나토에 가입한다"라는 애매모호한 문구가 들어갔다. 언제 어떻게 가입할지에 대해선 언급하지 않았다. 우크라이나의 나토 가입이 러시아를 자극할 수 있다는 프랑스와 독일의 입장을 고려해 모호한 문구를 선언서에 담은 것이다.

어쨌든 미국과 유럽에 무시당한 푸틴 대통령은 나토 정상들에게 조지아와 우크라이나를 나토에 가입시킨다면 러시아는 가만 있지 않을 것이라는 경고성 발언을 했다. 푸틴의 발언은 넉 달이 지난 8월에 현실화된다. 러시아와 조지아의 전쟁이 벌어진 것이다. 전쟁 발발 일주일 만에 프랑스 사코지 대통령의 중재로 전쟁은 끝났지만, 나토의 팽창 정책에 대한 러시아의 태도를 확실하게 보여준 사건이었다.

러시아 대통령 푸틴은 서방세계에 대한 불신을 어김없이 드러냈다. 물론 그에게 불신감을 심어준 것은 미국과 영국, 유럽연합이다. 서방세계도 러시아에 대한 불신이 쌓여온 것은 당연하다. 2019년 트럼프정부에서 1987년에 고르바초프와 레이건이 맺었던 중단거리 핵미사일과 비핵미사일에 대한 통제 협약을 탈퇴한다는 선언이 있었다. 당연히 러시아에서는 미국의 탈퇴를 러시아에 대한 미국의 핵 공격 위협으로 받아들였다. 그리고 미국과 보조를 맞추면서 러시아를 압박하는 국가로는 영국을 꼽을 수 있다.

영국의 대러시아 정책은 미국과 마찬가지로 적대적이다. 영국의 러시아에 대한 적대적 정책은 러시아의 반푸틴 인사가 영국에서 독살당하는 사건들이 발생하면서 더욱 심화되었다. 2006년과 2018년에 벌어진 스파이 독살 사건은 러시아가 타겟으로 찍은 이중 스파이들을 영국의 수도 런던에서 러시아 정보기관이 독살한 것이다. 이로 인해 영국과의 관계는 훨씬 더 틀어져 버렸다.

유럽연합에서 독일과 프랑스는 미국이나 영국과는 달리 러시아에 유화적으로 접근했으며 다소 중립적인 입장을 취해 왔다. 헝가리를 제외한 동유럽 국가들 대부분은 러시아에 적대적인 행보를 보여 왔다. 그럼에도 러시아의 에너지 자원들을 수입해왔고 또한 러시아가 원하는 물품들을 수출하는 교류를 이어 왔다. 하지만 러시아가 원하는 정치 군사적인 문제인 나토의 확장에 대한 러시아의 질문에는 묵묵부답으로 일관하고 미국의 정책을 무조건 수용하면서 러시아와는 눈도 마주치지 않으려 했다.

푸틴은 언젠가 한 서방학자에게 이런 말을 한 적 있다. "우리의 가장 큰 실수는 당신들을 너무 믿었다는 것이다. 당신들의 실수 또한 신뢰를 허약함으로 봤고 그것을 마음대로 할 수 있는 것으로 봤다는 것이다. 만약에 곰이 자신의 영역 방어를 중단한다면 사냥꾼이 와서는 그를 옭아매기 위해 계속적으로 시도

할 것이다. 곰을 옭아매자마자 그의 이빨과 발톱을 뽑아 버릴 것이다. 그러고 나선 곰의 영토를 완전히 점령할 것이다. 결국엔 곰의 가죽까지 벗겨서 벽에다 걸게 될 것이다. 이런 상황에 대비해 우리는 계속 싸워야 한다." 여기서 곰의 이빨과 발톱은 러시아의 핵무기를 가리킨다.

그리고 2022년 12월 25일 방송에서 푸틴은 다시 한 번 서방세계에 공개적인 불신을 드러내는 언사를 표명했다. "서방세계는 러시아를 갈가리 찢어버리려 한다"면서 "우크라이나에 대한 공격은 러시아인들을 하나로 통일시키기 위한 것"이라고 말했다. "분열과 정복은 그들이 항상 해왔던 것이며 지금도 그렇게 하고 있다. 하지만 우리의 목표는 다르며, 러시아인들을 통일시키는 것"이라는 입장을 표명했다. 또한 그는 역사적으로 우크라이나와 러시아는 하나의 민족이라고 밝히면서 우크라이나가 러시아와는 다른 별개의 국가라는 사실을 부정했다. 푸틴이 우크라이나와 러시아의 역사적인 사실을 언급하는 이유는 자신의 전쟁에 대한 정당성을 부여하기 위해서이다.

## 전쟁의 음습한 기운은 어디에서 시작되었나

러시아와 우크라이나의 전면전 위기는 2021년 3월과 4월에 이미 시작됐다. 러시아 병사들과 장비들이 우크라이나와 러시아 국경으로 집결하기 시작했다. 이는 2014년 3월의 크림반도 합병 이래로 최대의 집결이었다. 당시에 중화기와 미사일 등의 움직임은 이미 감지됐다. 그러다 6월에는 부분적으로 철수했다가 10월에 접어들면서 동원이 다시 시작되었다. 12월이 되자 10만 명의 러시아군이 세 방향인 러시아 방향과 북쪽의 벨라루스 방향, 남쪽의 크림반도 방향으로 집결했다. 하지만 이러한 동원에도 불구하고 러시아는 반복적으로 우크라이나 침공을 부인했다.

2021년 12월 러시아는 '안보보장'을 위해 두 가지 안을 제안했다. 하나는 우크라이나가 나토에 가입하지 않는다는 것과 나토군과 군자산들을 동유럽에서 감축하겠다고 명시한 법적 구속력을 갖는 문서를 요구했다. 이러한 요구가 충족되지 않을 경우 무차별적인 군사적 대응을 하겠다는 위협을 가했다. 하지만 나토는 이 요구를 거절했으며 미국은 침공이 있을 경우엔 신속하고 가혹한 경제제재가 가해질 것이라고 경고했다.

2022년 2월 21일 러시아는 공식적으로 우크라이나에서 분리된 동부의 두 지역인 도네츠크와 루한스크를 독립국가들로, 도네츠크 공화국과 루한스크 공화국으로 인정했다. 그리고 돈바스 지역에 러시아군을 포진시키면서 민스크협정의 위반을 실행했다. 다음날인 2월 22일 푸틴은 민스크협정의 파기를 선언했으며, 같은 날 러시아연방 의회는 군대의 사용을 공식적으로 승인했다. 2월 24일 아침, 푸틴은 러시아가 '특수군사작전'을 돈바스 지역에서 시작한다는 사실을 공표하면서 우크라이나를 전면적으로 침공했다.

러시아가 우크라이나를 침공한 것은 푸틴의 야심인 과거

소비에트의 영화를 되찾기 위해서라고 많은 사람들이 말한다. 하지만 시카고 대학의 존 미어샤이머 교수는 "19만 명의 병사들로 4,000만 인구의 우크라이나를 정복한다는 것은 불가능하다"라고 말했다. 이는 군사전문가들이 모두 동의하는 바이다. 물론 푸틴의 마음속에 들어가 보지 않아서 그가 무슨 생각으로 19만 명의 군대로 우크라이나를 침공하면 정복할 수 있다고 생각했는지는 의문이다. 먼저, 푸틴이 우크라이나와의 전쟁을 아주 쉽게 생각했는지도 모른다. 아니면 단지 나토와 미국에 경고를 보내기 위해 침공했는지도 모른다. 이에 대한 논리적인 해답을 유추해보는 것도 흥미로울 것이다.

푸틴은 우크라이나로 침공하면 젤렌스키 정부는 모두 외국으로 망명해버리고 우크라이나 국민들은 두 손을 벌려 러시아군을 맞아줄 것이란 생각을 했을지도 모른다. 하지만 러시아는 이미 2014년 3월에 크림반도를 무력과 형식적인 절차를 동원해서 합병했고, 돈바스 지역의 도네츠크와 루한스크의 분리를 지원하여 우크라이나의 영토 20%를 가져갔다. 당연히 우크라이나 국민들에게는 원성의 대상이 되었을 것이다. 위의 사실로 인해 푸틴은 우크라이나 침공을 통해 우크라이나를 해방시키겠다는 생각은 없었을 것이다. 그렇다면 푸틴은 19만 명의 군대로 우크라이나를 침공해서 무엇을 얻으려 했을까?

2008년 부쿠레슈티의 나토정상회담에서 조지 부시 대통령이 우크라이나와 조지아를 나토에 가입시키겠다고 천명한 순간부터 푸틴은 반복해서 우크라이나와 조지아의 나토 가입을 반대한다는 입장을 표명해왔다. 나토정상회담이 있은 지 4개월 후 러시아는 짧은 기간이지만 조지아와 한판 전쟁을 벌이면서 입장을 다시 한 번 더 확인시켜 주었다. 그러나 미국은 이를 귀담아듣지 않았고 전혀 고려하지 않았다.

2014년의 2차 오렌지 혁명과 연이은 크림반도와 우크라이나 동부 영토의 이탈 등도 모두 나토의 확장과 연관돼 있다. 우크라이나의 나토 가입은 러시아의 존재를 위협하는 중대한 위협으로 푸틴은 받아들였다. 만약에 우크라이나 정부가 공식적으로 나토 가입을 원치 않는다고 밝혔다면 상황은 전혀 다르게 흘러갔을 수 있다. 우크라이나 동부 지역의 분리나 크림반도의 합병은 없었을 것이다. 그리고 러시아의 전면적인 침공도 없었을 것이다.

# 2014년 9월의 우크라이나

## 키이우로 향하다

이른 아침 러시아의 옛 수도인 페테르부르크를 출발한 비행기는 2시간 만에 키이우공항에 도착했다. 키이우공항의 여권심사대는 '우크라이나–유럽연합'이라고 표기된 창구와 '다른 모든 여권'이라는 창구로 나뉘어져 있었다. '다른 모든 여권'이란 사인이 보이는 곳은 오직 하나의 창구만 열려 있었고 '우크라이나–유럽연합'이라고 표시된 창구는 거의 열 개 정도가 열려 있었다. 당연히 러시아 여권을 가진 사람들은 모두 '다른 모든 여권'이라는 창구 쪽으로 가서 줄을 서야 했다. 그곳에는 이미 수십 명의 러시아사람들이 줄줄이 늘어 서 있어 여권심사대를 통과하는 데만도 반시간 이상은 족히 걸릴 것처럼 보였다. 반면에 우크라이나인들이 줄을 선 창구들은 한산하고 여권심사과정도 빨리 진행돼 모두들 재빠르게 통과하고 있었다. 나는 언제 끝날지도 모르는 러시아인들 뒤에 서기보다는 '우크라이나–유럽연합'이라는 곳으로 가서 섰다. 내 앞에 선 러시아 여권을 가진 한 여인이 '우크라이나–유럽연합'이라 표기된 창구에 줄을 서서 여권을 내밀었다가 검열관이 퇴짜를 놓았는지 곧바로 러시아인들이 늘어선 곳으로 옮겨가는 일이 벌어졌다. 여인은 모든 사람들이 보는 앞에서 곧 울음을 터뜨릴 것처럼 당황하고 무안한 낯빛으로 변해 있었다. 나도 러시아 여인처럼 퇴짜를 맞지나 않을까 긴장하긴 했지만 검열관 앞에 서자 검열관은 자연스럽게 나의 대한민국 여권을 받아주었다. 혹시나 해서 유럽연합의 체류증까지 내밀었지만 아무 것도 아니란 듯 다시 되돌려주었다. 나의 예상이 옳았다. 우크라이나는 공항에서부터 러시아를 향해 무언의 경고를 보내고 있었다.

키이우로 들어오는 버스를 통해서 본 키이우 시내는 내전 중에 있으면서도 마치 아무런 일도 벌어지지 않은 듯 평화스러움 그 자체였다. 키이우역에 도착하면서는 더욱 더 그러했다. 역사에는 총을 멘 군인들이 쫙 깔려 있을 것으로 생각했지만 예상과는 달리 평상시의 모습 그대로였다. 5년 전의 키이우역이나 달라진 건 별로 없었다. 변한 게 있다면 영어로 사인이 나오는 대형보드가 역에 크게 걸려 있다는 것밖에는. 영어로 표기된 대형보드가 모든 걸 말해주고 있었다. 키릴문자만을 자랑스러워하고 고집하던 곳에서 로마문자가 크게 자리를 잡은 것은 역사적인 변화였다. 더 이상 키이우는 과거의 키이우가 아니었다.

## 우크라이나 혁명의 산실 '메이단 광장'

여독을 푼 이틀 뒤(7월 31일), 우크라이나 혁명의 역사적 산

메이단 광장의 기념탑 요르카. 숨진 혁명가들의 사진이 걸려 있다.

실인 '메이단 광장'을 방문했다. 메이단 광장은 키이우의 중심가
에 위치한 광장으로 정치적인 집회가 열려왔던 곳이며 많은 상

　　　　　　제2부　우크라이나전쟁과 난민들

점들이 몰려 있는 거리들이 만나는 곳이다. 2013년 11월 말부터 메이단 광장은 '텐트 도시'로 변하면서 혁명의 산파 역할을 한 곳으로 여전히 텐트로 뒤덮여 있었다. 저녁이 가까워오면서 한낮의 열기는 식어가고 시원한 바람이 불어오자 텐트들도 장막을 걷어 올리고 있었다. 영원한 혁명의 성지로 남아 있기를 원하는 듯 메이단 광장은 지난 겨울의 거센 투쟁의 흔적들을 고스란히 간직하고 있었다. 메이단 광장의 상징적 구조물이 된 요르카(지난 겨울 동안 투쟁하다 숨겨간 혁명가들의 사진을 걸어 놓은 기념탑)가 오고 가는 시민들의 발걸음을 멈추게 만들었다. 2014년 1월 27일, 새해를 기념하기 위해 장식용 전등들을 달아 놓던 철제구조물에 중년남성의 시신이 매달린 채 발견되면서 이곳은 순식간에 혁명의 심벌로 변했다. 시민들은 이곳을 지나면서 십자가 성호를 긋거나 기도나 묵념을 올리면서 잠시나마 숨겨간 이들의 넋을 위로하는 모습이 보였다. 이곳에서 2백 명 이상의 시민과 노동자, 학생들이 지난 겨울의 찬란했던 투쟁에서 숨겨 갔다.

메이단 광장을 뒤덮은 텐트에서는 여전히 사람들이 생활하고 있었다. 이곳에 텐트가 들어선 시점은 2013년 11월 말부터였지만 본격적으로는 2014년 1월 들어서면서부터다. 어떤 텐트는 아예 펜스까지 쳐 놓아 마치 병영처럼 만들어 놓았다. 낮은 펜스여서 펜스 내에서 벌어지는 모든 일을 엿볼 수 있었다. 한 텐트의 마당에서는 군복차림의 서너 명의 청년들이 열심히 군사훈련을 받는 모습이 눈에 들어왔다. 실전에 대비하기 위한 군사훈련으로 무술을 연마하는 중이었다. 바로 건너편 텐트의 마당에서는 군복차림의 젊은이들이 차를 마시면서 휴식을 취하고 있었다. 모두들 우크라이나 르비우 인근의 서부지역 출신이라고 했다. 그 중에서 병사 한 사람은 자신을 메이단 출신의 군인으로 지원해서 싸우다 며칠 전 슬로비얀스크에서 며칠 휴가를 나왔다고 소개했다. (메이단 출신이란 메이단 광장에서 장기간 시위를 벌였던 시위대 출신을 뜻한다.)

슬로비얀스크는 석 달 동안 반군의 치하에 있었으며 치열한 전투가 벌어졌던 도시로서, 우크라이나 정부군의 치하에 들어오면서 정상적으로 돌아온 상태였다. 그는 두 주 동안 휴식을 취하다 다시 전선으로 되돌아갈 것이라고 말했다. "현재 우리 지원군들은 훈련도 제대로 받지 못했고 무기도 제대로 없는 형편없는 상태"라고 불만을 털어놓았다. 이 때문에 "수많은 사상자들이 지원군에서 나오고 있다"라고도 했다.

대화를 나누는 사이에 갑자기 지나가던 노인 한 사람이 들어와서는 젊은이들을 향해 소리치기 시작했다. "왜 전장에 가서 싸울 생각은 않고 여기서 놀고 있느냐?" 그러자 나와 대화를 나눴던 지원군 병사가 "며칠 전 전선에서 돌아왔습니다. 노는 게 아니라 지금 군사훈련을 위해 대기하는 중입니다!"라고 큰 소리로 맞받아쳤다. 큰 소리를 듣자 사람들이 모여들기 시작했다. 그러자 노인은 멋쩍은 얼굴을 지으면서 발걸음을 돌렸다. 노인은 메이단 광장의 텐트에서 지내는 젊은이들을 모두 무위도식하는 룸펜들이나 홈리스로 간주하고 있었다. 지난 5월의 대통령선거를 통해 새로 구성된 포로셴코 정부에서 메이단의 텐트들을 제거하려는 강한 의지를 보이자 텐트에 거주하는 활동가들의 거센 반발에 부딪히기도 했다.

대부분 젊은이들이지만 간혹 나이가 들어 보이는 군인들도 눈에 띄었다. 가장 나이가 들어 보이는 군인이 내게 다가왔다. 자신의 이름은 블라디미르이며 나이는 만 58세라고 소개했다. 필자는 그에게 "아들 같은 젊은이들과 군대생활을 하기가 쉽지 않을 것"이라고 하자, "이들과 같이 이미 메이단에서 싸우면서 함께 생활한 경험이 있기 때문에 별 문제없다"라고 자신 있게 대답했다. "메이단 혁명을 통해 변한 게 무엇인가?"라는 질문을 던지자, 그는 머리를 손으로 가리키면서 "변화의 모습은 나중에 보게 될 것이지만, 지금은 우크라이나 사람들의 정신이 변한 게 가장 큰 수확"이라고 힘주어 말했다.

메이단 광장이 유명해진 건 2004년도의 '오렌지 혁명'으로 거슬러 올라간다. 우크라이나 사람들은 '1차 메이단 혁명'이라 부른다. 이곳에서 구시대의 정권을 무너뜨리고 새로운 정권을 탄생시킨 역사가 있다. 정확하게 10년이 흐른 2014년 2월에도 역사가 반복됐다. 친러시아 정권인 야누코비치 정권을 무너뜨리고 포로셴코 정권을 탄생시켰다. 2월의 혁명을 주도했던 시위대들은 '2차 메이단 혁명'이라 명명하고 있다.

혁명에 참가했던 대부분의 젊은이들은 현실적으로는 별로 변한 게 없다는 불만을 털어 놓았다. 메이단의 투쟁현장에서 팔을 잃어버린 한 시위자는 제대로 치료도 받지 못하고 보상도 받지 못했다고 정부를 비난하면서 "3차 메이단이 필요하다"고 주장했다. 메이단에서 캠프를 정리하지 않고 버티는 이유도 새 정부를 비판적으로 주시하겠다는 의미가 담겨 있다. 동부지역의 전쟁으로 인해 많은 메이단 전사들이 지원군의 일원으로 동부전선으로 떠났고, 남아 있는 자들은 캠프를 지키면서 혁명의 정신을 계승하겠다는 강인한 의지를 보여주고 있었다.

〔지난 2014년 8월 9일, 우크라이나 정부는 메이단 광장의 지도자들로부터 합의를 이끌어내 메이단 캠프들을 모두 철거하는 역사적인 행사를 벌였다. 이 현장에도 필자가 함께했다.〕

# 오렌지 혁명의 전야

 

1991년 소비에트가 붕괴된 후 우크라이나는 독립국가가
됐지만 여전히 러시아의 영향력이나 소비에트식의 전체주의적
통치체제를 벗어나지 못하고 있었다. 다른 동유럽 국가들보다
정치나 경제부문에서의 개혁은 매우 느리게 진행되고 있었다.
소비에트로부터 독립됐지만 우크라이나는 여전히 독립적이지
못했고 구체제 인사들에 의해 모든 것이 좌지우지되고 있었다.
소비에트가 해체된 후 러시아나 우크라이나 등의 독립국가들에
서 가장 큰 이슈는 국가재산의 민영화(privatization) 문제였다.

공산주의체제가 무너지면서 큰 기업체들이나 부동산 등
국가 소유의 재산들이 자본주의 체제로 이행해야 했다. 즉, 개
인의 소유 체제로 넘어가는 과정에 있었다. 여기서 권력과 폭력
의 개입이 뒤따랐다. 국가 재산을 싼값으로 불하 받기를 원하는
세력들끼리 전쟁이 시작된 것이다. 이 전쟁에서 승리한 자들은
큰 자본가들로 이행했고 패배한 자들은 역사의 무대에서 사라
졌다. 대자본가로 변신한 사람들은 소비에트의 페레스트로이
카 시대 당시에 부를 쌓았던 소자본가들, 공산당의 고위 간부
들, KGB, 경찰, 군부 내의 고위 간부들이었다. 유명한 러시아

마피아나 우크라이나 마피아의 탄생은 국가 재산의 민영화 과정, 즉 전쟁에서 생겨난 세력들이다. 민영화가 끝나가면서 등장한 세력이 바로 올리가치들이다. 다시 말하면 이들은 민영화 전쟁에서 승리한 자들이며 아주 헐값에 엄청난 부를 챙긴 자들이다. 우크라이나의 전직 대통령인 포로센코는 대표적인 우크라이나 출신의 올리가치이다. 이들은 많은 재산들을 이미 미국이나 유럽 등의 서방세계에 이전해놓았다. 러시아가 우크라이나를 침공한 이후 곧바로 서방세계에서 행했던 금수조치의 한 부분이 러시아 출신의 올리가치들이 빼돌려 놓은 재산들을 압수하거나 거래중지를 시키는 일이었다.

## 자본가로 변신한 공산당 간부들

필자는 1990년대 중후반기에 폴란드의 작은 시골 마을에서 영어교사로 일하면서 과거 공산당 간부들이 어떻게 자본가들로 변신해갔는지 두 눈으로 똑똑히 목격했다. 민영화 과정에 개입됐던 공산당 간부들이 국가소유의 재산들을 개인 소유의 재산으로 전환하면서 자본가로 태어나고 있었다.

베를린장벽이 무너지면서 소비에트 공산주의체제가 막을 내린 지 거의 십 년이 지났지만, 사실 필자가 영어교사로 살았던 마을인 크렘프나는 과거의 공산주의체제를 크게 벗어나지 못하고 있었다. 여전히 공산주의 시절의 당원들이 같은 일을 하고 있었고 면사무소에도 전직 공산당 간부들이 관료로 지내고 있었다. 주민투표에 의한 선출직인 면장도 공산당 출신의 같은 사람이 계속 선출되면서 장기집권의 가도를 달리고 있었다. 겉으로는 동구권세계가 공산주의체제를 포기하고 시장경제체제를 선택했다고 선언했지만 바뀐 것은 거의 없었다. 단지 바뀐 게 있다면 과거 공산주의체제에서 지배층이던 전직 공산당원들이 시장경제체제, 즉 자본주의체제의 주역인 자본가로 변신한 것이었다. 스카우바도 그 중 한 명이었다. 공산주의 시절 크렘프나의 공산당에서 간부를 지냈던 그는 새로운 시대에 자본가로 변신하는 데 가장 유리한 조건을 갖추고 있었다. 가까운 측근들이 여전히 모두 관공서의 요직을 차지하고 있었기에 관급공사를 따내거나 은행에서 거액의 사업자금을 대출받기에는 너무도 용이했다. 작은 지역인 크렘프나에서도 최초의 자본가가 탄생하고 있었다.

당연히 그가 주로 밀어붙였던 사업은 건설업이었다. 당시 고등학교의 새 건물이 지어지고 있었는데 그가 맡아서 하던 사업이기도 했다. 어쨌든 이것저것 많은 건설 사업들이 면사무소 간부들과 마을의 지도자들을 통해서 그에게 주어졌다. 나중에는 규모가 상당히 큰 사업이었던 도로건설사업까지 그의 손에 떨어지기도 했다. 이렇게 그는 공산주의 시절의 친분을 이용하여 엄청난 특혜를 누리면서 크렘프나에서는 가장 중요한 자본가로 성장해갔다.

건설 사업뿐만 아니라 크렘프나의 한가운데서 작은 주점을 운영하기도 했다. 큰 건설업을 하는 그가 왜 조그만 주점을 경영하는지는 많은 사람들이 이해하지 못했다. 그가 주점을 운영하는 이유는 돈도 중요했지만, 물론 다른 이유도 도사리고 있었다. 건설 현장에서 일하는 마을 사람들이 주점에서 외상으로 술을 마시면 임금에서 제하는 수단으로 주점을 이용했다.

나는 한 번도 마을의 지도자들을 그의 술집에서 본 적이 없었다. 물론 나는 교사라는 신분을 갖고 있었고 건강이 좋지 않아 술을 그다지 즐길 수 없는 처지여서 자주 스카우바의 술집에 갈 수도 없었다. 그럼에도 작은 곳이었기 때문에 한 번만 가도 그곳이 어떻게 돌아가는지 잘 알 수 있었다. 크렘프나도 일종의 계급이 지배하는 사회였다. 밤만 되면 하층 농민들은 스카우바의 술집으로 가고 상층의 관료나 지도급 인사들은 보이지 않은 곳으로 숨어 들어갔다. 밤만 오기를 기다린 부엉이들처럼 마을 지도자들은 매일 밤 같은 부류의 사람들 집에서 돌아가면서 술자리를 가졌기 때문에 일반사람들의 눈에는 전혀 띄지 않았다. 자연스럽게 이들은 스스로를 일반사람들로부터 소외시켜 나갔기에 작은 마을인 크렘프나에서도 쉽게 대화를 나눌 수 없는 존재가 돼 있었다.

스카우바가 추진하던 사업은 눈덩이 불어나듯 계속 불어났고 그에게서 일자리를 얻으려는 사람들은 그에게 계속 줄을 섰다. 학교 건축공사를 도맡았기 때문에 여기서 떨어지는 수익만 해도 작은 크렘프나에서는 엄청난 규모였다. 이를 크렘프나의 브잇(면장)과 몇몇 관료들에게 떼주고 남는 것만을 챙겨도 크렘프나에서 가장 큰 부자였다. 그의 학교 건축프로젝트가 진행되는 동안 면장은 스카우바에게서 돈을 받아 챙겼는지 붉은 승용차를 새로 사기도 했다. 면장만 지나가면 마을의 젊은 청년들은 손가락으로 동그라미를 만들면서 무언의 시위를 하기도 했다. 손가락의 동그라미가 뜻하는 것은 바로 돈이다. 알게 모르게 대부분의 마을 사람들은 스카우바와 면장을 비롯한 서너 명의 마을지도자들을 증오하기 시작했다. 크렘프나의 문제와 상관없는 나에게까지도 스카우바와 면장에 대해 비판하기 시작했다.

스카우바에 불어오던 광풍은 여기서 그치지 않았다. 학교 건축을 통해 돈을 좀 벌어들인 스카우바는 여기에서 만족하지 않고 도로공사를 시작했다. 물론 그가 도로공사에 손을 댈 수 있었던 것은 은행에서 사업자금을 쉽게 끌어들일 수 있었기 때문이다. 스카우바에게서 돈을 얻어먹은 면장이나 몇 명의 지도자들은 스카우바가 요구하는 어떤 서류에도 도장을 찍어줄 준비가 돼 있었다.

엄청난 사업자금을 손에 쥔 그는 도로건설 공사를 위해 중장비도 도입하고 마을 사람들을 대규모로 고용하기 시작했다. 소비에트체제가 붕괴한 뒤, 그전까지만 해도 집단농장에서 일자리에 대한 걱정 없이 살아가던 농민들이 모두 일자리를 잃고 실업자로 살아가던 상태였다. 또한 이들 대부분은 스카우바가 벌이는 건축공사판에서 불안정한 고용상태로 지내오던 처지였다. 도로공사의 경우 장기간의 공사였기 때문에 불안정한 실업자들에게는 달콤한 유혹이었다. 오랫동안 일자리 걱정을 하지 않고 지내도 되기 때문에 많은 사람들이 스카우바에게 고용되기를 원했다. 가능하면 스카우바에게 잘 보여 일자리를 따 내기 위한 사람들로 스카우바의 주점은 한 동안 앉을 자리는 물론 서 있기도 민망할 정도로 빽빽하게 들어차기도 했다. 그의 도로 공사는 이렇게 보기 좋게 시작됐다. 이렇게 스카우바는 공산당 간부에서 자본가로 변신해나갔다.

## 푸틴, 마피아를 제압해 국민의 지지를 얻다

러시아나 우크라이나 등 소비에트에서 독립한 국가들의 민영화 과정은 10년 이상이 걸린 과제였다. 러시아 마피아들 사이의 전쟁은 러시아나 우크라이나의 치안을 극도로 불안하게 만들었다. 일반인들의 일상생활이 불가능할 정도로 마피아 조직원들의 폭력이 극심했다. 당시 러시아에는 두개의 정부가 존재한다는 말이 떠돌았다. 하나는 러시아 합법 정부였고 다른 하나는 마피아 조직이었다. 시장 상인들이나 기업체에서는 세금을 양쪽에 납부해야만 했다. 정부와 마피아에 이중으로 세금을 뜯기면서 기업들의 원성이 자자하던 시기였다.

필자가 처음 러시아를 방문했던 1993년 1월만 해도 러시아의 치안이 불안해 낮에도 모스크바의 붉은 광장은 극도의 긴장감이 흘렀다. 러시아 경찰들은 조금만 러시아인들이 외국인들에게 말을 거는 낌새만 보여도 바로 폭력으로 제압했다. 러시아 경찰들도 부패가 심각하여 외국인들을 보면 꼬투리를 잡아 돈을 뜯어낼 심산으로 길거리에서 여권이나 등록증을 일상적으로 검색했던 시기였다.

소비에트가 해체되면서 고르바초프가 실권하고 옐친이 정권을 잡았지만 극도로 혼란해진 사회질서를 잡지 못하면서 러시아 국민들의 원성이 자자했다. 마침내 옐친이 물러나고 후계자 푸틴이 뒤를 이었다. KGB 수장 출신이던 푸틴은 실력을 발휘해 마피아들의 소유화 전쟁을 신속하게 끝내고 질서를 회복시켰다. 러시아 국민들의 박수가 쏟아졌을 것이란 사실은 자명하다. 푸틴의 시대가 열렸고 장기독재의 시대가 온 것이다. 마피아들의 폭력이 횡행하던 시대를 겪었던 러시아인들은 모두 푸틴에게 정신적으로 의지할 정도였고 장기독재를 지지하기까지 했다. 일반 국민들뿐만 아니라 서구 민주주의를 뼛속 깊이 체험한 유학파 교수들까지도 푸틴의 장기집권을 원했다. 필자도 직접 유럽에서 공부했다는 페테르부르크 대학교수에게서 들었다.

우크라이나도 상황은 러시아와 크게 다르지 않았다. 독립은 했다지만 러시아와의 차이는 없었다. 같은 언어를 사용하고 있었고 여전히 친척들과 가족들은 러시아와 구소비에트 국가들에 흩어져 살고 있었다. 정치체제나 사회문화도 같았고, 경제적 상황은 사용하는 화폐이름이나 단위만 다를 뿐이지 아무런 차이가 없었다. 도리어 러시아가 우크라이나보다 더 개방적이고 앞서 나가고 있었다.

정부에 의한 언론통제는 물론이고 언론에 대한 탄압은 극대화된 상황이었다. 2000년에는 언론인을 납치해 살해하는 사건이 발생했다. 이 사건은 우크라이나 국민 전체를 분노하게 만들었다. 이때부터 시민들과 인권단체들은 진상규명을 요구하면서 쿠츠마 정부에 대항해 시위를 벌이면서 스스로를 조직하기 시작한다. 이를 통해 앞으로 정치단체로 기능할 야당이 만들어지기 시작한다.

# 공갓제 기자의 죽음, 혁명에 불을 댕기다

## 공갓제, 우크라이나의 박종철

《우크라인스카 프라우다》의 기자 게오르기 공갓제는 한국의 1987년 6월 항쟁을 있게 한 박종철과 같은 존재이다. 조지아 출신의 이민자인 공갓제는 키이우에서 언론인으로 활동하면서 소비에트 붕괴 후의 언론의 자유와 민주화, 부패척결을 위한 캠페인을 벌였던 기자였다. 당연히 그의 활동은 당시 우크라이나 정부에게는 눈엣가시 같은 존재여서 항상 정보원들이 따라 붙었다.

공갓제(당시 31세)는 2000년 9월 16일 실종됐다. 오후 10시경에 동료의 집을 나선 뒤 자신의 집으로 돌아오지 않았다. 경찰은 수사에 집중했고 심지어 의회까지 진상위원회를 만들어 조사했다. 하지만 아무런 진전이 없었다. 그러다 11월 3일 키이우 외곽지역에서 한 농부에 의해 목이 잘린 공갓제의 시신이 발견되었다. 그럼에도 발견된 시신은 공갓제의 것이라는 확인 없이 경찰들이 탈취해갔고 2년이 지난 뒤에야 공갓제의 시신임을 확인해주었다.

그런데 2000년 11월 말에 공갓제의 실종에 대해 우크라이나 대통령과 측근들이 얘기하는 테이프가 누출되면서 정치계는 거대한 스캔들에 휘말렸다. 대통령 쿠츠마를 비롯한 측근들이 공갓제의 문제를 토론한 비밀녹음 테이프에는 내무부장관과 경호대장을 비롯한 그의 측근들이 공갓제를 어떻게 처리할 것인지를 토론하는 대화내용이 들어 있었다.

곧바로 공갓제의 죽음에 대한 진상을 밝히라고 요구하는 대규모 집회와 시위가 키이우 시내에서 연이어 벌어지면서 정국은 극도로 혼란해지기 시작했다. 제대로 된 야당이 없던 때에 자발적으로 모여든 시민들의 시위는 점차 시민들을 조직하면서 야당이 탄생하는 기반이 마련되었다.

공갓제의 죽음은 2004년 우크라이나 오렌지 혁명의 이슈가 되었다. 야당의 대통령 후보였던 빅토르 유시첸코의 공약 중 하나가 공갓제 죽음의 진상을 밝히겠다는 것이었다. 유시첸코가 대통령이 된 뒤 공갓제의 진상이 드러나기 시작했다. 2005년 3월 1일에 유시첸코는 공갓제의 살인범들이 체포됐다고 공식적으로 발표했다.

공갓제의 살인에는 내무부 소속의 경찰 두 명이 연루됐으며, 이들은 공갓제를 납치한 뒤 목을 졸라 살해했다고 밝혔다. 사흘 뒤인 3월 4일에는 공갓제 사건의 배후로 의심받던 전 내무부장관 크라브첸코가 총상을 입고 숨져 있는 것을 발견했다. 경찰은 자살로 결론지었으나, 그의 유서가 발견되었다. "나의 사랑하는 사람들에게, 나는 아무런 범죄도 저지르지 않았다. 용

서해 주길 바란다. 나는 단지 쿠츠마 대통령과 그의 측근들의 복잡한 정치 놀음의 희생양일 뿐이다. 나는 깨끗한 의식으로 너희들을 떠난다. 잘 있기를…"

그의 유서와 녹음테이프가 발견됐어도 배후는 여전히 밝혀지지 않았고 쿠츠마는 재판에서 무죄를 선고받았다. 살인을 교사했던 푸카츠는 사형을 선고받았고, 또한 공갓제를 죽인 살인자들은 13년형을 받았다. 2009년에 공갓제의 머리가 발견됐고 그의 장례식은 2016년에 열렸다. 죽은 지 16년 만이다.

## 오렌지 혁명: 1차 메이단 혁명

우크라이나의 정치지형은 동서의 분단이라고 할 정도로 분명한 색깔을 드러내 왔다. 동쪽은 절대다수가 친러시아 진영을 지지하고 서쪽은 절대다수가 반러시아 진영을 지지하는 식으로 갈려져 왔다. 서부지역을 기반으로 한 반러시아적이면서 친유럽적인 정당은 대통령선거에서 유시첸코 후보를 내세워 친러시아적인 정부의 수상이던 야누코비치와 대결하게 된다. 구지배체제와 신체제의 대결로 우크라이나 역사를 변화시키는 선거이기도 했다.

오렌지 혁명은 1차 메이단 혁명이라고 일컫기도 한다. 오렌지 혁명은 2004년 11월 21일에 있었던 대통령선거로 인해 일어난 혁명이다. 대통령 선거가 있던 날 500개의 투표소에서 사전투표조사를 한 결과 유시첸코 후보가 야누코비치 후보를 거의

2004년 11월 22일 키이우 메이단 광장에 모여 부정선거를 규탄하는 우크라이나
국민들.

10%의 큰 차이로 앞서가는 것으로 발표됐다. 하지만 막상 개표
가 시작되면서 33%의 개표가 진행되던 시점인 22일 새벽에 중
앙선거관리위원회는 야누코비치 후보가 앞선다는 개표결과를
발표했다. 곧 야당 후보인 유시첸코는 중앙선거관리위원회를 방
문해 위원장과 면담한 뒤 자신의 지지자들에게 키이우로 모이
라고 호소했다. "중앙선거관리위원회의 개표 결과를 더 이상 신
뢰할 수 없다"라는 이유에서였다. 선거관리위원회는 99%의 개

표가 완료된 상황에서 야누코비치가 49.4%, 유시첸코가 46.7%를 득표했다고 발표하면서 야누코비치의 당선을 발표했다. 유시첸코는 개표가 부정이라면서 지지자들에게 메이단 광장에 모여 텐트를 설치하고 밤을 새울 것도 호소했다. 그리고 서부지역의 대도시 르비우 시장을 비롯해 몇 명의 시장들도 유시첸코를 지지하면서 대통령선거의 결과를 받아들일 수 없다는 성명을 발표했다. 반면에 러시아 듀마 의장과 대통령 푸틴은 야누코비치의 승리를 축하하는 전문을 보내기도 했다.

키이우 중심가의 메이단 광장에는 10만 명 이상의 유시첸코를 지지하는 시민들이 모여들어 시위를 하면서 밤을 새웠다. 이들은 정부청사를 점거하기도 해 국정을 마비시켰다. 부정선거에 대한 시위와 회의 등으로 우크라이나는 모든 활동이 중지되면서 오로지 앞으로 대선문제를 어떻게 해결할 것인가에만 집중됐다. 정부도 두 손 들었고 야누코비치가 불리하다는 사실을 알면서도 재선거를 하는 데 합의했다.

12월 26일 재선거 실시에 양측이 합의하면서 재선거가 치러졌다. 결과는 유시첸코가 52%를 얻고 야누코비치는 45%를 얻었다. 야누코비치는 결과를 받아들이면서 수상직에서 물러났다. 이로써 유시첸코가 대통령으로 취임하고 국정의 파트너로 티모센코가 수상으로 임명됐다. 이를 오렌지 혁명이라 부르며 무혈혁명을 통해 정권을 변화시켰다.

유시첸코가 정권은 잡았지만 많은 난관에 부딪히면서 제대로 개혁을 할 수 없게 된다. 러시아로부터 끊임없이 이어지는 경제적인 압박인 가스 가격의 인상문제와 의회에서 야누코비치가 이끄는 야당의 계속되는 비판, 또한 수상인 티모센코와의 불화 등 많은 문제들로 인해 한시도 편할 날이 없었다. 특히 러시아 가스 가격 인상문제는 우크라이나 국민들의 불만을 고조시켰다.

정치적 혼란은 유시첸코가 대통령직을 수행하던 처음 몇 년 간 계속됐다. 그의 첫 내각은 오렌지 혁명의 정치적 동료인 율리야 티모센코 총리를 포함한 모든 장관이 함께 시작했지만, 2005년 9월이 되면서 내각은 해임되었다. 뒤를 이은 총리 유리 예카누로프는 2006년 1월까지만 재임하고 물러났다. 그해 초에 있었던 의회 선거에서는 유시첸코의 우리 우크라이나당이 야누코비치의 지역당과 율리야 티모센코 블록에 이어 3위를 차지했다. 야누코비치 정당은 32%, 티모센코 정당은 22.3%를 얻었지만, 유시첸코 정당은 14%의 지지율도 얻지 못했다. 선거 결과가 의미하듯이 갈팡질팡하는 유시첸코 정권에 대한 국민들의 불신은 극도로 증대되고 있었다. 의회에서는 소위 오렌지 정당들의 연합이 무너지면서 유시첸코는 라이벌이던 야누코비치를 총리로 받아들여야 했다. 2006년에 발효된 개혁 헌법으로 정치적 역할이 강화된 대통령과 총리 사이의 권력투쟁이 날로 심해졌다. 이로 인해 유시첸코는 2007년 초에 의회의 해산을 명령하면서 또 다른 의회선거를 요구했다. 하지만 의회는 대통령의 의회 해산 명령이 반헌법적이라고 해석하면서 헌법재판소에 제소해 대통령과 의회는 권력투쟁에 돌입했다. 유시첸코는 티모센코와 재임 초기부터 계속적으로 충돌하면서 서로 감정적으로 갈라서게 되었으며, 결국에는 티모센코가 정치적인 라이벌이자 적이었던 야누코비치와 반유시첸코 동맹을 맺는 관계로까지 발전했다.

2007년 9월에 다시 시행된 의회선거는 유시첸코 대통령의 당이 다시 야누코비치와 티모센코의 정당에 뒤쳐지는 결과로 나타났다. 그러나 이번에는 율리야 티모센코 블록과의 연합이 유지되면서 오렌지연합정당이 티모센코를 총리로 하여 정부를 구성할 수 있게 되었다. 정부는 러시아와 긍정적인 관계를 유지하고 유럽연합의 회원국이 되기 위해 노력한다는 모순되는 목표를 계속 유지해 나갔다. 유시첸코와 티모센코 간의 의견 충돌로 인해 2008년 9월에 오렌지연합정부가 다시 붕괴했으며, 2008년 10월에 유시첸코 대통령은 다시 의회를 해산했다. 12월로 예정되었던 의회선거가 나중에 취소되었고, 유시첸코와 티모센코의 정당은 볼로디미르 리트빈이 이끄는 '더 작은 리트빈' 블록과 함께 새로운 연합을 구성하기로 합의했다.

# 유로메이단 혁명: '우크라이나는 유럽!'

## 친유럽 노선과 친러시아 노선의 대립

오렌지 혁명 후 유시첸코가 대통령, 티모센코가 수상인 정부가 탄생하면서 우크라이나를 이끌었지만 경제적인 어려움을 극복하지 못했다. 러시아와는 송유관분쟁과 함께 가스공급과 대금지불로 인해 계속 충돌해왔다. 경제위기 또한 티모센코 정부를 코너로 몰아넣기 시작했고 대다수가 지지를 철회하기 시작했다.

2010년 1월 17일에 실시된 대통령 선거는 투표율 5%밖에 얻지 못한 유시첸코 대통령의 정치적 사망을 확인한 선거였다. 상위 두 후보인 야누코비치와 티모센코가 각각 35%와 25%를 얻었다. 둘 다 과반수 표를 얻지 못했기 때문에 2월 7일에 결선투표가 실시되었다. 결선투표 결과는 주로 지역 노선에 따라 나뉘어 서부 우크라이나의 대부분은 티모센코를 지지했고 동부지역의 대부분은 야누코비치를 선호했다. 48.95%의 득표율로 티모센코의 45.47%를 근소하게 앞선 야누코비치가 대통령에 당선되었다. 외국의 참관인들은 선거가 공정하다고 결정했지만 티모센코는 결과가 선거부정이라고 선언하고 야누코비치의 승리를 인정하지 않았다. 그녀와 그녀의 지지자들은 2월 25일 야누코비치의 취임식을 보이콧했다. 그 다음 주, 티모센코 정부는 불신임 투표로 무너졌고 지역당의 미콜라 아자로프가 총리로 취임하였다. 야누코비치 대통령은 2010년 후반에 헌법재판소가 총리의 권한을 강화한 2006년 헌법의 개혁안을 뒤집으면서 더 큰 권한을 얻었다.

2010년 4월, 격렬한 의회 토론 끝에 우크라이나는 원래 2017년에 만료될 예정이었던 러시아의 세바스토폴 항구 임대를 2042년까지 연장하기로 합의했다. 그 대가로 우크라이나는 러시아 천연 가스의 가격 인하를 약속 받았다. 그리고 우크라이나 정부는 2010년 6월 러시아가 반대했던 나토 가입의 목표를 공식적으로 포기하면서 러시아와의 관계를 더욱 개선하게 된다. 야누코비치 행정부가 모스크바로 계속 선회함에 따라 유럽연합의 지도자들은 우크라이나에 대한 우려를 표명하기도 했다.

대통령이 된 야누코비치는 정치적 보복을 하기 시작했다. 그의 최대 정적이던 티모센코를 부패혐의로 몰아서 구속시켜 버렸다. 그의 복수극은 오렌지 혁명의 지지자들을 다시 불러 모으는 계기로 작용했다. 또한 그의 친러시아적 성향은 많은 국민들의 반발을 불러 일으켰다. 러시아가 시작한 유라시아경제연합에 야누코비치 정부도 참여하기 위해 러시아와 대화를 시작했다. 이는 유럽연합의 일원이 되기 원하는 서부지역의 많은 국민들의 저항을 불러일으켰다. 2011년 러시아에서 가장 인기있는 정치인이었던 티모센코 전 총리는 2009년의 러시아와의 천연 가스 거래와 관련하여 권력남용 혐의로 7년 징역형을 선고받고 수감되었다. 2012년 2월에는 티모센코 내각의 내무장관이던 유리 루첸코도 권력남용 혐의로 4년 징역형을 선고 받았다. 물론 국내외의 많은 사람들은 두 재판 모두 정치적인 재판이었다고 간주했다. 우크라이나가 2012년 여름 유럽축구대회를 공동 주최했을 때, 많은 유럽 국가들이 행사를 보이콧함으로써 티모센코에 대한 지지를 표명했다.

2012년 10월에 실시된 의회선거에서 여당인 야누코비치당은 185석으로 단일 최대 정당으로 부상했다. 티모센코의 당은 101석, 비탈리 클리치코의 우크라이나 개혁민주동맹은 40석, 극우민족주의 성향의 스보보다(자유)당은 37석을 얻었다. 선거의 결과에 의혹을 제기하면서 티모센코는 단식투쟁에 돌입하기도 했다. 유럽 의회는 선거를 비교적 공정하다고 규정지었으며 주요 야당들은 공식 결과를 받아들였다. 2012년 12월 아자로프 총리는 공산주의당과 독립당의 지원으로 정부를 구성했다. 유럽연합과의 관계를 풀기 위한 시도로 야누코비치는 투옥된 전 내무장관 루첸코를 사면하고 2013년 4월에 석방했다.

우크라이나의 유럽을 향한 전진은 2013년 11월, 유럽연합과의 계획된 협정을 서명 예정일 며칠 전에 야누코비치 정부에서 파기를 선언하면서 갑자기 중단되어 버렸다. 이 협정은 유럽연합과 우크라이나 간의 정치적, 경제적 유대를 보다 긴밀하게 할 것이라는 내용이었다. 하지만 야누코비치는 모스크바의 강력한 압력에 굴복해 협상을 중단해버렸다. 러시아는 우크라이나의 친나토 친유럽 노선을 극도로 경계해왔다.

## 20만 군중이 메이단 광장에 모이다

유로메이단 혁명(2차 메이단 혁명)은 이때부터 시작되었다. 친서방정책의 대표인 티모센코 전 총리의 구속과 유럽연합과의 협상 중단 등 일련의 과정은 반러시아 정서와 반야누코비치 정서에 기름을 부었다. 2013년 11월 21일 2천 명의 시위자들이 키이우 중심지인 메이단 광장에 모여들기 시작했다. 시위자들은 야당의 지도자인 아르세니이 야트세니유크가 트위터에 도움을 호소하면서 모여들었다. 이틀이 지나면서 광장에는 20만 명이 모여들었다. 정부에 반대하는 모든 세력이 메이단 광장에 모여들었는데 수십만 명의 시민들이 광장을 메웠다.

당시 우크라이나 국민들은 유럽연합에 우크라이나가 가입해 유럽연합의 회원국으로서 유럽을 자유롭게 왕래하면서 유럽처럼 높은 수준의 삶을 살기를 원했다. 무엇보다도 소비에트 시절 이웃 국가들인 폴란드나 헝가리가 유럽연합의 회원국이 되면서 과거와는 비교할 수 없을 정도로 발전하는 모습을 보면서 많은 충격을 받은 것이다. 20년 전만 해도 우크라이나는 두 이웃 나라와는 생활수준에서 거의 차이가 없었다. 하지만 20년이 지난 후 우크라이나는 폴란드나 헝가리와는 비교도 되지 않을 정도로 낙후해버린 데 대한 절망감이 너무 컸다. 따라서 폴란드와 헝가리 등 유럽연합 국가들의 영향을 많이 받은 특히 서부와

서남부지역의 우크라이나 사람들은 러시아와의 관계를 완전히 단절하고 유럽연합에 가입하기를 원하고 있었다.

그 와중에 야누코비치 정부는 유럽연합으로의 가입 절차를 중단하겠다는 선언을 해버리면서 많은 국민들을 실망시켰다. 또한 러시아와의 관계를 더욱 밀접하게 가지겠다는 발표를 한 것이다. 우크라이나 국민들의 과반수 이상은 러시아가 우크라이나를 착취하고 이용하기 때문에 러시아를 벗어나지 않고는 제대로 살 수가 없다고 믿고 있었다. 1930년대에 러시아가 우크라이나 국민들에게 저지른 아사를 통한 학살의 악몽은 계속 우크라이나 국민들을 짓누르고 있었다.

메이단 광장에 모인 시민들은 '우크라이나는 유럽!'이라는 구호를 외치면서 우크라이나 국기와 유럽연합의 깃발을 들고 시내 중심가를 행진했다. 군중들의 시위에 놀란 정부는 유럽연합 가입 프로세스를 계속 진행할 것을 약속했지만 곧 거짓임이 드러나면서 더 많은 시민들이 반정부시위에 참가하게 된다.

2013년 11월 30일, 폭동진압 경찰들이 시위대를 공격하면서 70명의 학생들과 시민들이 부상당하는 사건이 발생했다. 이 사건을 기점으로 더 많은 시민들이 참가하면서 야누코비치 대통령의 하야를 요구하기 시작했다. 또한 르비우를 중심으로 한 서부지역의 도시들도 키이우의 시위를 지지하기 위해 총파업에 돌입하기도 했다. 매주 열린 야누코비치의 사퇴를 요구하는 시위에 거의 80만 명이 모였다. 진압경찰들의 폭력이 도를 넘어서면서 시민들의 저항도 더욱 거세졌다. 야누코비치 정부의 반혁명공세도 시작됐다. 일당을 주고 동원된 군중(티투시키)들이 반메이단 구호를 외치면서 등장하기 시작했다. 당시 티투시키들에게는 하루 일당으로 4~5천 원이 지급됐고 동원책들에게는 하루에 10만 원이 지급됐다. 이들은 메이단 광장에서 정부를 옹호하는 시위를 벌이면서 시민들과 충돌을 벌이는 활동을 주로 했다. 티투시키들은 시위학생들이나 기자들을 납치하거나 살해까지 하면서 시민들의 공분을 사기도 했다.

2014년 1월 19일이 지나면서 티투시키들과 진압경찰들의 폭력에 맞선 폭력시위가 시작됐다. 시위 지도자들과 정부 측의 협상이 계속됐지만 해결책은 나오지 않았다. 경찰에 맞선 폭력시위는 계속됐고 시위대가 머무는 텐트 도시를 철거하라는 정부의 요구에 굽히지 않았다. 협상 팀은 정부와의 협상결과를 계속 시위 군중들에게 공개하고 시위대의 동의절차를 거치면서, 사실상 17세기 우크라이나 코사크 정부의 전통을 따르는 민주주의를 실행했다. 2만 명이 손을 들어 동의하면 안건이 통과되는 식이었다.

## 피로써 야누코비치 정부를 무너뜨리다

2014년 1월 시위는 폭동으로 변질되었다. 이에 야누코비치는 시위권을 제한하는 법률에 서명했고 이에 대응하여 수십만 명이 키이우 거리로 나섰다. 경찰과 시위대 사이에 유혈 충돌이 이어졌고 양측에서 수십 명이 부상당했다. 1월 22일 경찰과

2013년 12월 8일 포로센코가 메이단 광장에 모인 군중 앞에서 연설하고 있다.

의 충돌로 두 명의 시위대가 사망하면서, 시위는 곧 전통적으로 야누코비치를 지지하고 러시아와 긴밀한 관계를 유지하던 우크라이나 동부로 퍼졌다. 시위대는 키이우의 법무부를 점거했고 의회는 시위 금지 조치를 서둘러 폐지했다. 야누코비치와 야당 지도자들 사이에 논의가 계속되었고, 아자로프는 총리직을 사임했고 내각은 붕괴되었다.

2월에는 시위로 인해 체포되었던 수백 명의 청년들이 감옥에서 석방되었다. 2월 18일 정부군이 메이단을 탈환하려고 시도하면서 20명 이상이 사망하고 수백 명이 부상당했다. 광장에 남아 있던 25,000명의 시위대는 또 다른 공격을 막기 위해 야영지에 모닥불을 피웠다. 우크라이나 서부 도시 르비우와 이바노프의 시위대는 정부 건물을 점거했으며, 유럽연합은 야누코비치 행정부가 폭력을 완화하기 위한 조치를 취하지 않으면 우크라이나에 대한 제재를 가하겠다고 위협했다. 2월 18일에는 의회로 행진하던 평화적인 시위대가 진압경찰에 의해 공격당했고, 빌딩 옥상에서 총격이 시작되면서 10명이 목숨을 잃고 12명이 부상당했다. 2월 20일에는 키이우에서 경찰과 정부 보안군이 시위대 군중에게 발포하면서 폭력이 극에 달하게 된다. 정부 측의 총탄공세가 시작되면서 100명 이상이 숨졌고 1,000명 이상이 부상을 당했다. 유럽연합의 지도자들은 우크라이나에 대한 제재를 가할 것이라고 발표했다. 우크라이나 서부에서는 시위대들이 루츠크, 우즈호로드, 테르노필의 경찰서와 관공서를 점거하면서 중앙 정부의 통제는 계속 약화되었다.

우크라이나의 역사상 가장 피비린내나는 한 주는 2월 21일 유럽의 중재에 의해 조기 선거와 임시정부 구성에 야누코비치와 야당 지도자들이 합의함으로써 끝이 났다. 의회는 2004년 헌법의 복원을 압도적으로 승인함으로써 대통령직의 권한을 줄였다. 의회는 시위대에 대한 완전한 사면을 부여하는 법안을 승인했고 메이단 광장에 대한 단속을 명령한 내무부 장관을 해고하고 티모센코를 기소한 법안을 무효화하는 법률을 개정했다.

메이단 광장의 시위가 국제적인 관심사가 되면서 폴란드, 프랑스, 독일의 외무장관들과 함께 야누코비치와 야당 지도자들 사이의 협상안이 체결됐다. 하지만 합의된 협상안(재선거와 총사면 등)은 분노한 시위대에 의해 전혀 받아들여지지 않았다. 반면에 시위대를 이끄는 대표가 나와서 "내일 오전 10시까지 야누코비치가 퇴진하지 않으면 대통령궁으로 총을 들고 진격하겠다"라는 최후통첩을 선포했다. 시위 군중들은 모두 그의 말에 지지를 보냈다. 이날 여당의원들은 대부분 사퇴해 도주해버렸고 야누코비치도 밤에 도주했다는 소식이 들렸다. 러시아로 야누코비치는 망명했다. 야누코비치 정부와 의회는 와해됐고 우크라이나는 2014년 5월25일에 대통령선거를 통해 포로센코 정부를 세웠다.

한편, 감옥에서 석방된 티모센코는 키이우로 가서 메이단에 모인 군중에게 열정적인 연설을 했다. 올렉산드르 투르치노프가 대통령 권한대행으로 임명되었는데, 야누코비치는 이를 쿠데타라고 비난했다. 2014년 2월 22일, 야누코비치 대통령이 러시아로 망명하여 권한을 잃으면서 우크라이나 혁명은 새로운 전기를 맞게 된다. 다음날 우크라이나 혁명의회는 공식 언어였던 러시아어를 강등시켜 단지 제2외국어로 지정해 통과시켰다. 그리고 2월 24일, 임시정부는 메이단 시위대의 죽음과 관련하여 야누코비치를 대량 학살 혐의로 기소하고 그의 체포 영장을 발부했다.

# 우크라이나의 동서 분리와 러시아의
# 크림반도 합병

## 동부 러시아계 주민들의 반발

우크라이나 의회의 결정은 러시아어를 공식어로 사용하는 동부지역의 주민들을 극도로 자극하였다. 며칠 지나면서 동부지역의 도네츠크와 루한스크 지역, 크림반도의 상황은 심상치 않게 전개되기 시작하였다. 2월 말에는 크림반도에서 가장 큰 도시인 심페로폴의 정부청사가 무장 괴한들에 의해 점령당하는 사태가 발생하였다.

3월 16일, 크림반도에서는 러시아로의 복속을 원하는지에 대한 주민투표가 실시됐고 97%의 찬성률로 통과됐다. 이틀이 지난 뒤 러시아에서는 크림반도를 러시아의 영토로 인정하고 복속했다. 물론 우크라이나와 미국은 크림반도의 주민투표를 불법으로 규정하고 크림반도의 합병을 인정하지 않았다. 러시아와 전면전이 벌어지고 있는 2022년에도 우크라이나가 내건 휴전협상의 조건 중 하나가 크림반도의 귀속이다.

메이단 시위 이전에 어려움을 겪고 있던 우크라이나 경제는 화폐인 흐리브나의 가치가 역사적인 최저치로 내려갔다. 신용 기관들은 우크라이나의 국가 부채 등급을 낮추고 재무 전망을 하향 조정했다. 임시정부는 야체뉴크를 총리로 임명했으며 조기 대통령 선거는 2014년 5월로 예정했다. 한편, 러시아로 망명한 야누코비치는 2월 28일, 러시아 로스토프도나우에 다시 등장하여 러시아어로 연설하면서 자신이 여전히 우크라이나의 정당한 대통령이라고 격렬하게 주장했다.

크림반도에서는 친러시아 시위대의 세가 점점 더 불어났고, 제복에 명확한 식별 표시가 없는 무장 남성 그룹이 심페로폴과 세바스토폴의 공항을 둘러쌌다. 복면을 한 무장 괴한들이 크림의회 건물을 점거하고 러시아 국기를 게양했다. 친러시아 의원들은 정부를 해산하고 러시아 통일당의 지도자인 악쇼노프를 크림반도 총리로 임명했다. 크림반도와 우크라이나 간의 통신 연결이 끊어졌고 러시아 당국은 러시아군대가 크림 지역으로 이동했음을 인정했다. 푸틴 러시아 대통령은 이를 크림의 러시아 시민들과 군사적 자산들을 보호하려는 노력이라고 밝혔다. 선출된 악쇼노프 대통령은 키이우 정부가 아니라 자신이 크림반도의 우크라이나 경찰과 군대를 지휘하고 있다고 선언했다.

3월 6일 크림 의회는 우크라이나에서 탈퇴하고 러시아연방에 가입하기로 투표했으며, 2014년 3월 16일에 주민 투표를 실시했다. 주민 투표는 러시아에서는 환영 받았지만 서방에서는 비난 받았다. 한편 우크라이나의 수상이던 야체뉴크는 크림반도가 우크라이나의 일부라는 키이우의 입장을 재확인했다. 주민 투표 당일 외국의 참관인들은 투표소에 무장한 남성들이

자리를 잡고 있는 등 투표 과정에서 발생한 수많은 위법 행위들을 지적했다. 투표 결과 러시아 가입에 97%가 압도적으로 찬성했다. 키이우의 임시정부는 결과를 부정했으며, 미국과 유럽은 수많은 러시아 관리들과 크림 의회 의원들에게 자산 동결과 여행 금지 제재를 의결했다.

3월 18일 푸틴은 악쇼노프와 다른 지역 대표들을 만나 크림반도를 러시아연방에 편입시키는 조약에 서명했다. 서방 정부들은 푸틴의 정치적 행동에 항의했다. 조약이 체결된 지 몇 시간 만에 복면에 무장한 사람들이 심페로폴 외곽의 우크라이나 군사 기지를 습격했고 이로 인해 우크라이나군인이 사망한 사건이 발생했다. 러시아군은 우크라이나가 크림반도에서 약 25,000명의 군인들과 가족들의 대피를 시작함에 따라 세바스토폴에 있는 우크라이나 해군 본부를 포함하여 크림반도 전역에 산재한 군사 기지들을 점령하기 위해 이동했다. 러시아 의회가 합병 조약을 비준하고 난 다음 3월 21일, 푸틴은 크림반도를 공식적으로 러시아에 통합하는 법률에 서명했다.

러시아는 크림반도에 대한 지배력을 계속 굳혀갔고, 천연가스 할인을 받는 대가로 세바스토폴 항구에 대한 임대를 연장한 2010년 조약을 폐지했다. 러시아가 우크라이나에 공급하는 천연 가스에 대해 부과했던 가격은 몇 주 만에 다시 80%나 급등했다. 러시아가 키이우의 임시정부에 공개적으로 경제적 압력을 가하는 동안 러시아 관리들은 우크라이나 영토에 대한 추가적인 계획은 없다고 공개적으로 밝혔다.

그러나 4월 초, 나토의 언론 브리핑에서는 우크라이나 국경 맞은편에 약 40,000명의 러시아군대가 집결했다고 밝혔다. 그 후 중무장한 친러시아 무장 괴한들이 우크라이나 동부 도시인 도네츠크, 루한스크, 홀리브카, 크라마토르스크의 정부 건물을 습격했다. 하르키우에서는 한 무리의 무장한 무리들이 실수로 오페라 하우스를 점거했다. 이들은 나중에 이곳을 시청이라고 생각했다고 밝혔다. 크림반도의 경우와 마찬가지로, 상당수는 표식이 없는 군복을 입고서 군인들처럼 절도 있게 행동하는 러시아군의 무기를 가진 남성들에 의해 실행되었다. 도네츠크주의 슬로비얀스크에서는 친러시아 민병대가 건물을 점거하고 장애물을 설치하면서 총격전이 벌어졌다.

우크라이나의 대통령 권한대행 투르치노프는 건물을 점거하는 사람들에게 기한을 주고 항복하면 기소 면제를 하겠지만 항복하지 않으면 군사적 대응을 하겠다고 밝혔다. 투르치노프는 유엔에 질서를 회복하기 위해 우크라이나 동부에 평화 유지군을 파견해 달라고 요구했다. 4월 15일 우크라이나군은 크라마토르스크의 비행장을 재탈환했다. 제네바에서는 우크라이나, 미국, 유럽연합, 러시아 간의 긴급 회담이 시작되었으며, 마리우폴에서는 우크라이나군대가 친러시아 무장민병대의 공격을 격퇴하여 많은 민병대원들이 사망했다.

제네바의 긴급회의에서는 모든 당사자들이 우크라이나 동부의 분쟁을 해결하기 위해 노력하기로 동의했다. 하지만, 러시아는 국경 쪽 군대의 이동을 시작했으며 친러시아 무장세력은 통제 영역을 확대하여 정부 건물들을 점령하고 검문소들을 설치했다. 4월 말, 흘리브카 시의회 대표이자 티모센코의 당 당원인 볼로디미르 리박이 친러시아 민병대에 납치되어 살해되는 사건이 발생했다. 그 후 유럽안보협력기구(OSCE)의 모니터링 임무를 수행하던 회원, 수많은 우크라이나 및 서방 언론인, 우크라이나 경찰 및 보안 서비스의 여러 구성원을 포함하여 수십 명이 친러시아 세력에 의해 납치되었다. 미국과 유럽연합은 러시아에 대한 새로운 제재를 발표했다. 친러시아 노선을 뒤집고 우크라이나의 통일에 대한 지지를 선언했던 야누코비치 당의 당원인 하르키우 시장 케르네스가 저격수에 의해 중상을 입는 사건도 발생했다.

5월 2일, 우크라이나 정부는 슬로비안스크에서 친러시아 세력에 대한 공격을 재개했다. 두 대의 헬리콥터가 적의 공격으로 손실되었지만 많은 분리주의자들이 살해되거나 체포되었다고 보고했다. 같은 날에는 비교적 문제가 없었던 오데사에서 폭력이 발생했고, 친러시아 시위대가 점령한 건물에 불이 나서 수십 명이 사망한 사건이 발생했다.

루한스크와 도네츠크에서는 분리주의자들이 구성한 정부가 독립에 대한 자체 국민투표를 준비함에 따라 우크라이나 보안군은 친러시아 민병대와 전투를 지속했다. 특히 유혈 충돌이 발생한 마리우폴에서는 최대 20명이 사망했다. 5월 11일 분리주의자가 통제하는 도시에서 실시된 국민투표에 대해 키이우는 '희극'이라고 일축했고 서방 국가들은 비판을 제기했다. 물론 투표 절차에서도 광범위한 부정행위가 적발되었다. 마스크를 쓴 민병대들이 직접 투표를 감독하고, 유권자들이 여러 번 투표하는 것이 일반적이었으며, 우크라이나 경찰은 슬로비얀스크 무장 분리주의자들로부터 미리 완성된 100,000장의 '찬성' 투표 용지를 압수했다고 발표했다. 푸틴은 압도적으로 독립을 선호하는 주민 투표 결과를 인정하지 않았으나, 유권자들의 의지를 존중한다고 밝혔다. 유럽연합은 러시아의 개인과 기업들에 대한 제재를 확대함으로써 대응했다.

## 뜨거운 감자, 크림반도

남한 면적의 4분의 1보다 조금 큰 면적의 크림반도는 러시아와 우크라이나 간의 영유권을 놓고 뜨거운 감자로 떠오른 곳이다. 2014년 3월에 러시아로 합병된 크림반도는 많은 굴곡의 역사를 간직해왔다. 1954년 당시, 소비에트 서기장이던 니키타 흐루시초프의 주도로 크림반도는 우크라이나로 인도되었다. 페레이야슬라브 협정 300주년을 기념해 소비에트는 우크라이나에 크림반도를 인도하면서 러시아와 우크라이나의 영원한 형제애를 과시했다. 1654년 4월에, 우크라이나 코사크(Cossak: 러시아 농노제에 저항해 탈출했던 무리들)를 대표하던 크멜니츠키는 러시아 짜르의 군사적 보호를 받는 대신에 충성을 서약한 페레이야슬라브 협정을 맺었다.

당시 흐루시초프가 크림반도를 우크라이나로 넘긴 동기에

대해서는 많은 논쟁이 있지만 흐루시초프 개인의 정치적 목적을 위한 인도였다고 볼 수 있다. 1953년, 스탈린이 죽고 난 뒤부터 소비에트는 후계자를 위한 권력투쟁에 휘말렸다. 권력투쟁은 몇 년 동안 계속되다가 1957년에 와서야 비로소 흐루시초프로 권력이 완전히 넘어갔다. 당시 소비에트 공산당 서기장이었던 흐루시초프는 스탈린의 계승자로 유력시되던 수상 말렌코프와 권력투쟁의 와중에 있었다. 이 때문에 소비에트 내 공화국들의 지지를 얻기 위해 많은 노력을 기울였다. 우크라이나 출신이던 흐루시초프가 크림반도를 우크라이나에 넘긴 이유는 우크라이나 공산당의 서기장이었던 키리첸코의 지지를 얻어내기 위함이었다. 또 다른 이유로 세간에서 많이 거론되는 것은 흐루시초프가 우크라이나 출신이어서 크림반도를 우크라이나에 선물로 줬다는 설이다. 물론 일리는 있지만 당시 살얼음판 같던 소비에트 정치판에서 개인적 감정으로 땅덩어리를 떼 준다는 건 전혀 이치에 부합되지 않는다.

그리고 또 다른 이유를 경제적인 측면에서 찾는다면, 타타르족의 중앙아시아 이주와 관련이 있다. 1944년 당시 25만 명의 타타르족들이 크림반도에서 강제로 추방돼 중앙아시아로 이주해갔다. 이로 인해 크림반도의 인구가 대폭 줄어들면서 인적이 드문 땅으로 변해버렸다. 추방된 인구를 다시 채워 넣기 위한 소비에트 중앙정부의 고육지책이 바로 크림반도의 우크라이나로의 인도였다는 것이다. 크림반도가 우크라이나로 넘어가면 우크라이나에 살던 슬라브 민족이 대거 이주해 들어오면서 크림반도는 더 이상 타타르족의 땅이 아닌 슬라브족의 땅으로 바뀔 수 있다는 기대가 있었다.

5월 11일에는 도네츠크와 루한스크 지역에서 주민투표를 거쳐 우크라이나에서의 독립을 선포하게 된다. 곧 두 지역은 우크라이나 정부군과 전쟁을 벌이기 시작한다. 슬로비얀스크는 반군들에 의해 점령됐다가 다시 반환됐으며 무장충돌이 계속됐다. 물리적인 충돌로 인해 동부지역에서 많은 난민들이 키이우와 서부지역으로 이동해오기 시작했다. 양측에서 사상자가 속출하면서 한쪽의 승리를 장담하기 어려운 상황 속에서 평화회담이 시작됐다. 9월이 되면서 평화회담이 열렸으며 서서히 전면적 충돌보다는 국지적인 충돌로 제한되는 양상을 보이기 시작했다.

2차 메이단 혁명은 이미 정치적으로 동과 서로 분리된 우크라이나를 영토까지 분단시키는 결과를 낳았다. 물론 시위를 시작했던 우크라이나 국민들 대부분은 이런 결과가 오리라고는 전혀 예상치 못했다. 어쨌든 정치적 격변기에서 보여준 동부지역 주민들의 행태는 서부지역과는 완전히 다른 모습이었다. 동부지역의 주민들은 대부분 메이단 혁명에 반대했고 러시아와의 관계 단절을 반대했다. 1차 메이단 혁명에서 보여줬던 동부지역 주민들의 인내심은 2차 메이단 혁명을 거치면서 한계에 도달했다고 볼 수 있다. 1차 메이단 혁명(오렌지 혁명)에서는 야누코비치가 양보하면서 동서간의 분리를 막을 수 있었지만, 2차 메이단 혁명에서는 서로 간에 물리적 충돌이 벌어지면서 이미 전쟁과 분리가 시작됐다. 또한 동부지역의 주민들도 분리가 아니면 다른 해결책이 없다는 결론에 도달했을 것이다. 우크라이나의 입장에서는 결과적으로 메이단 혁명을 통해 크림반도와 동부지역인 도네츠크와 루한스크 지역을 잃어버렸다.

크림반도와 도네츠크, 루한스크는 러시아 화폐인 루블화로 우크라이나 화폐를 대체해 사용하기 시작했고, 이미 러시아 경제의 한 부분으로 편입된 상황이다. 또한 분단선을 그은 상태로 국경 통제소도 세웠다. 동에서 서로, 서에서 동으로 이동하기 위해서는 다른 나라를 여행할 때처럼 여행허가증을 받아야만 분단선의 국경통제소를 넘을 수 있도록 만들어 놓았다. 하지만 전쟁이 발발하면서 국경통제소도 폐쇄되고 동서의 통행은 완전히 금지되었다.

# 젤렌스키는 어떻게 만들어졌나

젤렌스키의 전임자였던 포로셴코(Poroshenko)는 2차 오렌지 혁명으로 야누코비치 정부가 무너지면서 정권을 잡았다. 모두들 그가 연임할 것이란 데는 이견이 없었다. 메이단 혁명 후에 나라를 다시 쌓아 올려야 하는 막중한 일을 감당했고, 재임기간 동안 정치와 경제 분야의 제도 개혁, 우크라이나 동부 전선에서는 끊임없는 전투를 감당해내야 했다. 무엇보다도 국제무대에서 러시아의 엄청난 비토와 적대적 행위에 맞서야 했다. 하지만 우크라이나 국민들은 그를 버리고 젤렌스키를 선택했다.

이유는 간단하다. 그의 출신성분이 올리가치이면서 주위에 있는 파트너들 또한 대부분 올리가치들이어서, 언론에서 항상 의혹의 눈초리로 그들을 지켜보고 있었다. 물론 주위 사람들이 올리가치라는 자체는 문제가 없지만, 이들이 국가의 재정과 자산에 막대한 영향력을 행사하여 사적인 부를 축적해왔다는 사실이 국민들을 분노하게 만들었다. 포로셴코 정부에서 우크라이나의 안보국방위원회 부위원장이자 사업 파트너였던 올레 흘라드코프스키가 국방재벌회사인 우크르오보론프롬과 저지른 부정이 드러나면서 파면된 사건이 있었다. 이 사건은 결정적

러시아에 맞서 전쟁을 이끌고 있는 코미디언 출신의 젤렌스키 우크라이나 대통령.

으로 포로셴코를 코너로 몰아넣었다.

　대통령 선거에서 포로셴코는 정치에 금방 입문한 초년생이자 코미디언인 젤렌스키와의 싸움에서 2위로 밀려났으며, 2차 파이널에서는 아예 막상막하가 아닌 절대다수의 몰표로 젤렌스키에게 패배했다. 2차 투표에서 젤렌스키는 73%를 획득하면서 대통령으로 선출됐다.

　물론 정치와는 상관없던 젤렌스키를 정치에 입문시키고 대통령으로 만든 사람들도 있었다. 이들도 올리가치들이다. 이들 중 가장 유명한 올리가치는 이고르 콜로모이스키이다. 콜로모이스키는 젤렌스키처럼 유대인으로 우크라이나에서 가장 부자로 손꼽히는데 TV방송국을 소유했으며 과거에는 은행까지 소유했던 사람이다. 콜로모이스키가 포로센코를 지지하지 않고 젤렌스키를 세운 이유는 포로센코와 사적으로 적대적인 관계로 돌아서면서부터이다. 포로센코는 자신이 대통령으로 취임하면서 콜로모이스키를 드니프로페트로프스크 주지사로 임명했다가 1년 후에 갑자기 파면시켜버렸다. 이 일로 인해 둘 사이는 정적으로 변했다. 콜로모이스키는 주지사로서 상당히 능력 있게 일을 수행하여 지역민들로부터 강력한 지지를 받았다. 2015년에 동부지역의 분리주의자들이 드니프로에 들어와 분리를 획책했을 때는, 분리주의자 한 명당 10,000달러를 현상금으로 지불하겠다는 약속을 하면서 분리주의자들이 물러갔다고 한다. 하지만 포로센코는 반올리가치의 기치를 정책 기조로 삼으면서 콜로모이스키를 해직시켰고, 그에게 막대한 정치적 타격을 가했다.

콜로모이스키는 자신이 소유한 방송의 코미디 프로그램에 출연했던 젤렌스키를 대통령후보로 발탁해서 지원했다. 이미 방송 프로그램에서 교사 역할로 명성을 쌓았던 젤렌스키를 찍었고 그의 예견이 적중해 대통령까지 만들어낸 것이다. 문제는 콜로모이스키가 그렇게 깨끗하지만은 않다는 점이다. 이미 미국에서 사기와 자금세탁으로 수사를 받고 있는 처지여서 우크라이나 정부나 젤렌스키도 무조건적으로 그를 방어해줄 수만은 없는 상황이다. 미국의 FBI(미국연방수사국)은 콜로모이스

　　　　　　제2부　우크라이나전쟁과 난민들

키가 클리블랜드 외곽의 작은 도시에 수백만 평의 부동산을 소유했다는 정보를 입수해 수사중에 있다.

젤렌스키는 과거 콜로모이스키가 소유했던 국유화된 은행인 프리바트은행의 재민영화 요청을 거절했다. 젤렌스키가 우크라이나 국민들에게 자신은 더 이상 콜로모이스키의 조종대로 움직이지 않는다는 사실을 보여주기 위한 쇼일 수도 있기에 우크라이나 국민들은 여전히 반신반의하고 있다. 사실 그가 대통령이 된 것도 올리가치들의 지원으로 된 것이기에 그들로부터 완전히 자유로울 수만은 없을 것이라는 게 우크라이나인들의 중론이다.

# 슬로비얀스크 방문

## 반군과의 교전으로 파괴된 도시 슬로비얀스크

무장한 보안요원들과 취재진을 실은 버스가 슬로비얀스크의 변두리에 위치한 세메니브카 지역에 들어서자마자 파괴된 집들이 보이기 시작했다. 세메니브카의 사거리, 한때는 교통의 교차점으로 호황을 누리던 곳이 지금은 완전히 파괴된 흉측한 모습을 하고 있었다. 시야가 닿는 곳 어디에도 제대로 서 있거나 성한 건축물은 하나도 없었다. 심지어 도로의 방향을 가리키는 콘크리트 조각물까지도 총탄에 떨어져 나간 모습으로 우리들을 맞았다. 버스가 도착하자 마을주민들이 속속 모여들기 시작했다.

한여름의 태양이 작열하면서 42도까지 기온이 올라간 가운데 마을의 폐허 위에서 도네츠크 주지사 일행과 취재진들, 마을주민들 간의 모임이 진행됐다. 사실 이 지역은 정부군과 반군의 교전이 격렬하게 전개되면서 주민들이 살 수 없는 전투지로 변했다가, 7월 5일부터 우크라이나 정부군이 슬로비얀스크 지역을 장악하면서 떠났던 주민들이 속속 돌아오기 시작했다.

제2부　우크라이나전쟁과 난민들

도네츠크주의 주지사가 온다는 소식을 들었는지 수많은 주민들이 그의 주위로 몰려들어 생활상 가장 큰 문제인 식수문제를 간절하게 호소했다. 식수 파이프가 포탄에 맞아 파괴되면서 지난 3개월 이상 이 지역에는 식수 공급이 중단된 상태였다. 주민 중 한 여인은 주지사에 대들 듯이 항의하기도 했다. "지금까지 식수도 없이 살아왔다. 당신들이 포탄을 쏴서 이런 상황이 온 게 아니냐?"라고 주지사를 향해 고함을 질러댔다. 사실 이곳이 파괴된 원인은 이곳이 반군의 거점지역으로 지목되자 우크라이나 정부군이 집중적으로 포를 발사했기 때문이다. 당연히 일대의 모든 시설물들은 파괴됐고 주민들은 가재도구를 놔두고서 몸만 빠져나와 피신해야 했다. 여인의 항의태도가 도를 넘어서자 취재진 중 한 명이 여인에게 "물도 없이 지금까지 어떻게 살아왔나? 우물이라도 있을 것이니 그곳으로 가보자"라고 재촉하자 여인은 항의를 멈추고 도망치듯 뒤로 빠져나갔다. 파괴된 가옥 중 한 채의 지붕 위에는 두 명의 목수들이 지붕을 고치고 있는 모습이 보였다. 뜨거운 태양 아래서 지붕을 수리하는 일이 쉽지 않은 듯 비지땀을 흘리고 있었다.

　　지금도 전쟁이 치열하게 전개되는 상황에서 전후 복구문제를 다루는 일이 쉽지 않은 듯 주지사도 한동안 할 말을 잃고 멍하니 하늘을 쳐다보기도 했다. 주지사의 보좌관인 알렉세이는 "현재 우크라이나 연방정부의 예산이 모두 전쟁에 집중되는 바람에 지역의 전후복구를 위해 할당된 예산 자체가 없는 상태"라면서 안타까움을 표시했다. 주민들은 주지사에게 간절하게 호소하면 무엇인가 이뤄질 것이란 희망으로 많은 요구사항을 얘기하고 있었다. 주지사는 자신의 역할이 이들의 호소를 경청함으로써 이들에게 최소한 심적인 위로라도 해주는 일이란 사실을 잘 숙지하고 있는 듯했다. 그래서인지는 몰라도 파괴된 한 가옥만 방문해 취재진들에게 자신의 행적을 선전하는 형식적인 발걸음을 한 게 아니라 파괴된 여러 가옥들, 심지어는 멀리 떨어진 다른 마을까지도 걸어서 방문해 주민들을 만나서 위로하는 수고를 했다.

마을주민들은 필자를 보더니 자신들의 집을 보여주겠다고 앞장서서 길을 안내했다. 한 여인이 자신의 파괴된 집을 뒤에 두고서 마냥 눈물을 흘리는 모습은 애처로워 보기가 민망했다. 그녀의 집 맞은편에는 제법 규모가 큰 자동차 수리센터이자 세차장이었던 건물이 완전히 폐허가 된 모습으로 남아 있었다. 파괴된 건물에는 앙상한 뼈대만 남아 있었고 남아 있는 벽면의 무수한 총탄자국들은 당시의 상황을 잘 말해주고 있었다.

## 이웃이 적이 되다

2014년 4월 12일, 러시아와의 합병을 주장하는 반군들이 슬로비얀스크를 점령하면서 슬로비얀스크 시청건물에는 우크라이나기가 내려지고 러시아기가 올라갔다. 곧 천 명의 시민들이 모여 "러시아! 러시아!"를 외치면서 세를 과시하기 시작했다. 그 뒤 선출된 시장을 체포했고 친우크라이나 분자들을 추적해 잡아들이는 일이 벌어졌다. 당연히 이들의 기세에 눌린 나머지 우크라이나를 지지했던 시민들은 보이지 않는 곳으로 숨어들기 시작했다. 석 달 동안 슬로비얀스크 시민들은 기간시설이 파괴되어 전기나 수도 공급이 끊어진 비정상적인 삶을 살면서 반군들의 살벌한 전횡이 판치는 세상에서 지내야 했다. 키이우나 다른 지역에 친지나 가족이 있는 사람들은 대부분 탈출을 시도했고 사정이 여의치 않거나 나이가 많은 노인들은 참고 지내야 했다.

우크라이나 정부군과 반군들의 교전이 치열해지면서 외부와 연결된 도로나 철로가 차단됐고 외부로 이동할 수 없는 고립무원의 지경에서 생활해야 했다. 시민들은 공습이나 포격이 지속되면서 생명의 위협까지 느끼면서 살아야 했다. 탈출한 인구가 늘어나면서 원래는 13만 명이었던 시의 인구가 7만 명으로 줄어들기까지 했다. 뿐만 아니라 우크라이나 정부군이 들어온 후 네일라 시테파 전 시장은 반군에 협력했다는 혐의로 체포되었고, 시의회의장은 가택연금을 당했다.

파괴된 시메오노프카 지역을 떠나 슬로비얀스크 시청으로 향했다. 시청 대회의실은 시민 대표들이 들어차 있었다. 대표들이 지역을 재건하기 위한 계획을 논의하는 자리여서 뜨거운 열기가 회의장 밖에서도 느껴졌다. 회의장의 출입문 앞에는 두 명의 군인들이 자동소총을 들고서 드나드는 사람들을 감시의 눈초리로 지켜보고 있어 여전히 평화의 시대가 오지 않았음을 단적으로 표현해주고 있었다.

주지사의 발표가 끝나고 시장직무대행이 앞으로 파괴된

늙은 어머니를 안고 포격을 피해 집을 나선 피난민.

시의 재건계획을 발표할 즈음, 갑자기 뒷자리에서 60대의 노인이 일어나서는 삿대질을 해가면서 시장을 공격했다. "나는 두 달 반이나 이 도시를 위해 싸웠고 내 아들은 죽임까지 당했다. 도저히 이 정부(우크라이나 정부)를 믿지 못한다. 내가 죽는 한이 있어도 이 정부의 정책은 따르지 않을 것이며 이 정부를 용인하지도 않을 것이다! 당신은 내가 선출한 시장도 아니다!"

그의 시장을 향한 성토는 장내의 분위기를 완전히 얼어붙게 만들었고 회의는 곧 막을 내렸다.

　반군 치하에서의 석 달은 슬로비얀스크의 많은 시민들을 적대적인 관계로 바꾸어 놓았다. 시를 재건하기 위한 모임까지도 흐지부지되는 모습을 보면서 이전의 공동체로 돌아가기까지는 상당한 시일이 걸릴 것이란 느낌이 들었다.

---

### 도네츠크 주지사와의 인터뷰

《포보스》지가 선정한 세계에서 가장 부유한 500인에 드는 우크라이나의 '철강왕'인 세르게이 타루타는 2014년 3월 우크라이나 혁명정부로부터 도네츠크주의 지사로 임명됐다. 도네츠크주와 루한스크주에서는 친러시아 반군들이 우크라이나정부군과 교전 중이었다. 슬로비얀스크 시의 파괴된 지역을 방문하면서 그를 만나 인터뷰했다.

**# 파괴된 슬로비얀스크 지역을 보면서 어떤 생각이 드는지?**
슬픔, 슬픔, 슬픔…. 그 말만이 온통 나를 지배하고 있다. 가족들을 잃고 거처를 잃은 사람들을 보면서 무한한 슬픔을 느낀다.

**# 언제쯤 내전이 끝날 것 같나?**
내일이라도 내전이 끝나기를 바라지만 단지 희망사항일 뿐이다. 겨울이 되기 전 9월이나 10월에 전쟁이 끝나기를 바랄 뿐이다. 반군은 주민들의 지지가 없기 때문에 (러시아의) 침공이 없는 한 가을철에는 전쟁이 끝날 것으로 생각한다. 계속되는 파괴와 인명살상에 분노한다.

---

무엇을 위한 파괴와 살상인지 회의가 들 뿐이다. 오늘도 파괴된 지역에서 많은 주민들을 만나봤지만 도움을 요청했을 뿐이지 사실 우리가 해줄 수 있는 건 한계가 있어서 마음만 아플 뿐이다.

### # 파괴된 집들과 기간시설들은 언제쯤 복원될 것 같은지?

우리들의 계획으로는 내년 6월까지 파괴된 집들을 복원하고 파괴된 기간시설들은 조금씩 재건해나갈 계획이다. 이곳이 얼마나 파괴됐는지는 보지 않아 잘 모르겠지만 지난 7월에 처음 이곳에 왔을 때는 형편도 없었다. 전기나 수도시설은 모두 파괴된 상태였다. 지금은 어느 정도 가동되는 상황이어서 주민들이 생존할 수 있지만 그 전에는 거의 불가능했다.

### # 세계를 향해 할말이 있다면?

지금 전개되는 도네츠크의 전쟁은 세계적인 전쟁이다. 러시아가 개입돼 있기 때문에 세계는 러시아가 반군을 지원하지 못하게 강력하게 개입할 것을 촉구한다. 러시아에 대한 금수조치가 힘을 발휘하고 있는 현실을 보고 있다.

### #전쟁이 끝나면 미래의 도네츠크는 어떻게 건설할 것인지?

우크라이나 중앙정부로부터 도네츠크주의 자치를 확대하는 게 목표 중 하나다. 세계적인 투자시장으로 도네츠크를 발전시키는 것도 중요한 목표다. 전 세계의 기업들(특히, 한국의 기업들)이 자유롭게 투자할 수 있는 환경을 갖춘 도시로 만들어 번영과 자유가 보장된 곳으로 발전시키고 싶다.

# 우크라이나의 정체성

## 우크라이나에서 러시아의 흔적을 지우려면 100년은 걸릴 것

러시아와 우크라이나를 혈통적으로나 문화적으로나 명확하게 가를 수 있는 기준은 없다. 통계상 우크라이나에 사는 러시아인의 비율은 전체 인구의 22%라고 한다. 단지 있다면 지리적 국경선이다. 그 외에는 모든 게 애매모호하다. 키이우에 사는 우크라이나인들을 만나 가족들이 사는 곳을 물어보면 대부분 러시아나 벨라루스에 흩어져 살고 있고, 혈통적으로도 모두 뒤섞여 있다. 거의 천 년 동안 혼재돼왔던 러시아와 우크라이나의 혈통과 문화를 인위적으로, 물리적으로 분리해내기란 거의 불가능하다.

우크라이나의 내전은 우크라이나인들의 삶 전체를 뒤죽박죽으로 만들어놓기에 충분했다. 정치적 논쟁으로 인해 부모 자식들 간의 정이 끊어지는 일이 예사로 벌어지고 있다. 키이우대학을 졸업한 마리아 바실로코프(23)는 "러시아의 벨고로드에 사는 조부모와 이미 석 달째 연락을 끊은 채 살고 있다"고 했다. 내전으로 인해 러시아와 우크라이나가 극단적으로 충돌하면서 가족들 간에도 내전이 벌어지고 있다. 러시아에 사는 조부모들은 러시아 측의 입장을 가지고 우크라이나를 비판하는 반면에 우크라이나에 사는 아들 가족들은 러시아에 비판적인 입장을 갖고 있다. 전쟁이 발생하면서 양측은 러시아와 우크라이나 사이의 문제로 대화의 주제가 바뀌었고 서로 간에는 한치의 양보도 없이 고성이 오갔다고 한다. 이를 참다못한 조부모측은 이제 아예 전화를 받지 않는다는 것이다.

우크라이나를 러시아에서 분리시키고자 끊임없이 추동해온 지역은 바로 우크라이나 서남부지역이다. 동부지역에 거주하는 대부분의 사람들은 러시아 민족으로 구성돼 있기 때문에 대부분이 친러시아적 성향을 띠고 있다. 굳이 순수한 러시아 혈통이 아니어도 러시아 민족과는 뗄래야 뗄 수 없는 관계로 엮여져 온 곳이기도 하다. 그리고 소비에트 시절에는 많은 수의 러시아인들이 우크라이나 동부의 공업지대로 이주해오면서 우크라이나보다는 러시아에 더 가까운 곳이기도 하다.

반면에 서부지역은 폴란드 민족, 헝가리 민족, 루마니아 민족 등 소수민족들이 모여 사는 곳이다. 소수민족들이 우크라이나에 편입된 연유는 세계2차대전이 끝날 시점에 강대국의 정상들이 얄타에 모여 전리품들을 나누는 과정에서 발생했다. 독일의 동부지역을 폴란드에 편입시키는 대신에 비슷한 크기만큼의 폴란드의 서부지역을 소비에트가 가져가는 식으로 떼어갔다. 그리고 헝가리 동부의 넓은 지역도 지금의 우크라이나인 당시의 소비에트가 가져갔다. 그러나 소비에트가 붕괴한 후에도 여

반러시아 정서가 강한 서부지역 중심도시 르비우.
2013년 11월의 유로메이단 시위때 온 시민들이 거리로 쏟아져 나왔다.

전히 당시의 영토들은 변함없이 우크라이나의 영토로 남아 있
다. 당연히 소수민족들이 러시아에 대해 가지는 감정이 좋을 리
가 없다. 어느 날 자고 나니 자신들의 의지와 뜻과는 상관없이

소비에트의 시민이 돼버린 것이다.

우크라이나 서부지역의 가장 큰 도시인 르비우는 2차세계대전 전만 해도 폴란드에 속한 도시였지만 전후에는 소비에트의 도시로 편입됐다. 행정구역상 소비에트에 속했고 지금은 우크라이나에 속해 있다. 지금도 폴란드에서는 여전히 폴란드의 도시라고 말하고 있고 우크라이나 사람들도 과거에는 폴란드의 한 도시로 인식하고 있다. 지금은 많은 폴란드인들이 폴란드로 이주했거나 우크라이나에 동화되면서 폴란드 민족의 색이 많이 옅어진 게 사실이다. 그럼에도 여전히 대다수 시민들은 반러시아 의식이 팽배해 있다. 2차 메이단 혁명이 진행되던 상황에서는 르비우 시민들 대다수가 거리로 나와 반러시아 시위를 벌였다.

현재 우크라이나 사람들이 의미하는 우크라이나어라고 하는 건 우크라이나 서부지역의 언어를 말한다. 폴란드어와 러시아어의 어중간한 혼합이기도 하다. 폴란드어와 러시아어는 같은 슬라브어 계통에 속하고 같은 슬라브 민족에 속한다. 폴란드 사람들은 러시아어를 이해하지만 러시아 사람들은 폴란드어를 이해하지 못한다는 우스갯소리를 폴란드 사람들이 많이 한다.

우크라이나는 역사적으로 계속 국경이 바뀌어졌고 지배하는 민족도 변해왔다. 9세기경의 키이우공국인 키예반루스는 스칸디나비아에서 온 바이킹들이 슬라브 민족을 지배하면서 최초로 세운 나라이다. 러시아 민족은 그렇게 시작됐다. 그 뒤 13세기에 몽골의 침공으로 키이우공국은 무너졌고 300년에 걸친 몽골의 지배를 받았다. 몽골이 물러간 뒤, 1569년부터 1795년까지 우크라이나는 폴란드-리투아니아연방에 의한 지배를 받았다. 이 당시 우크라이나 지역은 230년에 걸쳐 폴란드의 문화적 지배를 받았다. 그 뒤에는 러시아 제국의 지배를 받기 시작해 소비에트로 이어졌다.

현재 우크라이나 사람들이 자신들의 언어로 내세우는 우크라이나어는 당시 폴란드어와 러시아어가 혼용된 언어라고 봐도 무방할 것이다. 특히 우크라이나 동서의 분열은 극심하여 서부는 폴란드어와 가까운 우크라이나어를 사용하는 반면에 동부지역은 러시아어를 그대로 사용한다. 필자가 키이우를 방문했을 때, 우크라이나 사람들에게서 티모센코 전 총리가 우크라이나어를 제대로 할 줄 모른다는 말을 들은 적 있다. 소비에트 시대 때의 공식어는 러시아어였기에 지금도 러시아어는 우크라이나에서 여전히 광범위하게 사용되고 있다. 사실 우크라이나에서 러시아의 흔적을 지우려면 최소한 100년은 지나야 할 것이다.

### 두 나라로 갈린 셸멘츠 마을의 비극

헝가리와 국경을 맞대고 있는 우크라이나 서남부의 끝머리에 있는 우즈고로드를 중심으로 한 일대는 헝가리인들이 사는 지역이다. 우크라이나 영토임에도 우크라이나어나 러시아어보다는 헝가리어가 더 많이 들리는 곳이기도 하다. 우크라이나

서남쪽 일대의 지역도 2차세계대전이 끝나면서 소비에트가 헝가리의 영토에서 떼어간 부분이다. 당연히 이곳에 살던 헝가리 사람들은 다른 곳으로 이주하지 않고 그대로 거주해왔다.

우즈고로드에서 15㎞ 떨어진, 우크라이나어로 말리셀만치 마을은 20세기의 역사와 함께 부침을 거듭해온 작은 마을로 지금은 두 쪽으로 분단된 상태다. 한쪽은 슬로바키아 땅이고 다른 쪽은 우크라이나에 속한다. 슬로바키아에 속하는 마을 이름은 슬로바키아어로 벨키셀멘츠이나 헝가리어로는 셀멘츠이다. 놀랍게도 양쪽 마을에 사는 사람들은 우크라이나 민족도 슬로바키아 민족도 아닌 헝가리어를 사용하는 헝가리 민족이라는 사실이다. 필자는 우크라이나의 민족 분포의 현실을 알기 위해 이곳을 방문하여 현지인들을 만나보았다.

우즈고로드의 중심가에서 셀멘츠 마을로 가는 버스를 잡아타려고 정류장으로 발걸음을 옮겼다. 우리네 시골장터의 버스정류장처럼 물건을 잔뜩 담은 쇼핑백을 든 남녀노소가 마을로 돌아가려고 버스를 기다리고 있었다. 버스에 오르자 버스 안은 헝가리말로 왁자지껄해지기 시작했다. 40분 만에 도착한 곳은 여느 평범한 헝가리 마을과 다름없는 모습이었고, 마을 사람들 모두는 헝가리어를 사용하고 있었다.

버스 안에서 만난 초등학교 교사인 이보야는 촙이라는 헝가리 마을에서 목수이자 농부인 남편과 결혼하면서 셀멘츠 마을로 옮겨왔다고 했다. 현재 남편의 동생이 슬로바키아 반대쪽 마을에 살고 있어 이산가족인 셈이다. 이보야와 그의 아이들과 함께 집에 들어가자 60대 중반의 시어머니가 들어왔다. 시어머니는 그곳에서 태어나 평생을 이 마을에서 살았기 때문에 마을 사정에 훤했다. 얼마 전 90세의 나이로 가장 연로한 마을 촌장이 사망했는데, 그는 평생에 다섯 번이나 국적이 바뀌는 삶을 살았다는 얘기도 했다. 마을에는 헝가리어로만 수업을 진행하는 학교가 있는데 우크라이나 학생들까지도 몰려든다면서 자랑이 대단했다.

그곳을 나와 이웃집으로 발걸음을 옮겼다. 그 집은 마을에서 두 번째로 연로한 노인이 사는 집이다. 광대한 밭으로 그녀를 찾아 나섰다. 밭에 들어서자 멀리서 꾸부정한 상태로 김을 매는 노인의 모습이 보였다. 몸은 비록 꾸부정했지만, 얼굴은 한없이 맑은 표정이었다. 에즈바 발락(87)이 태어난 해는 1927년이다. 헝가리인으로 태어났지만, 체코슬로바키아 국적으로 1938년까지 살아야 했다. 1938년부터 1946년까지는 헝가리 국적을 회복했지만 1946년부터 1992년까지는 소비에트 국민으로 살았다. 그 후 지금까지는 우크라이나 국민으로 살고 있다. 국적이 몇 번이나 바뀌었지만, 그녀는 다른 언어를 전혀 구사하지 못하고 단지 헝가리어만 사용해왔다. 이 때문에 일상생활에서 많은 불편을 감수해야 했다. 주로 관공서에서 발급하는 증명서나 서류를 만들 때면 반드시 러시아어만 사용하는 사무원들과 인터뷰를 해야 했는데 이 때문에 상당한 불이익과 불편을 겪을 수밖에 없었다고 한다. 그녀의 운명처럼 마을도 같은 운명을 겪어야 했다.

우즈고로드를 거쳐 슬로바키아로 들어가려는 우크라이나 난민 행렬.

　　마을이 동서로 분단된 해는 1946년 소비에트 세력이 들어오면서부터다. 분단선 안에 있던 집들은 모두 철거됐고 6m 높이의 담이 세워졌다. 당시 같은 마을에 살던 에즈바의 많은 친척은 마을이 분단되면서 이산가족이 돼버렸고 1946년부터 1955년까지 10년 동안은 교류 자체가 완전히 금지됐다. 1955년부터 조금 사정이 나아지면서 일 년에 한 번씩 방문이 허용됐다. 지금은 일 년에 두 차례 닷새 씩, 다른 쪽 마을을 정기적으로 방문할 수 있는 허가가 나는 상태다. 그리고 가족들 간에 특별한 길흉사가 있을 때면 언제든지 방문 허가를 내준다는 것이다.

소비에트 군이 국경을 관리하려고 주둔하면서부터는 마을 사람들의 통행이나 대화를 철저히 금지했다고 한다. 그전에는 국경을 사이에 두고 서로 간에 고성으로 대화를 나누면서 소식을 전하기도 했지만 이마저도 금지됐다. 2003년에 슬로바키아 측의 마을 이장이 미국 의회에 마을의 분단문제를 호소하면서 미국 정부는 이 문제를 인권문제로 심각하게 제기하기 시작했다. 그 결과 2005년 양편에 국경 검문소가 설치되는 결실을 보게 됐다. 그러나 슬로바키아가 유럽연합의 셍겐 국가에 포함되면서 우크라이나 쪽의 마을에서 슬로바키아 쪽으로 넘어가는 절차는 사실상 더욱 어려워졌다.

국경 검문소로 갔다. 몇 명의 사람들이 우크라이나에서 슬로바키아로 들어가는 모습이 들어왔다. 이들에게 어디로 가는지 물으니 모두 건너편 마을에 사는 친척을 만나러 간다고 말했다. 우크라이나 쪽에서 슬로바키아의 다른 편 마을까지의 거리는 70m밖에 되지 않는다. 슬로바키아 세관경찰이 이들의 짐을 검사하면서 캐묻는 모습도 보였다. 그곳을 지키던 슬로바키아 이민경찰은 "이곳을 통과할 수 있는 사람들은 오직 우크라이나 국민이나 유럽연합 국가와 국민뿐이다. 한국 사람은 통과할 수 없다"라면서 필자에게 돌아갈 것을 강력하게 재촉하기도 했다. 그리고 사진 촬영을 하는 모습을 본 다음에는 사진 촬영의 각도를 제시하기까지 했다. 자신들의 말이 잘 먹혀들지 않자 다른 이민국 경찰들까지 가세해 들어왔다. 한 몸집이 큰 여자 경찰의 태도는 굉장히 적대적이었다. "사진을 찍으면 체포하겠다"는 경고까지 내리면서 마치 나를 체포하려는 듯 다가왔다. 내가 발걸음을 돌리자마자 따분한 일상을 잠시나마 반전시켰던 해프닝은 싱겁게 끝나버렸다.

　　마을의 분단이 조금씩 외부에 알려지고 유럽에서 우크라이나로 들어오는 절차가 간소화되면서 국경 검문소로 이어지는 도로 양쪽에는 많은 상점이 들어서고 있었다. 슬로바키아 쪽 셀멘츠 마을의 사람들뿐만 아니라 유럽의 다른 도시에서 우크라이나로 쇼핑하러 오는 사람들을 맞이하려는 것 같았다. 무엇보다도 분단된 마을 사람들의 염원이 담긴 국경 검문소 게이트에 새겨진 문구는 지금도 가슴을 뭉클하게 만든다.

하나의 셀멘츠가 두 개가 됐는데,

반드시 창조주에 의해 통일되어야 합니다.

신이 우리를 평화롭게 보호하셔서

우리의 희망이 이뤄져 분단된 우리가 하나 되기를 빕니다!

두 셀멘츠의 게이트들이 우리 마을을 더욱 가깝게 해주기를 빌면서….

# 우크라이나의 흑토와 홀로도모르

## 세계 최대 곡창지대에서 수백만 명이 굶어죽다

우크라이나는 흑토로 유명한 나라이다. 우크라이나의 농토의 크기는 이탈리아의 전체 면적보다 넓으며 65% 이상이 흑토로 이뤄져 있다. 흑토는 농작물 생산에 필요한 주요 다량원소(K, Ca, Mg) 및 미량원소(Fe, Zn 등)의 주요 공급원이며 토양유기물이 변하여 형성된 화학적으로 안정된 고분자량의 물질인 부식토(腐植土, humus)를 말한다. 현재 우크라이나는 전 세계 흑토의 4분의 1 이상을 가지고 있다. 특별히 러시아어로 체르노젬으로 불리며 영어도 러시아어 그대로 chernozem으로 표기한다. '검다'라는 뜻의 초르니(chorny)와 '땅'이라는 뜻의 제믈랴(zemlya)가 합쳐진 복합명사이다. 우크라이나 흑토에서는 언제나 농작물의 성장이 풍부하여 잉여농산물을 수출해왔다. 세계 곡물 수출시장에서 보리의 13%, 밀의 10%, 옥수수 15%를 점유하며, 해바라기 기름의 50%를 우크라이나산이 차지하고 있다. 우크라이나의 수출액 680억 달러 중에서 278억 달러는 농산물 수출이 차지해왔다. 무엇보다도 해바라기 기름은 세계 최고의 품

질을 자랑한다. 유엔식량기구의 통계에 의하면 세계 식량수출의 16%를 우크라이나가 차지한다고 한다.

우크라이나는 세계의 식량창고 역할을 해왔으나 지난해 러시아의 침공 이후 곡물수출이 중단되면서 곡물가격이 갑자기 오르기도 했다. 이 때문에 우크라이나의 곡물에 의지하던 아프리카의 많은 국가들이 기근에 시달리기도 했다. 이렇게 우크라이나는 좋은 땅 덕분에 수백 년 전부터 곡창지대로 풍족한 수확 덕에 굶는 사람 없이 살아온 곳이다. 하지만 우크라이나에서 수백만 명의 우크라이나인들이 굶어 죽는 사태가 일어났다. 1930년대 초에 일어난 일이다.

매년 우크라이나에서는 11월 네번째 토요일을 '홀로도모르'날로 기념하고 있다. 홀로도모르(Holodomor)는 '굶어서 죽음'이란 뜻이며 '우크라이나의 홀로코스트'로 알려져 있다. 홀로도모르는 우크라이나의 독립, 민족의 정체성과 관계돼 있기에 이 날을 중요하게 기념하고 있다. 1932년부터 1933년까지 우크라이나에서는 소비에트의 계획된 아사(餓死)정책으로 인해 최소한 4백만 명에서 천만 명까지 죽은 것으로 알려지고 있다. 세계의 곡창지대로 알려진 우크라이나에서 어떻게 이런 일이 발생할 수 있는지 의아해하지 않을 수 없다. 당연히 외부의 힘이 작용하지 않고선 이런 일이 발생할 수 없는 노릇이다.

대부분의 학자들은 우크라이나에서 일어난 아사는 자연적으로 발생한 재해가 아니라 인간이 만들고 계획한 재앙이라는 데 동의하고 있다. 다만 무엇을 위해 스탈린의 소비에트 정부가 수백만의 우크라이나인들을 아사하게 만든 일을 계획했는가에 대해서는 여전한 논쟁거리다. 우크라이나 학자들은 "당시 우크라이나인들 사이에서 팽배했던 민족독립국가 건설에 대한 열망을 꺾기 위해" 아사정책을 감행했다고 주장한다. "당시 계획했던 우크라이나에서의 산업화와 집단농장화의 빠른 실행을 위해서"라는 의견도 있다.

1917년 러시아에서 일어난 2월 혁명 후 우크라이나에서도 독립된 민족국가 수립의 기운이 감돌기 시작했다. 1917년 6월에는 러시아공화국 내에서 자치를 추구하는 우크라이나 중앙위원회가 설립되었고 나중에는 사무총국으로 발전했으며 러시아의 당시 총리였던 케렌스키에 의해 우크라이나를 대표하는 행정부로 승인 받았다. 하지만 러시아에서 10월 혁명이 일어나 홍군과 백군이 전투를 벌이면서 내전에 휩싸였고 무정부 상태가 돼 버렸다. 사실상 우크라이나와 함께할 국가가 사라진 것이다. 러시아 내전은 우크라이나에서의 내전으로 발전했고 우크라이나에서도 소비에트의 지원을 받는 조직과 독일의 지원을 받는 백군의 충돌로 혼돈의 소용돌이로 빠져들었다. 그러나 1차세계대전에서 독일이 패전하면서 우크라이나는 소비에트의 영향권 아래로 다시 들어가게 되었다.

1917년부터 1932년까지 우크라이나에서는 소비에트에 대항한 봉기가 무려 268회나 있었다. 사실상 우크라이나에서는 소비에트가 환영 받지 못했다는 사실을 유추해볼 수 있다. 1932년부터 1933년까지 수백만 명이 아사한 우크라이나의 홀

우크라이나의 비옥한 흑토 지대는 끔찍한 전쟁터가 되어 있다.

로도모르 학살은 소비에트 정부가 의도적으로 우크라이나의 저항세력들을 꺾어 버리기 위한 목적으로 실행했다는 결론에 도달할 수 있다.

### '우크라이나'라는 민족이 세워지는 독립전쟁

현재 진행되고 있는 우크라이나전쟁은 러시아와의 투쟁을 통해 '우크라이나'라는 민족이 세워지는 독립전쟁과도 같다. 오랜 기간 러시아의 지배와 타민족들의 지배를 받으면서 다른 민족에 동화돼왔던 희미해진 민족성이 전쟁을 통해 뚜렷하게 정립되면서 민족이라는 정체성이 확립되어가는 과정에 있다. 이는 미국이 민족으로서 세워진 과정과 유사하다 할 수 있다. 수 많은 유럽의 민족들이 신천지를 찾아 정착하면서 토착민들과 충돌하고 함께 섞이면서 영국 식민주의자들에 맞선 전쟁을 통해 하나의 민족으로 국가로 발전해간 미국의 국가수립 과정과 너무도 유사하다. 우크라이나도 러시아라는 강대국과의 전쟁을 치르면서 우크라이나 민족의 정체성이 형성되고 있으며, 우크라이나라는 민족국가가 세워지고 있다.

인류의 역사는 전쟁의 역사이다. 부족과 부족 간의 전쟁, 국가와 국가 간의 전쟁 등 수없는 전쟁이 인류역사에 기록돼왔고 지금도 전쟁 중에 있다. 전쟁의 원인과 성격을 보면 힘 있는 진영에서 힘없는 진영을 지배하면서 착취하다가 나중에는 힘없는 측에서 지배하는 측을 상대로 반란을 일으킨다. 이것이 독립전쟁이다. 힘 없는 자들의 입장에서는 자유를 향한 전쟁이지만, 강한 자들의 눈에는 단지 반란이며 모반이며 소음일 뿐이다. 만약에 우크라이나 국민들이 전쟁을 포기하고 러시아군을 키이우에서 환영해주었으면 전쟁은 끝났으며, 러시아는 지배자로서 우크라이나의 정치에 개입했을 것이다. 우크라이나 정권을 러시아에 순종적인 사람들로 채워 러시아가 원하는 대로 정책을 세울 것이다. 하지만 우크라이나는 강력한 러시아의 침공을 받았으나 계속 저항해왔다. 미국과 서방의 지원으로 싸울지라도, 비록 대리전이라는 비판을 받더라도 여전히 우크라이나인들의 전쟁이며 러시아에서 완전히 독립하기 위한 전쟁이다.

역사적으로 많은 국가들은 지배하는 강한 민족들에 저항

하고 승리하여 국가를 세웠다. 1776년에 독립 국가를 세운 미국만 보더라도 미국인들만의 힘으로 영국이라는 거대한 제국과 싸운 게 아니다. 프랑스와 스페인 두 나라가 미국의 독립전쟁을 지원해 주었기에 미국이 영국을 상대로 승리할 수 있었고 나라를 세울 수 있었다. 물론 당시에는 프랑스나 스페인이 미국이 그렇게 성장해서 자기네 나라들을 훨씬 능가하게 될 줄은 전혀 상상도 못했을 것이다. 만약에 그 사실을 예견했더라면 아마도 지원하지 않았을 것이다. 미국의 독립전쟁은 1783년에 끝나지만 1812년에 영국이 다시 침공해 들어와서 워싱턴의 백악관 건물까지 불태운 일도 있었다. 미국에 대한 미련을 버릴 수 없었던 모양이다. 이 전쟁에서 패퇴한 이후 영국은 완전히 미국의 독립을 인정하고 미국을 포기했다.

우크라이나의 경우도 마찬가지이다. 러시아는 우크라이나를 쉽게 포기하지 못할 것이다. 지금 전쟁 중이며 앞으로 종전 협상을 맺어 전쟁을 끝낼 것이지만, 그렇다고 우크라이나를 완전히 포기했다 단언할 수는 없다. 계속적으로 러시아는 우크라이나를 침공해 손아귀에 넣으려고 시도할 것이 분명하다. 이는 역사가 증명하고 있으며 계속 반복되는 사실이다.

# 근대 주요 독립전쟁의 역사

**1775-1783**  미국 독립전쟁(미국혁명전쟁), 영국으로부터 미국 독립

**1808-1814**  스페인 독립전쟁, 프랑스로부터 스페인 독립

**1821-1829**  그리스 독립전쟁, 오스만 제국으로부터 그리스 독립

**1877**  루마니아 독립전쟁, 오스만 제국으로부터 루마니아 독립

**1895-1898**  쿠바 독립전쟁, 스페인으로부터 쿠바 독립

**1917-1921**  우크라이나 독립전쟁, 러시아로부터 우크라이나 독립,

소비에트와 폴란드에 의한 우크라이나 분할

**1918-1920**  에스토니아 독립전쟁, 러시아로부터 에스토니아 독립

**1918-1920**  라트비아 독립전쟁, 러시아로부터 라트비아 독립

**1918-1920**  리투아니아 독립전쟁, 러시아와 폴란드로부터 리투아니아 독립

**1919-1921**  아일랜드 독립전쟁, 앵글로-아일랜드 조약,

아일랜드 분할(아일랜드의 32개 카운티 중 26개 카운티 영국에서 탈퇴)

**1927-1949**  중국 남북전쟁, 중화인민공화국 독립

**1942-1947**  제2차 인도 독립전쟁, 영국으로부터 인도 독립

**1944-1948**  팔레스타인의 유대인 독립전쟁, 영국으로부터 이스라엘 독립

**1945-1949**  인도네시아 혁명, 네덜란드로부터 인도네시아 독립

**1946-1975**  인도차이나 전쟁, 프랑스, 미국으로부터 베트남/라오스

캄보디아 독립

**1954-1962**  알제리 전쟁, 프랑스로부터 알제리 독립

**1961-1974**  앙골라 독립전쟁, 포르투갈로부터 앙골라 독립

**1961-1991**  에리트레아 독립전쟁, 에티오피아로부터 에리트레아 독립

**1964-1974**  모잠비크 독립전쟁, 포르투갈로부터 모잠비크 독립

**1966-1988**  나미비아 독립전쟁, 남아프리카로부터 나미비아 독립

1971    방글라데시 해방전쟁, 파키스탄으로부터 방글라데시 독립

1991-1995   크로아티아 독립전쟁, 유고슬라비아로부터 크로아티아 독립

1991    10일 전쟁, 유고슬라비아로부터 슬로베니아 독립

1998-1999   코소보 전쟁, 유고슬라비아로부터 코소보 사실상 독립

2014-현재   러시아-우크라이나전쟁, 러시아로부터의 독립전쟁

제2부    우크라이나전쟁과 난민들

# 난민 신세로 전락한 우크라이나 국민

## 모든 것을 잃고 국경을 넘는 난민들

"나는 키이우에서 약사로 일하고 있었다. 그런데 하루아침에 모든 것을 잃고 이렇게 난민이 되어 폴란드로 가고 있다. 아는 사람 하나 없는 그곳에서 앞으로 어떻게 살아가야 할지 너무도 막막하다. 푸틴 때문에 나의 삶은 완전히 망가졌다!"

2022년 2월 24일, 러시아가 우크라이나를 침공한 뒤, 갑자기 난민이 되어 어린 딸과 함께 폴란드 국경을 넘어가며 눈물을 흘리면서 울부짖던 한 우크라이나 약사의 절규는 전쟁의 참상을 세상사람들에게 그대로 보여주기에 충분했다.

러시아와의 전면전으로 인해 우크라이나 국민들은 대부분 난민 신세로 전락했다. 우크라이나 전체 인구의 40%인 1,800만 명의 인구가 유엔이나 다른 나라에서 공급하는 구호물자에 의지해서 살아가야 하는 처지로 내몰렸다. 여전히 러시아의 폭격이 미치지 않은 서남부 지역은 일상을 유지하고 있지만 이외의 지역은 모두 일상생활이 불가능할 정도로 파괴됐고 생업 자체가 완전히 실종돼 버렸다.

2022년 2월 24일 러시아가 우크라이나를 침공하면서 시작된 전면전으로 인해 그 때부터 2022년 11월 말까지 우크라이나 국경을 넘은 난민들은 총 1,600만 명으로 집계되고 있다. 전쟁 중인 러시아로 유입된 난민들도 350만 명으로 추산된다. 또한 전쟁이 잠시 소강국면을 맞으면서 우크라이나로 되돌아간 난민들도 500만 명에 이르지만, 전황이 여전히 불안정한 까닭에 다시 유럽으로 넘어오는 인구가 늘어나고 있다. 우크라이나 정부는 16세와 60세 사이의 남성은 우크라이나를 떠나지 못하게 금지해놓았기 때문에 국경을 넘는 사람들은 대부분 여성과 어린이들이다.

지난해 가을부터, 러시아의 공세가 거세지면서 우크라이나의 전기와 수도 시설 등 생활 인프라 시설들을 집중적으로 공격한 탓에 도시의 많은 인프라 시설들이 파괴됐다. 겨울철을 대비하기 위해 전투 인력만 남고 대부분은 공격과 파괴가 상대적으로 미약한 서부지역이나 국경을 넘어 유럽으로 가고 있는 실정이다. 우크라이나 난민들은 타국에서의 생활에 제대로 적응하지 못하고 힘들어하는 경우가 대부분이다.

우크라이나 난민들은 가까운 국경을 넘어가는데 그 중에서도 폴란드가 가장 선호하는 국경으로 알려져 있다. 폴란드의 국경을 통해 넘어간 난민들만 해도 8백만 명에 이르고, 헝가리나 루마니아, 몰도바, 슬로바키아 등을 통해 넘어간 난민들도 5백만 명에 이르는 것으로 알려졌다. 대부분의 우크라이나 난민들은 동구권 국가에 머무르기보다는 서유럽이나 북유럽 국가들로 향한다고 한다. 독일만 해도 등록된 우크라이나 난민들만 1백만 명이 넘어섰으며 계속적으로 난민들의 숫자는 증가하고 있다.

러시아로 넘어간 우크라니아 난민들 중에는 교전지역이나 러시아군이 점령한 지역에서 러시아군에 의해 강제로 러시아로 이송된 경우도 많은 것으로 드러났다. 전쟁 중에 점령지에 살고 있는 민간인들을 무력에 의해 강제로 이주할 수 없도록 국제법은 규정해놓았다. 이런 일이 발생하면 반인륜적 범죄로 규탄의 대상이 될 수 있으나, 전쟁 중에는 상대방을 향한 거짓선전들이 워낙 난무하다 보니 종전 후에나 실상이 밝혀질 것이다.

## 신나치주의자들, 난민 숙소를 공격하다

영국의 《가디언》지는 시시때때로 영국으로 넘어온 우크라이나 난민들에 대한 소개를 하고 있다. 필자는 신문에 실린 기사들을 모아서 읽으면서 하나의 공통점을 발견할 수 있었다. 우크라이나 난민들과 난민들을 받아서 숙소를 제공하는 호스트들과의 긴장 관계와 난민들의 삶을 책임지고 지원하는 영국 정부의 예산 문제를 들 수 있다. 많은 영국인들은 우크라이나전쟁의 소식을 듣고서 이들을 난민으로 받아들이겠다고 자발적으로 나섰지만 막상 현실에 부딪히면서 그만 두는 경우가 허다하다는 것이다. 결과적으로 영국에서는 정확한 통계는 없지만 많은 우크라이나 난민들이 거리에서 추운 겨울 텐트에서 지내는

폴란드로 넘어간 우크라이나 난민들이 전쟁 반대 행진을 하고 있다.

홈리스가 되는 경우도 많다고 한다. 어쨌든 난민들이 홈리스가 되다는 건 상상이 되지 않는 사례이다.

난민들을 자신의 집으로 받아들이면 최초의 며칠은 사이좋게 지내지만 시간이 지나면서 긴장 관계로 발전하게 된다. 《가디언》에 실린 얘기 중 하나인데, 호스트인 영국 가족이 채식주의자여서 난민들에게 고기는 냄새도 나지 않게 하라는 주문을 했다고 한다. 이로 인해 난민 가족은 상당한 스트레스를 받게 된다. 그러다가 주인 가족과 난민 가족이 서로 무거운 분위기가 지속되자 영국인 가족이 난민 가족에게 하루 여유를 줄

제2부 우크라이나전쟁과 난민들

테니 나가 달라고 하는 경우가 있었다. 다음날 난민 가족은 거리에서 텐트를 치고서 지내게 된다. 물론 이는 아주 극단적인 경우이다.

그리고 또 다른 하나의 경우는, 우크라이나에서 온 40대 여성 난민의 사례다. 우크라이나 여성은 자신을 받아 준 영국 가족들의 환영을 받았고 처음 한 주간은 아무런 문제없이 잘 지냈다. 하지만 문제는 영국인 가정이 아주 철저한 기독교 집안이어서 우크라이나 여인의 자유분방한 생활을 좋아하지 않았다는 것이다. 한번은 그녀가 다른 도시로 가서 남자를 만난 뒤, 하룻밤을 외박한 뒤에 돌아왔다. 그날 호스트 가족은 그녀에게 다음날 떠나 달라는 주문을 했다. 가족이 아닌 우크라이나 여자 혼자서 영국으로 오는 경우에는 난민이지만 결코 곱지 않은 눈으로 본다는 것이다.

그리고 영국 정부의 문제는 난민들을 지원하기 위한 예산이 턱없이 부족하다는 것이다. 영국에는 현재 14만 명의 난민들이 유럽 대륙에서 건너왔다는 통계가 있다. 그러나 영국 자체의 경제난으로 인해 앞으로 2년 동안 이들을 책임지고 돌볼 수 있을지 걱정이라는 읍소가 터져 나오고 있다. 사실 영국뿐만 아니라 유럽 국가들 전체가 이전보다는 경제 상황이 안 좋아진 건 사실이다. 그렇다고 난민들을 보살필 수 없을 정도로 경제가 밑바닥을 치는 건 아니다. 이전처럼 복지 혜택을 주기 힘들다는 정도로 이해 할 수 있다.

독일의 경우 이미 1백만 명 이상의 우크라이나 난민들이

들어와서 정착했으며 지금도 계속 우크라이나에서 난민들이 들어오고 있는 실정이다. 유럽에서 가장 많은 난민들을 포용하고 있는 독일은 난민들에 대한 절차나 사회적 참여 기회의 제공 등 난민에 대한 시스템이 가장 앞서 있는 국가이다. 우크라이나 난민들뿐만 아니라 아프리카와 중동 등에서 들어온 난민들도 매년 수만 명에서 수십만 명에 이른다. 지난 2015년에는 시리아를 중심으로 한 중동의 난민들이 100만 명 이상이 들어오면서 유럽 전체가 위기를 맞았지만 독일의 난민 포용으로 위기는 해결됐다.

다시 난민들의 물결이 몰려들어오고 있는 독일은 바빠졌다. 사용하지 않고 있는 공용 건물들이나 비어진 학교 건물들, 심지어 사용하지 않는 공항건물들까지 난민들을 위한 숙소로 개조해 사용하고 있는 실정이다. 난민들을 위한 임시숙소들은 모두 난민들이 안정적인 숙소로 옮길 때까지 머무는 곳이지만 현실적으로 안정적인 집을 얻는다는 건 상당히 힘든 상황이다.

대표적인 우크라이나 난민숙소로 알려진 곳은 베를린의 '테겔 공항'이다. 이곳은 전쟁이 시작되면서 가장 먼저 난민들을 위한 임시 숙소로 준비했던 곳이다. 지금도 계속 대형 텐트를 설치하면서 베를린으로 들어오는 난민들을 수용하고 있다. 매일 이곳으로 오는 난민들은 200명에 이른다고 한다. 그리고 테겔 공항에서만 10만 명의 난민들이 등록했으며 7만 명의 우크라이나 난민들이 이곳을 거쳐갔다. 유럽에서는 한 국가에서만 난민으로 등록할 수 있기 때문에 난민들은 최종적으로 정착할 국가를 선택하기 위해 여러 국가로 여행 다니면서 사정을 알아보기도 한다.

난민들은 공항의 텐트 숙소에서 임시로 거주하다가 영구적인 주거지로 옮겨가게 된다. 아직 난민이란 현실을 받아들이기 어려운 우크라이나 사람들은 이곳에서 점차적으로 난민으로서 독일사회에 적응할 준비를 한다. 아니면 다른 나라로 다시 떠나기도 한다. 유럽에는 여러 가지의 언어를 사용하는 국가들이 많으며 선호하는 국가로 갈 수 있는 자유가 있다.

독일은 오래 전부터 토착민들과 이민자들, 난민들과의 긴장관계가 지속돼왔다. 필자가 파리에 첫발을 들여놓았던 1992년 8월, TV에서 처음 본 뉴스가 바로 독일의 북동부인 로스톡 지역에서 신나치주의자들 수백 명이 베트남 난민들의 숙소를 불태우고 경찰들과 수일간 대치하면서 시위를 하는 장면이었다. 그 뉴스를 보면서 유럽에 왔다는 사실을 실감했다. 이 사건은 유럽 역사상 최악의 난민 공격 사건으로 기록된다. 위의 사건은 30년 전의 일이지만, 지금도 신나치들의 난민들에 대한 공격은 계속되고 있다.

당시만 해도 모든 것이 의혹이었다. 로스톡 지역은 1989년 전까지만 해도 동독에 속했던 지역이었는데, 어떻게 나치를 추종하는 세력이 강하게 발흥하고 있는지에 대한 의문이었다. 공산주의에서는 계급이 없고 인종과 국적, 종교에 관계없이 모든 사람들이 평등하다고 선전해왔던 터였다. 당시에 공격당하던 베트남 난민들은 베트남 전쟁으로 인해 난민으로 동독에 갔던 사람들이다. 도리어 자본주의가 발흥하던 서독에서는 사소한 사건들은 있었지만 그 정도로 큰 인종차별 사건은 없었다. 독일은 2차세계대전의 주범인 '나치 독일'이라는 오명을 씻어 버리기 위해 인종차별 문제에 대해서는 상당한 조심을 기울이던 시절이었다.

2022년 10월 20일에는 30년 전에 사건이 일어났던 같은 로스톡 지역인 그로스 스트롬켄도르프에서 신나치주의자들이 14명의 우크라이나 난민들이 거주하던 숙소에 불을 질러 집 건물을 완전히 불태우면서 전 세계에 다시 경종을 울린 사건이 있었다. 2022년 한 해만 난민 숙소들을 공격한 사례가 65차례나 있었다. 독일에서는 난민들을 향한 신나치주의자들의 공격은 과거처럼 큰 반향 없이 일상적인 해프닝 정도로 여기고 있는 실정이다.

독일인들은 영국인들과는 조금 다른 성격을 갖고 있다. 무엇보다도 정확하고 책임감이 강하다. 다른 말로는 사전에 일을 시작하기 전에 아주 면밀하게 조사한 뒤에 일을 시작한다. 영국인들도 물론 신중하지만 독일인들만큼은 아니다. 상대적으로 조금 더 즉흥적이며 감정적이다. 영국에서 일어난 사례들처럼 난민들이 홈리스가 된 사례는 없었다. 그렇다고 영국에서 신나치들이 집단적으로 난민들이 사는 숙소 건물에 불을 지르고 시위한 일은 없었다.

## 고국으로 돌아기기도 어려운 난민의 현실

우크라이나 난민들이 가장 많이 모여 사는 곳은 폴란드이며 정확한 통계는 없지만 수백만 명이 사는 것으로 알려지고 있다. 폴란드는 우크라이나에서 서유럽으로 가는 첫 번째 국가로 임시적으로 머무는 곳이어서 항상 수백만 명이 북적거리고 있다. 폴란드인들은 우크라이나 난민들을 환대하며 우크라이나 난민들도 전혀 불평하지 않고 있다. 폴란드는 과거 우크라이나 지역을 230년 동안 지배한 적 있었고, 역사적으로는 러시아라는 공통의 적에게 수많은 고통을 당했다. 지금도 폴란드인들은 우크라이나 서부 지역을 폴란드 땅으로 생각하며, 우크라이나인들을 같은 민족으로 여기고 있다. 당연히 우크라이나 난민들이 폴란드로 갔을 때 가장 따뜻하게 맞아준 국민들이었다. 필자가 개인적으로 네트워크를 가지고 있는 우크라이나 사람들은 하나같이 폴란드 사람들의 환대에 감사한다는 말을 했다.

한 가족은 현재 스페인의 발렌시아에 살고 있다. 먼 스페인까지 간 이유는 그곳에서 전쟁 전부터 살고 있던 우크라이나 친구의 초대를 받았기 때문이다. 모녀는 스페인 정부에서 제공하는 아파트 난민 숙소에 머물면서 그곳에 사는 우크라이나 사람들과 함께 일주일에 서너 번씩 시내 중심가에 나가서 사람들에게 우크라이나전쟁에 대해 얘기하고 준비한 민속 공연을 하면서 우크라이나 문화를 보여준다고 했다. 이들은 전쟁이 한 달만에 끝날 것으로 예상해서 별다른 준비 없이 외국으로 왔으나 벌써 1년을 넘어갔다. 어린 딸의 교육도 고려해서 다른 나라로 갈 생각도 한다는 편지를 보내온 적 있다.

현재 유럽에 사는 우크라이나 난민들은 중동이나 아프리카에서 온 난민들보다는 대우를 잘 받고 있다고 할 수 있다. 우선 같은 유럽인이며 문화와 역사를 함께 공유해온 역사가 있어서 완전한 이방인은 아니다. 지금까지 독일의 방화사건을 비롯한 공격들을 제외하고서는 우크라이나 난민들에 대한 공격 사례는 드러나지 않고 있다. 하지만 낯선 사람들을 가족의 일원으로 받아들여 함께 생활한다는 건 성인이 아니면 힘든 일이다. 항상 부딪히고 충돌하는 게 인간이지만 다행히 우크라이나 난민들에 대한 호의적인 분위기가 유지되고 있다.

하지만 시간이 지날수록 유럽인들의 우크라이나 난민들에 대한 시각은 달라질 것이다. 점점 더 반전에 대한 목소리가 커지고 난민들의 귀환에 대한 목소리가 커지면서 충돌이 늘어갈 것이 예상된다. 그것은 자명하다. 인류의 역사 속에서 비슷한 경험들은 항상 반복돼 왔다. 필자의 자의적인 예측이 아니라 논리적인 예측이라고 할 수 있다. 유럽인들은 전쟁이 끝나면 우크라이나 난민들이 돌아가 주기를 원한다. 하지만 이미 생활의 터전에 뿌리를 내렸고 아이들은 학교에 다니면서 이미 그곳 사람이 돼버렸다. 아이들은 어른들보다 훨씬 사회적 적응력도 빠르고 자생력도 강하다. 이로 인해 난민들의 입장에서는 선뜻 파괴된 우크라이나로 돌아가기에는 발걸음이 무거울 수밖에 없다.

# 2014년의 우크라이나 난민 사태

2014년에 우크라이나를 방문했다가 기차를 타고 헝가리로 들어온 적 있었다. 당시 춉이라는 우크라이나의 국경 역에서 나의 짐을 검사하던 세관 소속의 40대 무장한 여자 경찰관이 아주 근심 어린 눈빛으로 내게 물었다. "우리나라에서 정말로 전쟁이 일어날 것 같아요?" 나는 "절대로 그런 일은 없을 것"이라며 자신 있게 대답했다. 나의 자신 있던 예견은 완전히 빗나가버렸다. 당시 우크라이나 동부 지역에서는 우크라이나 정부군과 반군이 이미 충돌을 벌이고 있었다. 당시만 해도 러시아나 우크라이나가 전면전을 할 정도의 상황은 아니었다. 그곳에서 분쟁이 발생한 도네츠크는 1,500킬로미터가 떨어진 전혀 다른 세상이다. 전쟁이 나더라도 그곳까지 러시아가 공격을 할 가능성은 전혀 없다. 하지만 그 경찰관의 눈빛은 근심으로 가득 차 있었다. 그 눈빛은 지금도 내 기억에서 지워지지 않는다. 이제 경찰관은 기차역을 통해 헝가리로 가려는 우크라이나 난민들의 혼란 상황을 정리하기 위해 매일 정신이 없을 것이다.

이 모든 일은 갑자기 일어났다. 물론 날벼락 같은 일이지만 러시아의 수뇌부는 아주 오랜 기간을 준비해왔다. 전쟁을 일으킨 주체들은 민간인들이 어떻게 되든지 크게 신경 쓰지 않는다. 피난을 가든 그 자리에서 죽든지 알아서 하라는 식이다. 경고 방송도 없다. 어느 날 미사일을 쏘고 전투기가 공습하고 탱크가 밀고 들어온다. 병사들은 무기를 잡고 저항이라도 해보지만 비무장 민간인들은 그 자리를 피해 도망가는 수밖에 없다. 되도록 전투가 벌어지는 곳에서 멀리 가야 한다. 확실한 안전을 보장받기 위해 국경도 넘는다. 난민은 별다른 사람이 아니다. 대학에서 강의를 하던 교수가 전쟁이 나서 국경을 넘어가면 갑자기 난민이 되는 것이다. 자기 나라에서는 교수라는 존칭을 듣다가 국경만 넘어가면 수백만 명 중 한 명의 난민이 되는 것이다.

## 동부에서 서부로 탈출

우크라이나의 난민 사태는 2014년에 이미 발생했다. 2014년 2차 메이단 혁명으로 인해 당시 야누코비치 대통령이 러시아로 망명하고, 크림반도가 러시아에 의해 합병되고, 도네츠크와 루한스크에서 분리독립이 선언되면서부터 시작됐다. 당시에도 이미 크림반도와 도네츠크와 루한스크에서 난민들이 키이우로 몰려들기 시작했다. 필자는 2차 메이단 혁명이 일어난 후 키이우를 방문했을 때 우크라이나 동부와 크림반도에서 탈출해온 난민들을 만났다. 당시 난민들에 대한 필자의 묘사는 생생한 기록으로 남아 있다.

"2014년 8월 현재, 키이우나 우크라이나의 서부지역에는 동부지역에서 온 많은 피난민들이 모여들고 있다. 우크라이나의 피난민들은 아프간이나 이라크의 난민들처럼 보따리를 몇 개씩 들고서 힘없이 걷는 불쌍하게 보이는 사람들이 아니다. 이들은 수트케이스에다 선글라스를 쓴 여행객 차림으로 키이우역을 오고 가는 멀쩡하게 보이는 사람들이다."

당시만 해도 우크라이나 동부지역의 도네츠크와 루한스크 지역이나 크림반도를 떠난 난민들은 벌써 수십만 명에 달했다. 유엔난민기구에서 공식적으로 발표한 숫자만 해도 동부지역에서 10만 명, 크림반도에서 1만4천 명이지만 이보다 훨씬 많은 피난민들이 삶의 터전을 떠났다.

필자가 슬로비얀스크에서 키이우로 돌아오면서 탔던 야간열차의 대다수 승객들은 도네츠크와 루한스크에서 전쟁을 피해 키이우로 가는 난민들이었다. 이 지역에서의 전쟁은 전혀 예상치 못한 천재지변처럼 갑자기 발생해 이들의 모든 것을 빼앗아갔다.

"우리가 뭘 그렇게 잘못해서 이런 일이 생겼는지? 갑자기 전쟁이 일어나 집을 잃고 일자리를 잃어버렸다. 왜? 내가 다른 사람들에게 뭘 잘못한 게 있어서? 왜 내가 다른 사람의 잘못된 행동과 결정으로 인해 이런 고통을 겪어야 하는지?"

2014년 당시 도네츠크에 살면서 전쟁이 일어나기 두 달 전까지만 해도 새로운 직장을 구해 미래를 꿈꾸던 32세의 엘레나의 한 맺힌 하소연이다. 키이우로 가는 열차 안에서 그녀는 갑자기 뒤바뀌어버린 자신의 인생역정을 담담하게 얘기했다. 평화롭던 도네츠크에서 갑자기 전쟁이 터지자 어렵게 얻은 직장은 문을 닫았고, 겨우 몸만 빠져나와 키이우의 친척집으로 가는 중이었다.

2014년 9월, 필자는 동부지역과 크림반도에서 피난 온 난민(실향민)들을 만나기 위해 수도 키이우에서 40km 떨어진 디마르카 지역에 위치한 난민거주지를 방문했다. 난민들이 생활하는 건물은 바깥에서 보기에는 현대식으로 지어진 단정한 건물로 누가 봐도 난민촌이라고 믿기 어려울 정도로 깨끗하게 보였다. 물론 한정된 공간이어서 한 방에 대여섯 명의 식구가 머무르고 화장실이나 부엌은 모두 공용이었다. 난민들은 두 지역에서 왔는데 크림반도에서 온 60명과 도네츠크와 루한스크에서 온 70명으로 모두 120명이 살고 있었다. 대부분은 일시적으로 이곳에서 살다가 일자리를 얻고 거주지를 구하면 이사를 해서 나간다.

도네츠크에서 변호사로 일을 하다 난민이 된 발레리아 바르시니나(32세)를 만나 상세한 얘기를 들을 수 있었다. 발레리아는 도네츠크에서 법대를 졸업한 뒤 6년째 변호사로 활동해왔고, 남편인 드미트리(32세)는 작은 자동차정비업소를 운영해오면서 자동차를 정비해주고 자동차부품들을 판매해왔다. 넉넉한 생활을 영위하다 갑자기 난민 신세로 전락한 발레리아는 자신과 가족들의 인생이 바뀐 날을 똑똑히 기억하고 있었다.

"4월 28일이었는데, 그날 우크라이나의 미래를 걱정하는 많은 사람들이 모여 평화를 위한 기도회를 가질 예정이었다. 약

150명의 사람들이 모여 기도회모임을 하던 중 4백 명의 친러시아 진영의 사람들이 야구 배트와 각목, 쇠파이프, 심지어는 총기를 갖고서 모여들었다. 이들은 남편을 비롯해 남자들을 무차별 공격하기 시작했다. 남편은 다리와 팔을 비롯해 온몸에 구타를 당한 뒤에 쓰러졌고 일어나지 못했다. 나는 이들이 남편을 구타하는 것을 말리려고 했지만 힘이 없어 아무 것도 할 수 없었다. 어느 순간인가 나까지 각목으로 머리를 맞아 한동안 정신을 잃어버렸고 깨어나니 남편은 쓰러져 있었다. 그리고 남편에 대한 구타를 말리려던 60대 노인까지도 이들은 야구 배트로 머리를 가격해 심한 부상을 입혔다. 머리와 귀에 심한 부상을 입은 노인은 그뒤 독일로 가서 치료를 받아 가까스로 회복했다는 소식을 들었다. 당시 모임장소는 아수라장이 됐고 구타를 당한 사람들의 울부짖는 소리로 가득했다. 나는 남편을 병원으로 옮기려고 했지만 혼자 힘으로는 할 수 없어 주위사람들의 도움을 받아 병원으로 옮길 수 있었다. 병원에서는 남편의 부상을 치료할 약이 없다면서 단지 간단한 치료만 해주고 돌려보냈다."

그것으로 모든 게 끝난 건 아니었다. "남편은 한 달 동안 움직이지 못하고 자리에 누워 있어야 했고 아파트 주위에는 늘 친러시아정치집단(DNR)의 단원들이 주위를 서성거리면서 감시의 눈길을 끊지 않았다. 이들의 위협으로 인해 더 이상 도네츠크에서는 살 수 없다는 판단을 했고 결국에는 가족들과 밤에 몰래 피난을 떠났다"는 것이다. 드미트리는 키이우의 병원에서 이미 네 번째 수술을 받았고 다섯 번째 수술을 기다리고 있는 중이다. 자신의 가족들과 친척들 모두 아홉 명이 이곳에서 살다가 여동생 가족들은 서부의 르비우로 이주해 나갔고, 자신은 가족들과 함께 키이우 시내에 위치한 아파트를 얻어 나갈 예정이라고 했다. 드미트리는 자신의 삶의 터전이던 두고 온 카센터를 그리워하면서 전쟁이 끝나 돌아갈 수 있기만 빈다고 말했다.

## 난민인가, 실향민인가

난민촌에서 만난 다른 가족은 크림반도에서 탈출해온 한 학생과 어머니였다. 미하일 그레고리프(20세)는 심페로폴대학교 3학년에 재학하면서 학생 서클의 회장으로 활동하고 있었다. 그의 인생을 뒤바꾼 사건은 지난 3월 9일에 일어났다. 1천 명의 학생들과 시민들이 분리독립을 위한 주민투표(3월 16일)를 앞두고 우크라이나를 지지하는 모임을 가졌는데 그는 학생들을 동원하는 일을 담당했다. "부모들은 러시아인이지만 자신은 우크라이나에서 태어났기 때문에 우크라이나인이며 당연히 크림반도는 우크라이나에 속해야 한다"라고 학생들에게 주장했다고 한다. 모임이 있은 다음날(3월 17일) 대회에 참석했던 타타르 민족의 한 청년활동가가 의문의 죽임을 당했다는 뉴스를 보고서 크림 지역을 탈출하기로 결심했다는 것이다. 필자는 "만약에 크림 지역에 남아 있었다면 어떤 일이 벌어졌을 것 같은가?"라는 질문을 미하일에게 던졌다. "만약에 그곳에 남아 있었다면 체

난민들이 구호품을 배급받고 있다.

포돼 죽임을 당했을 것"이라고 거침없이 답변했다. "크림 지역에서는 러시아나 우크라이나 두 나라 중 하나를 선택하기를 강요하며, 우크라이나를 선호하면 그곳에서는 도저히 살 수 없는 분위기"라고 전했다. 미하일은 현재 키이우대학으로 이적해 9월부터 대학에서 계속 경제학을 공부할 예정이라고 했다.

　우크라이나에는 휴전협정이 발효 중이지만 여전히 긴장기류는 계속되고 있고 언제 전쟁이 재발할지 모르는 분위기다. 그리고 휴전이 됐다고 난민들이 돌아갈 수 있는 분위기는 더더욱 아니다. 난민들이 살던 곳으로 돌아가 삶의 터전을 복구하고 일상적인 삶으로 돌아갈 날이 언제가 될지는 여전히 미지수다.

## 유엔난민기구 대표 올드리치 안드리세크*와의 인터뷰

**# 지금 동부지역과 크림반도 지역에서 피난민들이 몰려오고 있다. 난민들을 어떻게 할 작정인가?**

먼저 난민이라는 규정부터 잘못됐다. 난민이란 정치적 종교적 박해나 전쟁의 참화를 피해 국경을 넘은 사람들을 뜻한다. 아프간 난민들, 아프리카의 수단 난민들, 벨라루스의 북한 난민들을 난민이라고 한다. 우크라이나에는 사실 난민이 존재하지 않는다. 단지 이들을 실향민(displaced people)으로 규정한다.

**# 우크라이나에서 지금과 같은 전쟁의 상황이 전개될 것이라고 상상이나 했는지?**

물론 누구도 이런 일이 벌어지리라 예상하지 않았을 것이다. 같은 언어적 문화적 동질성을 가진 민족끼리 중무기를 동원해서 전쟁을 벌인다는 것과 분리독립을 주장하는 자들이 탱크나 로켓탄을 동원해서 싸우며 전투기나 헬리콥터를 떨어뜨린다는 건 도저히 상상도 할 수 없는 일이다. 보통 분리주의자들은 소총이나 권총 등으로 무장하는 게 고작이다. 그리고 분리독립을 위한 총투표 후에 정치적으로 해결이 안 된다고 군사적인 힘으로 밀어붙이려고 나선다면 항상 희생자들은 일반국민들이 된다.

**# 이라크나 시리아, 아프가니스탄에서 넘어온 난민들과 우크라이나에**

---

\*   우크라이나, 벨라루스, 몰도바 세 나라의 유엔난민기구(UNHCR) 대표.

서 전쟁으로 인해 터전을 잃은 실향민들의 문제를 다루는 방법에는 많은 차이가 있을 것이다.

현재 크림반도에서 온 실향민들은 약 1만4천 명에 이르며 동부의 도네츠크와 루한스크에서 온 실향민들은 10만 명을 넘어선다. 이들은 난민으로 등록이 되지 않으니 난민으로 혜택을 받을 길이 없다. 생존과 관련된 노인들의 연금문제 등, 이전에 지급되던 것들이 완전히 중단된 것들은 중앙정부가 우선적으로 처리해줄 것을 부탁하는 길밖에 없다. 유엔에서는 현재 슬로비얀스크처럼 전쟁이 지나간 도시에는 실향민들이 귀환해 정착할 수 있게 임시숙소를 마련해준다든지 집수리를 할 수 있게 물자를 지원하는 일을 하고 있다.

**# 세계의 난민상황이 갈수록 나빠지고 있다. 해결책은 무엇이라 보는가?**

가장 큰 원인은 나쁜 권력자들로 인해 발생한다. 문제가 생기면 평화적 해결을 하기보다는 무력을 사용하기 때문이다. 그리고 전쟁이 발생하면 전쟁을 제대로 평화적으로 해결할 능력이 없다. 물론 여러 문제가 존재한다. 영토분쟁, 물자문제, 구조적인 부정부패, 독재체제, 사회적 불평등 문제 등 이런 문제들이 해결되지 않는 한 계속 난민들은 양산될 것이다.

# 전 세계의 난민 1억 명을 넘어서다

## 인류가 전쟁을 시작한 이래로 난민은 존재했다

유엔난민기구에 따르면 2011년, 전 세계에서 4천3백만 명이상의 난민들이 전쟁으로 인해 삶의 터전을 떠났다. 그리고 2015년에는 1천5백만 명이 더 늘어났다는 통계도 내어놓았다. 5년 사이에 1천5백 만 명이 증가한 것이다. 여기에 전체 인구의 반이 난민이 된 우크라이나 난민들까지 더하면 2천만 명이 더 늘어났다. 유엔난민기구는 올해 전 세계 실향민을 포함한 난민수가 1억 명을 돌파했다고 발표했다.

2001년 9월 11일, 미국은 중동의 테러조직인 알카이다로부터 미국 역사상 가장 참혹한 공격을 당했다. 테러공격을 당한 한 달 뒤인 10월 7일, 미국은 아프간을 폭격하면서 전면전을 개시했다. 곧이어 아프간에서 난민들이 유럽의 첫 관문인 그리스로 몰려오기 시작했다. 물론 그전에도 알바니아 사람들이나 쿠르드 사람들, 이란 사람들이 그리스로 오기는 했지만 전쟁이 벌어지면서 밀려들어온 난민들은 아프간 사람들이었다. 아프간이나 파키스탄, 이란에서 그리스로 오는 데 거의 두 달이 걸린다.

이들로부터 아프간에서 그리스로 오는 여행경로나 인간 밀수업자들에 관한 얘기도 상세하게 들을 수 있었다. 사실상 이들을 통해 필자는 난민들의 세계를 알게 됐으며 이해하기 시작했다.

역사를 거슬러 올라가면 난민의 역사는 꽤 오래됐다는 사실을 알 수 있다. 인류가 전쟁을 시작한 이래로 난민은 존재했다. 현대인들은 고대시대 때는 전쟁에서 지면 학살을 당하거나 노예로 팔려가는 걸 전부로 생각하지만, 고대시대 때도 난민들을 보호해준 일이 항상 있었다.

우리 민족의 역사에서도 삼한시대 때 '소도'라는 종교적 성지에 난민들이나 억울한 사람들이 들어와서 안전을 보장받았다는 역사적 사실은 잘 알려져 있다. 우리나라뿐만 아니라 인류가 동서양을 막론하고 전쟁으로 인해 난민 신세로 전락한 외국인들이나 내국인들을 보호하면서 삶을 영위할 수 있게 도와준 역사적 사실을 어디에서나 찾아볼 수 있다.

삼한의 소도처럼 서양에서도 주로 종교적인 성지를 난민들의 피난처로 제공했다. 기원전 5세기경 아테네에서는 아크로폴리스가 있는 언덕 아래 위치한 아고라 지역에 많은 외국인들이 살고 있었다. 이들은 전쟁을 피해서 아테네로 온 난민들이었다. 그리스인들은 이들을 '펠라스고이'(야만인)라고 부르면서 차별했고, 이 지역을 저주받은 지역이라고 부르기도 했다. 수많은 난민들이 그리스말이 아닌 알아듣지 못하는 말을 쓰니 당연히 '야만인'으로 취급했던 게 당시의 현실이었다. 어쨌든 고대 아테네에서도 난민들을 받아들여서 함께 살았다는 얘기다.

그리고 고대 그리스에서 신들을 숭배하기 위해 세워진 신전도시들은 난민들을 보호할 수 있는 신성불가침의 특권과 자치권을 보장받았다. 아폴론 신전과 신탁으로 유명한 '델피'는 고대 그리스 세계의 왕국들 전체가 신성한 땅으로 인정했다. 나중에 그리스를 식민지로 만들었던 로마제국도 델피를 성스런 도시로 인정하면서 자치권을 인정했다. 도시의 자치권이란 제국의 법이 적용되지 않고 도시의 독자적인 법이 관철되며 세금징수도 독자적으로 하며 제국의 군대가 도시의 영토 내에 들어올 수 없는 권리를 의미한다. 따라서 전쟁에 쫓긴 난민들이나 노예들, 채무자들, 억울한 일로 도피한 사람들은 델피 지역으로 가서 보호를 받을 수 있었다. 델피뿐만 아니라 그리스 신들을 숭배하는 성전이 세워진 도시는 난민들의 피난처 역할을 했다.

　　이스라엘 민족은 난민이 되어 2,500년을 살아왔던 민족이어서 누구보다도 난민들에 대한 이해가 깊다. 고대 이스라엘 역사에서도 난민들에 대한 배려를 엿볼 수 있다. 이스라엘 민족이 난민이 되기 훨씬 전인 부족장들의 시대 때부터 12개의 지파 중 '레위'파에 속한 여섯 개의 도시는 항상 난민들이나 억울한 사람들에게 열려 있었다. 아무리 중한 죄를 지은 범법자일지라도 이들 도시에만 들어가게 되면 보복을 피할 수 있었다. 여섯 개의 도시들은 골란, 라모스, 보소르, 케데쉬, 셰켐, 헤브론이었다. 당시 난민들을 위한 도시로 들어가는 길은 다른 도시로 들어가는 길보다도 더 넓고 잘 정돈돼 있어야 했으며, 심지어 '피난처'라는 표지까지 붙이도록 고대 이스라엘의 법에 정해져 있었다.

난민들의 이동이 단지 부정적인 역할만을 하는 것은 아니다. 난민들의 이동으로 인해 다른 민족 간의 이질적인 문화가 장기간에 걸쳐 상호 침투하면서 세계적인 차원의 위기를 극복했던 적도 있다. 종교가 모든 것을 지배했던 중세시대의 암흑기를 겪은 유럽 대륙은 난민들과 장기간에 걸친 교류를 거치면서 결국에는 세계의 중심으로 우뚝 선 역사가 있다.

　　십자군 전쟁과 터키의 침공으로 붕괴했던 비잔틴제국의 난민들은 어두웠던 유럽의 역사를 전환시키는 중요한 역할을 했다. 13세기 이후의 십자군과 터키의 침공으로 1543년에 비잔틴제국은 멸망하게 된다. 이 기간 동안 많은 그리스인들이 비잔틴제국을 떠나 난민의 신세로 이탈리아를 비롯한 유럽으로 건너갔다. 당시 그리스인들의 대규모 이동은 이탈리아와 유럽 대륙에서 일어났던 인본주의 운동인 르네상스 운동의 원동력이 됐다. 당시 그리스인들도 분명히 난민들이었다. 르네상스에 지대한 영향을 준 그리스 난민들의 역할은 역사적인 재평가가 새로이 이뤄져야 한다는 생각이다.

　　근대시대 들어오면서 유럽에서는 종교전쟁으로 인해 대규모 난민사태가 발생했다. 16세기 프랑스에서 신교도와 구교도 사이에 전쟁이 터지면서 수십만 명의 신교도들(위그노)이 유럽 전역을 피난민으로 떠돌던 역사가 있다. 난민들은 대략 20만 명으로 추정하지만 그보다 훨씬 많은 수가 피난행렬에 올랐다. 당시 신교도 국가이던 영국이나 네덜란드, 독일로 주로 피난을 떠났지만 정교국가인 러시아로도 많은 위그노들이 피난을 갔다.

물론 유럽 국가들은 프랑스의 신교도 난민들을 모두 받아들였다. 그때부터 난민(refugee)이란 용어가 유럽에서 처음으로 사용되기 시작했다.

1차세계대전과 2차세계대전은 전 세계적으로 수천만 명을 난민으로 만들었으며 많은 난민들이 영국이나 미국으로 피난처를 찾아 떠났다. 2차대전이 끝나고 국제연합(유엔)이 조직되면서 1951년에 세계는 비로소 '난민의 지위에 관한 협정'을 채택하여 난민들을 보호해야 한다는 데 동의했다. 협정은 난민들이 국경을 넘은 경우에는 난민들을 받아줘야 하고 안전한 곳에서 삶을 영위할 수 있도록 도와주는 건 같은 인류로서 당연한 의무라고 규정하고 있다.

## 난민문제: 닭이 먼저냐 계란이 먼저냐

일 년 전만 해도 우크라이나인들은 난민이 아니었다. 그런데 갑자기 우크라이나 국민들이 난민이 돼버렸다. 우크라이나 국민들이 난민이 돼 버린 이유는 너무도 간단하다. 어느 날 갑자기 러시아가 침공해오면서 난민 신세가 돼버린 것이다. 우크라이나 국민들의 잘못이 아니다. 러시아와 푸틴이 이들을 난민으로 만들었다. 그리고 러시아의 침공에 대비하지 못한 우크라이나 정부에도 책임이 없다고는 할 수 없다. 국가가 존재하는 이유는 외세의 침공으로부터 국민들을 보호하는 것이다. 그것도 못하면서 세금을 징수한다면 괜히 국민들에게서 돈이나 챙기는 유니폼 걸친 조폭 집단이 되는 것이다.

그리고 한 개인의 운명이 다른 국가나 다른 나라의 정치인에 의해 좌우된다면 얼마나 허무하고 가치 없는 삶인가. 사실 너무나 소름 끼치는 현실이다. 옛날 현인들은 자신의 운명은 스스로 개척한다고 누차 말해왔지만 이런 경우에는 어떤 대답이 나올지 궁금하다. 개인의 운명이 힘 있는 국가나 힘 있는 자들에 의해 결정된다면 과연 우리에게 내일은 있을까.

중동과 아프리카, 우크라이나에서 온 난민들은 이제 유럽에서는 어디서든지 볼 수 있고 함께 살아가고 있다. 물론 우크라이나 난민들은 자신들의 전통 의상을 입지 않는 한 난민이라는 표는 전혀 나지 않을 뿐더러 그 지역 주민으로 여겨질 수도 있을 것이다.

쿠르드 민족이나 팔레스타인 민족처럼 국가가 없는 민족이면 태어날 때부터 이미 난민이 될 확률이 높으며 어떤 경우에는 아예 난민으로 태어나게 된다. 물론 많은 사람들은 국가를 세우면 되지 않느냐고 되묻겠지만, 주위 국가들의 반대가 만만찮기 때문에 국가를 세우는 것은 쉬운 일이 아니다. 유대민족은 2,500년 후에야 다시 국가를 건설할 수 있었다.

난민이라는 운명을 받아들이고 살아가는 게 어쩌면 국가를 세우는 것보다 더 편할 수도 있다. 난민으로 태어나 그 생활에 익숙해지다 보면 난민으로서 살아가는 방법도 터득하게 된다. 실제로 이들은 난민으로의 삶을 받아 들여왔기 때문에 자신들의 국가를 건설하는 문제에서는 적극적이지 않을 수 있다.

특히 팔레스타인 민족의 경우, 1948년부터 난민으로 3세대를 살아왔다. 거의 70년 가까이 유엔(UN)의 지원을 받아 살아왔으니 유엔이 부모인 셈이다. 국가가 없어도 유엔이 먹여 살려주고 교육이나 의료혜택을 주니 국가건설에는 그렇게 적극적이지 않을 수 있다. 자칫 국가건설을 위한 투쟁에 뛰어들었다가는 유엔에서 주는 빵조차도 얻어먹지 못할 것이라는 두려움도 실제로 잠복해 있을 것이다.

한 가지 놀라운 사실은 팔레스타인 난민들을 70년 동안 실제로 지원해온 국가는 미국이라는 사실이다. 팔레스타인 난민기구가 지출하는 예산 중 반 이상을 지금까지 미국이 부담해 왔다. 사실 팔레스타인 난민들 머릿속을 지배하고 있는 반유대/반미사상과는 모순이 아닐 수 없다. 미국이 주는 빵을 먹고서 미국을 증오한다는 사실이다. 당연히 팔레스타인의 민족국가 건설에 미국의 입김이 절대적인 영향을 미칠 수밖에 없음을 잘 알 수 있는 대목이다. 하루 이틀도 아니고 장장 70년 동안 미국이 주는 빵으로 살아왔다는 사실은 시사하는 바가 크다.

그리고 조금 더 파고 들어가면 미국의 정치경제를 쥐고 흔드는 유대인들이 5백만 명의 팔레스타인 난민들을 지원해왔다. 사실 미국의 유대인들은 미국 정계를 움직여 팔레스타인 난민들을 위해 매년 지출하는 지원분담금을 끊어버릴 수도 있다. 의문이 아닐 수 없다. 유대인들의 국가인 이스라엘을 지도에서 없애겠다는 팔레스타인들을 유대인들이 사실상 먹여 살려왔다는 사실이다.

난민문제에서 닭이 먼저냐 계란이 먼저냐 하는 논쟁이 계속되고 있다. 난민이 발생하는 이유는 전쟁이지만, 난민들을 데려다 주는 국제인신매매조직이나 인간밀수조직을 원인으로 꼽는 사람들도 있다. 사실 유럽으로 난민들을 밀입국시키는 사업은 엄청난 이익을 남기는 사업이며 인간밀수조직의 규모도 엄청난 게 사실이다.

아프리카나 시리아, 이라크, 이란, 파키스탄에서 온 난민들은 유럽을 한 번도 가본 적 없다. 더구나 불법적으로 유럽으로 들어가는 여행길은 난민들로서는 도무지 알 수가 없다. 불법이민을 가능하게 해주는 조직의 도움이 없다면 유럽으로 가는 길은 사실상 불가능하다. 그러나 이런 조직만 있다고 불법이민이 가능한 건 아니다. 무엇보다도 가난과 전쟁으로 찢겨진 세상이라는 토양이 있기 때문이다.

불법이민자들도 여행길의 위험성은 너무도 잘 알고 있다. 자칫하면 여행도중 병에 걸리거나 허기에 시달려 목숨을 잃을 수도 있다. 여행 중 강도나 지역경찰들에게 가진 돈을 뺏기거나 심지어는 타국의 감옥에서 심한 고생도 할 수 있다. 이를 무릅쓰고서도 가야 하는 이유가 있다. 바로 삶의 절망 때문이다. 삶의 절망이 목숨을 건 유럽행을 낳고 있다. 유럽이라는 희망만 보고 가는 것이다. 인간에게 희망이 없다면 삶은 의미가 없을 것이다. 인간에게 희망은 어둠을 밝히는 빛이라 할 수 있다. 난민들은 유럽이라는 빛을 보고 몇 달이 걸리고 심지어 몇 년이 걸리는 여행길도 포기하지 않는다.

난민들의 국적을 살펴보면 아프리카 대륙과 시리아, 아프가니스탄, 이라크에서 오는 난민들이 대다수를 이루고 있다. 터키에서 그리스로, 리비아나 이집트에서 이탈리아로, 또는 지브롤타 해협을 넘어 스페인으로 오는 경우가 대부분이다. 2015년 한 해만 해도 1백만 명의 난민들이 유럽으로 들어왔고 터키에서 그리스로 배를 타고 들어온 수는 84만 명이나 됐다. 그리고 배를 타고 해역을 넘어오다 숨진 숫자만도 거의 4천 명을 헤아린다.

난민들에게 문을 열어놓았던 독일도 이제는 난민들을 돌려보내고 있으며, 우크라이나 난민들을 제외한 다른 지역에서 온 난민들의 입국은 가능한 한 막고 있다. 독일은 지난 30년간 거의 1,100만 명의 난민들이 들어와 살고 있으며 이는 유럽 국가들이 받아들인 총난민 수의 3분의 1에 해당한다. 독일이 난민들에게 관대한 정책을 써왔던 이유는 2차대전을 주도한 히틀러의 전범 국가이자 인종차별국가라는 오명을 벗어버리려는 노력으로도 해석된다. 독일이 난민들을 받지 않고 인종차별주의적인 정책을 실시하게 되면 세계가 다시 히틀러의 악몽을 되살릴 수도 있기 때문이다. 물론 독일의 경제가 여전히 난민들을 받아들일 수 있는 여유가 된다는 게 중요한 이유가 될 것이다.

이전에는 프랑스나 영국이 2000년부터 2010년까지 난민들이 원하던 목적지였다. 프랑스는 2000년대 전반기, 영국은 2000년대 후반기에 난민들이 원하는 목적지였다. 2010년 이후부터 난민들은 독일을 주로 찾기 시작한다. 프랑스나 영국에서 난민들을 소극적으로 받기 시작하면서 독일이 난민수용의 1등 국가로 올라섰다. 이와 더불어 북유럽 국가들도 난민들이 향하는 주목적지의 하나가 되기도 했다.

프랑스 파리에서 영국 런던으로 버스로 밤새 여행한 적 있었다. 1993년으로 기억한다. 지금은 터널로 기차가 다니지만 그때는 젊은이들 사이에서는 버스가 가장 대중적인 교통수단이었다. 버스는 칼레 항구에서 페리선 안으로 들어갔다. 배는 도버해협을 두어 시간 만에 건너 맞은편에 위치한 영국의 항구도시 도버에 도착했다. 당시에는 칼레에 난민들이 없었다. 단지 영국으로 갈 때 거쳐야 하는 관문 정도였다. 이곳에 난민 캠프가 들어선 시기는 1999년에 나토의 코소보 폭격이 시작되면서부터다. 코소보와 이라크, 이란에서 온 난민들이 영국으로 가기 위해 칼레에 천 명 이상 집결하면서 프랑스 정부에서 난민센터를 건설하였다.

그때부터 난민들이 몰려들기 시작했다. 이란, 아프가니스탄, 시리아, 아프리카 대륙에서 몰려온 난민들이 모여들었다. 굳이 영국이 목적지가 아니더라도 단지 몸을 피하기 위해 몰려온 난민들까지 북새통을 이루기 시작했다. 난민 캠프가 난민들을 모두 수용하지 못하자 곳곳에 천막을 설치해 살기 시작하면서 '칼레 정글'이라는 이름으로 불리어지기 시작했다. 칼레 정글이 프랑스 정부에 의해 철거된 2016년 10월 당시 난민들 숫자는 만 명을 헤아릴 정도로 불어나 있었다.

난민들이 왜 프랑스에 정착하지 않고 영국으로 가기 위해 생사를 무릅쓰고서 로리 트럭에 매달리거나 페리 선에 몸을 숨기려 하는지 의문을 가질 것이다. 물론 칼레에서 영국으로 들어가려는 난민들 중에는 영국에 이미 가족이나 친지를 둔 경우가 많기 때문에 영국에 들어가기만 하면 삶이 훨씬 용이해진다고 믿고 있다.

하지만 프랑스의 열악한 난민정책도 영국을 선호하는 데 한몫 거들고 있다. 프랑스가 난민신청자를 거부하는 비율은 74% 정도 된다. 대부분의 난민들은 신청을 한다 해도 거부된다는 사실을 잘 알고 있다. 아프리카나 중동에서 한 가닥 희망을 보고 유럽으로 왔지만 반겨주는 국가가 없다는 사실에 치를 떨게 된다. 당연히 난민들은 프랑스보다 난민 신청을 더 용이하게 받아준다고 믿는 영국으로 발길을 돌리고 있다. 설사 난민으로 받아들여진다 해도 프랑스어를 할 줄 모르는 난민들의 경우 직업을 갖기가 힘들기 때문에 사회에 뿌리내리기가 힘들다. 반면에 영어를 하는 난민들의 경우 영국을 선호한다.

다른 이유로는 칼레 정글의 삶이 프랑스가 난민들에게 제공하는 호스텔의 조건보다 더 나아서 다시 돌아온다는 사람들도 있다. 물론 운이 좋으면 환경이 좋은 숙소를 제공 받지만 대부분은 비참한 조건의 숙소를 제공 받는다. 비참한 환경에 자유까지 제약당하게 되면 칼레로 다시 발길을 돌린다. 이처럼 프랑스가 취하는 열악한 난민정책으로 인해 난민들은 영국을 향해 칼레로 발길을 돌린다.

2014년도에 터키-시리아 접경지역에서 한 달을 함께 지냈던 시리아 출신의 쿠르드 난민들과 하나도 다를 바 없었다. 물론 이들 중에서 많은 사람들이 프랑스의 칼레 정글로 갔을 것이다. 당시 이들은 힘겨운 삶 속에서도 내게 따뜻한 차 한 잔을 대접하기 원했고 자신들이 먹던 음식을 나누려 애썼다. 나는 사실 이들의 정겨운 나눔의 모습에서 이들이 차가운 유럽인들보다도 훨씬 더 나은 사람들이라고 느꼈다. 이들이 유럽에 가서 정이 없고 논리만 내세우고 계산적인 유럽인들을 따뜻한 인간애로 감동시키고 교육시켜야 한다고 느꼈다.

## 난민, 순례자의 삶

전쟁이나 굶주림으로 고향을 등지고 조국을 등진 난민들의 문제를 다루다 보면 답답해지기도 한다. 사실 난민구호 캠페인을 벌이는 일 외에는 별다른 해결책이 떠오르지도 않는다. 무엇보다도 난민들과 함께 살면서 고통을 나누겠다는 의지가 없는 한 난민들은 무거운 짐이 될 뿐이다. 그렇다고 난민들을 추방하려는 국가들을 비판할 수도 없다. "곳간에서 인심 난다"라는 우리나라 속담은 유럽의 상황을 아주 잘 표현해주고 있다. 유럽에서도 상대적으로 넉넉한 서유럽 국가들은 난민들을 받아들이는 데 대다수가 동의하지만, 먹고 살기에 팍팍한 동유럽 국가들은 난민이 유럽 땅을 밟는 자체를 반대해왔다.

2015년은 난민들이 언론의 중심이 되었다. 유럽연합은 밀어닥치는 대규모의 난민들을 감당할 길이 없어지자 국경통제에 나섰고 헝가리 같은 경우에는 아예 국경선을 따라 가시철조망을 설치하기도 했다. 또한 유럽연합에서는 회원국들에게 난민 수를 할당해 강제로 이주시키는 정책을 채택했지만 동유럽 국가들의 반발로 제대로 시행되지 않고 있다. 즉, 난민들 문제로 유럽연합 자체가 붕괴의 위기를 맞은 적도 있었다.

난민들을 진정한 전쟁 난민으로 분류하기에는 애매한 경우도 있다. 아프리카나 파키스탄, 이란, 코소보 등지에서 경제적으로 더 나은 삶을 위해 국경을 넘는 사람들도 많이 있다. 이들은 시리아에서 온 전쟁 난민들과 함께 터키에서 그리스로 들어와서 유럽으로 향하고 있다. 멕시코 국경을 넘어 미국으로 들어오는 불법이민자들과 마찬가지다. 국경만 넘으면 임금이 수십 배로 올라가기 때문에 그 유혹을 뿌리칠 수 없다. 살고 있는 나라가 너무 가난해 더 잘사는 곳으로 생사를 걸고 불법적으로 국경을 넘는 것이다. 이들을 '경제적인 난민' 내지 '불법이민자'라고 부른다.

하지만 우크라이나 난민들에 대한 동유럽 국가들의 태도는 확연히 다르다는 사실을 알 수 있다. 같은 문화를 공유해온 같은 슬라브 민족이라는 공통점도 있으며, 러시아에게서 핍박을 받았다는 역사적 상처도 공유하고 있어서인지 몰라도, 중동이나 아프리카 난민들에 대한 태도와는 사뭇 다르다는 것을 알 수 있다. 난민들에 대해 유럽의 문을 닫기를 주장하는 유럽의 우파 정치인들은 모든 난민들을 경제적인 난민으로 보고 있다. 난민들은 굳이 유럽으로 올 필요가 없다고 주장한다. 시리아의 이웃국가인 터키도 안전한 곳이고 그리스나 발칸국가들도 안전한 곳인데 왜 유럽으로 오느냐는 질문을 던진다.

하지만 난민들의 입장은 다르다. 전쟁으로 이웃나라로 탈출해 온 뒤에 전쟁이 끝나기를 기다렸지만 몇 년이 지나도 전쟁이 끝날 기미는 보이지 않는다. 난민들을 위해 단지 텐트만 제공하는 가난한 이웃 나라들보다는 삶의 질이 훨씬 높고 자녀들이 제대로 교육받아 미래를 보장 받을 수 있는 곳으로 옮겨갈 생각을 하는 건 당연하다. 비록 수천 킬로미터가 떨어져 있지만 그나마 유럽이 가장 가까운 곳이다.

유럽으로 오는 난민들에 대한 인식은 사실상 많이 왜곡돼 있다. 단지 부정적이며 파괴적인 면만이 지역주민들의 시선을 끌고 있다. 난민들은 일하지 않으면서 단지 자신들이 내는 세금만 축내는 놀고먹는 돼지로 인식하는 경향이 있다. 그리고 지역주민들의 일자리를 빼앗아 실업률을 부채질하면서 비숙련 노동부문의 임금을 끊임없이 저하시키는 역할을 한다는 인식이 팽배해 있다.

과거에 난민들이 역사적으로 했던 일도 인정하지만 현재 난민들이 유럽 사회에 어떤 역할을 하는지도 제대로 인식할 필요가 있다. 유럽으로 오는 난민들은 사실상 유럽의 경제를 떠받치는 한 축을 형성하고 있다. 난민들의 노동력이 없다면 그리스의 오렌지 농장에서는 일손이 없어 오렌지가 썩어 나갈 것이며, 프랑스 보르도의 포도밭에서는 포도가 썩어 나갈 것이다. 또한 독일의 산업 공단지대에서는 난민들이 없으면 공장들이 모두

정지할 것이다. 독일의 산업 현장에서는 매년 40만 명의 외국인 노동자들이 필요하다고 한다. 건설 현장과 건축 현장도 난민들의 노동으로 굴러가고 있다. 자신들의 실업자 신세를 난민들 탓으로 돌리는 유럽의 룸펜들은 이런 사실을 인정하지 않으며 극우파 정치인들은 이들의 비현실적인 주장에 동조하고 있다.

경제적 난민들의 이주를 근본적으로 막기 위한 해결책은 국가 간의 생활수준이나 임금격차를 줄이는 길밖에 없다. 가령 미국과 멕시코처럼 국경을 사이에 두고 임금격차가 10배나 20배가 된다면 누구도 미국행을 결심하지 않을 수 없을 것이다. 똑같은 일을 하는데 멕시코에서는 하루에 10달러를 받고 국경 너머 미국에서는 100달러를 받는데 어느 누가 국경을 넘지 않겠나? 멕시코에서 열흘 일한 대가가 미국에서는 하루 일당에 해당한다면 누구도 일할 마음이 생기지 않을 것이다. 파키스탄 사람들이 필사적으로 유럽으로 오는 이유도 이 때문이다. 한 달 동안 목숨 걸고 일해도 독일이나 영국에서 하루 일해서 번 임금보다 낮은 게 현실이다. 당연히 죽음을 무릅쓰고서 유럽으로 오는 것이다. 한국에 오는 외국인 노동자들도 마찬가지다.

어쨌든 난민 문제의 근본적인 해결책은 난민들이 이전에 살던 조국으로 다시 돌아가는 것이다. 난민들이 돌아가기 위해서는 전쟁이 신속하게 끝나야 한다. "신속하게"라는 의미는 1년 내지 2년이다. 그래야만 난민들이 돌아가는 문제가 풀릴 수 있다. 오랜 세월이 지나 전쟁이 끝난다면, 난민들은 더 이상 돌아가기 힘들게 된다.

당연히 난민이니 전쟁이 끝나면 돌아가는 게 논리적으로는 맞는 말이다. 하지만 이것은 비현실적인 관념적인 이론이다. 한두 해라면 모를까 십 년이 지나고 이십 년이 지난 후, 비록 고국에 전쟁이 끝났다 해도 돌아간다는 건 결코 쉽지 않다. 이미 난민들의 삶은 그 나라에 뿌리를 내렸다. 수십 년이 지나 삶의 뿌리를 뽑고서 아는 사람 하나 없는 고국으로 돌아가는 건 불가능할 수도 있다. 극우파와 인종차별주의자들이 내세우는 논리는 단지 비현실적인 선동일 뿐이다. 사실 외국에서 2년 내지 3년만 생활해도 고국으로 다시 돌아가기는 쉽지 않다. 이는 우크라이나 난민들에게도 해당된다.

난민들을 받아준 국민들은 함께 잘 지내는 수밖에 없다. 난민들을 동등한 국민이자 시민으로 그리고 함께 살아가야 할 이웃으로 받아주는 것이다. 정착하기를 원하는 난민들은 하루빨리 그 나라의 언어를 습득하고 교육받아 그 사회가 원하는 시민으로 살아가기 위해 적극적인 노력을 게을리하지 않아야 한다. 난민으로 받아주는 사회가 원하는 이상적인 난민상은 적극적으로 사회에 참여하여 함께 일하고 나누는 모범적인 시민상이다. 그 사회에 부적응자가 되어 불법적인 범죄에 가담해 사회적 지탄의 대상이 된다면 다른 난민들까지도 그 사회에서 외면당하게 만드는 결과를 가져올 수 있다. 물론 전쟁이 끝나고 평화가 오면 돌아갈 난민들은 돌아갈 것이고 남을 난민들은 남을 것이다. 돌아가는 난민들이 파괴된 조국을 다시 건설하고 새로운 삶을 시작하는 그날이 하루빨리 오기를 기원해본다.

희망을 향해 가면서 더욱 자신들을 순결하게 가다듬는 과정을 거치는 난민들의 삶은 이 시대의 순례자의 삶일 것이다. 희망은 그들의 종교이자 믿음이며, 희망은 그들의 등불로 그들의 발걸음을 밝혀주고 있다. 그 희망이 유럽이든 미국이든 대한민국이든 상관없다. 단지 이 국가들은 캄캄한 밤길을 걷는 순례자들을 비추는 작은 등불이다. 우리가 해야만 하는 일은 이들을 비추는 작은 등불을 더 많이 더 밝게 비추는 일이다.

제3부

# 미국의 세계지배전략과
# 우크라이나전쟁

# 현재의 세계는 미국을 중심으로 돌아간다

## 전 세계가 다 뭉쳐도 미국 군사력을 이기지 못한다

현재의 세계가 미국을 중심으로 돌아간다는 사실을 부정하는 사람은 없을 것이다. 미국의 군사력과 경제력은 단연 세계 1위다. 세계의 어떤 나라도 넘볼 수 없으며 경쟁상대로 나서는 나라도 없다. 심지어 군사력에서는 전 세계가 다 뭉쳐서 미국이라는 한 국가와 상대해도 이길 수 없다는 시뮬레이션 결과가 있다고도 한다. 1776년 독립전쟁에서 승리하면서 영국으로부터 독립한 미국은 유럽과는 다른 정치 경제적인 제도의 길을 걸어오면서 불과 200년도 채 안된 시점에서 세계의 정치와 경제, 문화를 이끄는 지도적인 위치로 올라섰다. 이와 더불어 미국은 독자적인 군사력 건설을 통해 세계에서 가장 강력한 군사 강국으로서의 위치를 확고히 이룩했다. 1991년에는 소비에트의 붕괴로 인해 미국의 경쟁상대가 사라지면서 미국은 세계 유일의 수퍼파워로 떠올랐다.

물론 많은 유럽인들이 미국의 존재와 미국의 헤게모니를 부정하기도 하지만 이것은 바람일 뿐이지 현실에 기반한 사실은 아니다. 유럽이 유럽연합이라는 거대공동체를 결성했지만, 여전히 국방은 미국에 의존하고 있는 것이 현실이다. 사실상 미국의 헤게모니가 세계 어디서든 관철되고 있는 것이다. 사실 미국이 세계의 종주국으로 등장한 것은 그리 오래된 일이 아니다.

해가 지지 않는 나라였던 대영제국의 쇠퇴는 1차와 2차 세계대전을 거치면서 그동안 거느렸던 많은 식민지들이 독립한 것이 결정적인 계기였다. 이와 더불어 미국이라는 신흥 강대국의 등장이 대영제국의 헤게모니 상실의 결정적 역할을 했다. 영국의 시대가 막을 내리고 미국으로 대체되는 결정적인 사건은 1956년의 '수에즈 운하 위기'였다. 당시 이집트 대통령이던 나세르는 수에즈 운하를 국유화해버렸다. 점유권을 잃어버린 영국, 프랑스가 이스라엘과 함께 즉각적인 침공을 감행했다. 이에 미국과 소비에트, 유엔은 세 국가에 침공을 중단할 것과 자국으로의 철수를 요구했다. 영국이 반발하자, 미국은 철수하지 않으면 미국이 가진 영국 채권을 팔아버리겠다고 위협했다. 그러자 국가의 부도 위기를 두려워한 영국이 미국에 굴복하고 철수하게 된다. 이 사건은 영국의 국제적인 위상을 땅에 떨어뜨렸고 미국이 새로운 종주국으로 떠올랐음을 전 세계에 보여준 사건이었다. 이때부터 소비에트를 제외한 서방세계에서는 미국을 중심으로 한 질서가 구축되었다.

한편, 영국과 함께 공동전선을 형성하면서 세계를 주도해왔던 프랑스도 미국의 헤게모니에 굴복했다. 사실 영국을 상대로 한 미국의 독립전쟁에서의 승리는 프랑스의 지원으로 가능했다. 17세기부터 영국과 더불어 세계 여러 나라에서 식민지를 건설했던 프랑스제국은 영국과 함께 세계질서를 주도해나갔지만, 두 차례 세계대전을 거치면서 국력이 급속도로 쇠퇴해버렸다. 특히 2차세계대전 당시 독일에 제대로 반격도 해보지 못하고 항복하면서 프랑스의 위상은 급격히 추락해버렸다. 2차세계대전이 끝난 후에는 19세기에 식민지로 건설했던 인도차이나(베트남)와의 전쟁에서 굴욕적으로 패배하면서 설 자리를 잃고, 1954년 미국에 자리를 내주고 완전히 철수해버렸다.

1950년대 말부터 미국은 영국과 프랑스를 제치고 서방세계의 종주국으로 우뚝 섰다. 미국은 세계 최고의 경제력과 군사력을 바탕으로 나토(NATO:북대서양조약기구)와 아시아 국가들과의 군사동맹 등을 통해 세계의 질서를 주도하면서 소비에트와 중국 등 공산 세계와 경쟁해나갔다.

2차 세계대전 후 미국이 스스로 규정한 세계에서의 역할은 네 가지로 크게 요약할 수 있다. 먼저, 세계를 이끄는 지도자로서의 역할이며, 두 번째로는 자유 세계의 질서를 보호하고 증진한다. 세 번째는 자유와 민주주의, 인권을 보호하고 증진하며, 네 번째는 유라시아에서 지역적 헤게모니를 가진 국가의 출현을 막는다는 것이다. 미국의 역할에서 세 가지 역할에 대해서는 납득이 가지만, 네 번째-유라시아에서 지역적 헤게모니를 가진 국가의 출현을 막는다-는 쉽게 납득하기 어려운데, 이 지역에서 헤게모니를 가진 국가가 나타나면 미국의 안보에 위협이 된다는 것이 그 이유이다.

## 글로벌 이익을 가진 글로벌 파워

참고로 바이든 행정부는 2022년 10월 국가안보 전략에 관한 문서를 발표했다. 문서에는 다음과 같이 명시되어 있다. "미국은 글로벌 이익을 가진 글로벌 파워이다. 우리는 다른 지역들에서 긍정적인 관계를 맺기 때문에 각 지역에서는 더 강하다. 만약에 한 지역이 혼란에 빠지거나 적대적 세력에 의해 지배된다면 다른 지역들에서 우리의 이익에 해롭게 작용할 것이다."

바이든 행정부의 국가안보 전략 문서를 보면 미국은 세계 질서를 민주와 독재의 대립으로 보고 있다. 미국을 위시한 서방 국가들은 민주주의 국가들이며, 중국과 러시아는 독재 국가들로 규정하고 있다. 러시아는 우크라이나 침공으로 직접적으로 당면한 가장 위험한 적으로 규정돼 있다. 무엇보다도 미국은 중국에 대한 특별한 경각심을 가지고 있다. 중국은 독재 국가로서 그동안 경제나 과학기술에서 많은 발전을 이룩한 미국의 유일한 경쟁자로 지목되고 있다.

미국은 2차세계대전 이후, 직접적이든 간접적이든 세계를 지배하고 통제하기 위해 여러 가지 전략과 전술을 구사해왔다. 미국의 세계지배를 위한 전략 중 하나인 '웨지' 전략(Wedge strategy: 쐐기 전략)은 한 덩어리의 물질에 쐐기를 박아넣어 두 물체를 분리한다는 전략이다. 냉전 시대 동안에는 두 공산국가가 합치는 것을 철저히 방해하여 분리하는 전략이었다. 사실상 이 전략으로 소비에트와 중국공산당 정부를 분리하는 데 성공했다.

1949년 중국의 공산혁명 성공을 돌이킬 수 없는 흐름으로 인식한 미국은 거대한 두 공산 진영이 합치는 것을 막기 위해 쐐기 전략을 적용했다. 중국과 소비에트의 이간질인 셈이다. 미국뿐만 아니라 서방세계를 총동원해 중국과 소비에트를 분리하는 전략을 실행했으며 이는 성공적인 결과로 나타났다. 결국에는 중국과 소비에트 두 나라가 1960년 말에 국경분쟁을 겪으면서 거의 전면전 상황으로 치달을 정도로 적대적인 관계로 돌아섰다. 가장 충격적인 사실은 아프간 전쟁 중, 중국공산당 정부가 소비에트에 대항해 싸웠던 아프간의 무자헤딘에게 무기를 공급해줬다는 사실이다.

그리고 미국은 한쪽만 편들지 않고 양쪽을 지원하는 외교전략을 구사해왔다. 즉, 보험을 들어 놓는 전략이다. 가장 대표적인 사례로 중국의 2차 국공합작 시기(1937년~1946년)에 미국은 양 진영을 모두 지원했다. 공식적으로는 중국공산당의 혁명을 막기 위해 장개석 정부를 지원했지만, 장개석 정부의 부패로 인해 중국공산당 혁명을 막을 수 없음을 인식한 뒤에는 다른 전략을 적용하기 시작했다. 미국은 비공식적으로는 당시 장개석 정부와 싸우고 있던 중국공산당에도 군사적 지원을 했다.

이를 위해 많은 미국 정부의 인사들이 모택동을 만났고 또한 반공주의자이자 민족주의자였던 장개석도 만났다. 당시 일본과 전쟁을 벌이고 있었던 미국은 어떡하든지 중국을 대일전쟁에 끌어들여 일본의 전력을 분산시켜야만 했다. 당시 딕시 미션(Dixie Mission) 팀은 중국공산당을 부패가 극심했던 장개석 정권보다 더 높이 평가하면서 미국 내의 중국공산당에 대한 여론을 전환시키는 데 아주 중요한 역할을 했다. 딕시 미션 팀은 군사고문단으로서 중국공산당의 근거지였던 연안에서 중국공산당원들과 간부들에게 군사훈련을 시키는 일을 했다. 이 때문에 장개석 정부와는 등을 지게 된다.

　딕시 미션과 함께 헐리 미션이 있었는데 다소 이상주의적이었다. 헐리 미션의 대표인 헐리 장군은 중국공산당 정부와 장개석 정부를 하나로 통일시킬 수 있다고 믿었다. 헐리는 장개석과 모택동의 차이는 미국의 공화당과 민주당의 차이보다 작다고 생각했다. 모택동과 장개석은 헐리의 중재로 충칭에서 만나 회담하는 성의는 보였지만, 사실 이들의 관계는 미국이 생각했던 것보다 훨씬 적대적이었고 회담이 끝나자마자 다시 적대적으로 돌아서 버렸다.

# 나토의 확장과 우크라이나전쟁

　2차세계대전이 끝난 뒤, 세계는 미국과 영국, 프랑스, 러시아 등 대독 전쟁을 수행했던 연합군을 중심으로 재편됐다. 그러나 중국에서는 1949년에 중국공산당의 혁명이 성공하면서 모택동이 정권을 잡았다. 공산 세계와의 협력은 깨졌고 한국전쟁을 계기로 완전히 적대적인 냉전체제로 전환되게 된다. 그나마 1945년 10월 24일에 결성된 국제연합(UN)은 세계에 평화를 가져올 수 있다는 유일한 희망의 불씨를 남겨놓았다.

## 소비에트의 영향력을 차단하라

　2차세계대전이 끝난 후 유럽대륙에서는 대나치 전쟁에서 혁혁한 전과를 세웠던 소비에트에 대한 인기가 급상승했으며 러시아혁명에 대한 향수가 선풍처럼 불기 시작했다. 나치독일에서 해방된 동구권 국가들 사이에서는 소비에트의 지원에 힘입어 나치에 대항해 싸웠던 레지스탕스들을 중심으로 공산당이 조직되었으며 수권정당으로 자리를 잡아 나갔다. 폴란드, 체코슬로바키아, 헝가리, 루마니아, 불가리아, 에스토니아, 리투아니아,

바이든 미국 대통령은 2023년 2월 우크나이나를 깜짝 방문해 세계를 놀라게 하였다.

라트비아, 세르비아, 크로아티아, 알바니아 등으로 공산당이 권력을 잡았다. 소비에트의 영향력이 급격히 확대되자 미국과 영국에서는 상당한 위협을 감지하기 시작했다.

1947년에 미국에서는 소비에트의 영향력을 차단하기 위한 전후 복구대책으로 마셜플랜(Marshall Plan)을 수립했다. 마셜플랜은 소비에트의 영향력을 차단하기 위한 목적이 가장 컸다. 전쟁 후 헐벗고 굶주리던 유럽인들에게 마셜플랜을 통한 미국의 물질적 원조는 많은 유럽인들을 소비에트의 유혹에서 벗어나게 했다.

마셜플랜의 가장 큰 효과를 본 국가는 그리스였다. 독일 나치의 지배하에서 극심한 고통을 받던 그리스는 나치가 패망하고 물러가면서 곧바로 좌파와 우파의 내전에 돌입하게 되었다. 최초에는 유고슬라비아의 원조를 받던 좌파의 승세가 굳어지는 듯 보였다. 하지만 당시의 어려운 경제 상황으로 인해 그리스는 마셜플랜이 시행되면서 점차 좌파의 영향력에서 벗어났다.

그리스에서의 성과를 바탕으로 마셜플랜의 모델이 만들어졌고 좌와 우가 대립하던 다른 나라에도 그리스의 모델이 적용되기 시작했다. 6·25전쟁을 겪었던 남한 또한 마셜플랜이 이승만 정권인 우파가 정권을 잡고 국내의 혼란한 상황을 안정시키는 데 많은 역할을 했던 것으로 평가된다.

마셜플랜과는 별도로 미국과 영국, 프랑스에서는 유럽대륙에서 소비에트의 확대를 막기 위한 집단적 군사 조직의 필요성이 대두되었다. 1949년에 미국과 영국, 프랑스를 중심으로 소비에트 블록에 대항하는 군사동맹 체제인 나토를 출범시켰다. 나토의 운영체계는 집단방위체제로 나토협약에도 잘 나와 있다. 협약 5조에는 "유럽이나 북미에서 한 국가 혹은 그 이상의 국가에 대한 무장 공격은 모두에 대한 공격으로 간주한다. …"

나토가 결성되던 당시에는 12개국(미국, 캐나다, 벨기에, 프랑스, 룩셈부르크, 영국, 아이슬란드, 이탈리아, 포르투갈, 덴마크, 노르웨이, 스웨덴)으로 시작됐다. 1952년에 그리스와 터키, 독일, 1982년에는 스페인이 합류했다. 소비에트가 붕괴된 후에는 14개국의 동구권 국가들이 대거 합류하면서 가장 큰 국제군사조직으로 재탄생했다. 나토 회원국은 현재 28개국의 유럽 국가들과 2개의 북미 국가들로, 30개국의 회원국으로 구성돼 있다. 무엇보다도 나토는 미국 중심으로 운영되고 있다. 지금도 나토 예산의 70%는 미국이 부담하고 있다. 즉, 미국이 유럽의 방위를 책임지는 역할을 하고 있는 셈이다.

2022년 통계에 따르면 미국이 140만의 병력을 갖고 있고 80만의 예비군 병력을 더하여 220만의 병력을 동원할 수 있다. 그 뒤를 이어 병력면에서는 터키가 35.5만에 가용병력 90만으로 두 번째다. 그 다음은 프랑스, 영국, 독일 순으로 20만 안팎의 정규군 규모이다.

2022년 2월에 시작된 우크라이나전쟁은 러시아의 희망이었던 나토의 축소를 가져오기는커녕 오히려 나토의 팽창만 불러왔다. 전쟁 전까지만 해도 서방과 러시아 사이에서 수십 년간 중립을 고수해왔던 핀란드와 스웨덴까지 나토 가입을 위한 신청을 했다. 이미 28개 나토 회원국들의 동의를 받은 상태이다. 나토의 가입은 전 회원국들의 동의하에서만 이뤄진다는 조건이 명시돼 있다. 하지만 헝가리와 터키의 동의는 완전히 받지 못한 상태에 있다. 헝가리의 경우 유럽연합에서 현 정권인 오르반 정부를 반민주적인 권력으로 규정하면서 유럽연합에서 주는 지원금에 대한 승인을 계속 미루고 있다. 물론 이 문제는 곧 해결될 것으로 관측된다.

스웨덴의 나토 가입을 터키는 강력하게 반대해왔다. 터키가 당면하고 있는 쿠르드족의 문제에 대한 스웨덴의 반터키적

친쿠르드적인 정치적인 입장이 그 이유이다. 터키가 현재 스웨덴에 요구하는 것은 지난 2016년에 실패한 쿠데타와 연관된 기자인 불렌트 케네스의 터키로의 인도이다. 현재 케네스는 스웨덴에 머물고 있으며 스웨덴의 대법원은 케네스의 인도를 불법으로 판결했다. 이로 인해 스웨덴과 핀란드의 나토 가입도 터키로 인해 상당한 진통이 예상된다. 터키 정부는 2023년 6월에 선거가 끝나면 이 문제를 결정할 것이라고 하지만 여전히 불투명한 상태이다.

무엇보다도 터키는 나토에서도 골칫거리가 아닐 수 없다. 터키는 역사적으로 아르메니아 대학살을 자행했으며, 쿠르드족을 반민주적 반인권적으로 다루고 학살해 많은 유럽 국가들의 지탄의 대상이 되어왔다. 프랑스를 중심으로 터키를 나토에서 제명하자는 국가들도 많았지만, 미국의 압력으로 쉽게 터키를 제명하기도 어려운 상황이다. 미국과 영국은 터키 중부의 인쥐릭 공군기지를 사용하고 있다. 인쥐릭 기지는 중동에서 가장 중요한 군사적인 교두보 역할을 하는 곳이어서 미국도 쉽게 포기할 수 없는 군사시설이다. 또한 미국이 중동을 지배하기 위해서는 터키의 협력이 반드시 필요하다. 이를 아는 터키는 계속 미국과 영국을 최대한의 경계선까지 밀어붙이면서 이득을 취하려 한다.


### 유럽을 반러시아 정서로 돌아서게 만든 우크라이나전쟁


어쨌든 러시아의 우크라이나 침공은 유럽을 급격하게 반

러시아 정서로 돌아서게 만들었다. 2022년 11월에 핀란드에서 시행된 여론조사에서 나토의 가입을 원하는 국민들이 78%에 달하는 것으로 나타났다. 이는 2017년의 여론조사에서 단지 21%만이 나토 가입에 찬성한 데 비하면 대다수가 찬성으로 돌아섰다는 것을 의미한다. 우크라이나전쟁으로 러시아에 대한 불신이 그만큼 증폭됐다는 의미이다. 러시아와 1,340km의 장거리 국경을 접하고 있는 핀란드는 냉전 시대 때도 러시아와는 항상 인적 교류와 물자 교류를 통해 우호적인 관계를 유지해왔다. 하지만 우크라이나전쟁은 핀란드 국민들에게 러시아가 언제 침공해올지 모른다는 공포의 불씨에 기름을 부었다.

스웨덴의 입장도 핀란드와 다르지 않다. 핀란드와 이웃인 스웨덴은 러시아와 국경을 접하고 있지는 않지만, 지리적으로 항상 방패막이가 되어왔던 핀란드가 침공당할 경우 다음 타겟이 곧바로 된다는 점으로 인해 항상 핀란드의 눈치를 봐왔다. 또 다른 이유로는 1932년 이래 집권해온 사회민주당의 좌파적 성격으로 인해 상대적으로 러시아와 가까웠으며, 나토에 대한 지지도는 상당히 열악했던 게 사실이다. 하지만 러시아의 우크라이나 침공은 스웨덴 국민들의 여론을 반러 친나토로 완전히 돌려놓았다. 과거엔 20%대였던 나토에 대한 지지도가 2022년 11월에는 국민들 대다수인 80%로 돌아섰다. 러시아의 나토 확장에 대한 경고로 시작된 우크라이나전쟁이 유럽의 국가들에게는 도리어 안보상의 위협으로 작용했다. 또한 유럽의 많은 반미적이면서 좌파 성격을 가진 국가들이 우크라이나전쟁을 계기로 반러시아로 돌아섰다는 점은 시사하는 바가 크다.

　놀라운 사실은 러시아가 나토 회원국 중 하나를 침공해올 경우에, 러시아에 군사적으로 맞서 싸워야 한다는 데 절대적으로 찬성하는 국가는 없었다. 대부분 국가들은 군사적인 대응을 해야 한다는 입장과 하지 않아야 한다는 입장으로 반으로 나뉘어 있었다. 2015년의 PEW연구소의 여론조사 자료에 따르면, 독일(58%), 프랑스(53%), 이탈리아(51%) 순으로 유럽연합을 지탱하는 세 나라에서 나토 동맹국에 대한 집단방위에 반대하는 의견이 많았다.

|  | 찬성 | 반대 |
|---|---|---|
| 폴란드 | 6 | 89 |
| 네덜란드 | 19 | 76 |
| 영국 | 19 | 74 |
| 독일 | 25 | 70 |
| 미국 | 31 | 67 |
| 캐나다 | 26 | 65 |
| 이탈리아 | 31 | 64 |
| 벨기에 | 26 | 62 |
| 프랑스 | 34 | 54 |
| 스페인 | 39 | 53 |
| 그리스 | 64 | 33 |
| 나토(NATO) 평균 | 26 | 65 |
| 스웨덴 | 18 | 79 |

위의 그래프는 2022년 봄에 워싱턴 소재의 PEW연구소에서 발표한 여론조사 자료이다. 위의 그래프 자료에서 보면 러시아에서 상대적으로 원거리에 있는 그리스나 스페인, 프랑스 같은 국가들은 나토에 부정적이다. 특히 미국으로부터 역사적으로 많은 상처를 입었고 좌파 성향이 강한 그리스는 나토에 대한 부정적 입장이 상대적으로 높다. 사실 나토는 미국이 주도하는 조직이며, 미국의 유럽에서의 헤게모니는 나토를 통해 관철되고 있다. 러시아는 아예 나토를 미국과 등치시키고 있다.

# 푸틴이 원한 것은 무엇이었나

## 바르샤바조약기구의 결성과 해체

1949년의 나토 결성에 대항해 소비에트를 중심으로 군사동맹 조직이 세워졌다. 1955년에 결성된 바르샤바조약기구(Warsaw Pact)가 바로 그것이다. 여기엔 소비에트와 동독, 폴란드, 루마니아, 헝가리, 체코슬로바키아, 알바니아, 불가리아 등의 국가들이 회원국으로 가입했다. 하지만 당시 독자노선을 선언했던 티토의 유고슬라비아는 회의에 참석하지 않았고 바르샤바조약기구에 가입하지 않았다. 1989년 베를린장벽이 무너지고 소비에트가 해체되면서 바르샤바조약기구는 자연스럽게 무너지게 된다. 1991년에 들어서면서 바르샤바조약기구는 동유럽과 러시아에서 공식적으로 해체 선언을 하면서 막을 내렸다.

1956년 10월 23일 헝가리에서 봉기가 일어나면서 바르샤바조약기구를 탈퇴하고 중립화를 선언하자 소비에트는 군대를 보내 헝가리 봉기를 무력으로 진압하였다. 당시 소비에트군과 헝가리 민병대의 무력 충돌로 2,500명의 시민들과 700명의 소비에트 병사들이 사망했고 수만 명이 부상을 입었다. 그리고 헝가리 봉기를 통해 반소비에트 정부를 구성하고 개혁을 주도했던 수상 임레 나지는 소비에트군에 체포된 뒤 비밀재판을 통해 사형을 언도 받아 1958년 교수형에 처해졌다. 1989년 소비에트가 거의 해체될 당시 헝가리에서는 수십만 명이 모여 나지의 장례식을 다시 치렀다. 당시 헝가리 민중들의 봉기는 폴란드의 고무워카(고물카) 정부의 반소비에트적인 개혁에 영향을 받았다.

　무엇보다도 바르샤바조약군의 직접적인 개입은 1968년 프라하의 봄이라 불리는 체코슬로바키아의 반소비에트 봉기였다. 당시 소비에트는 바르샤바조약군 소속의 병사들을 체코슬로바키아로 보내 체코슬로바키아에서 일어난 봉기를 무력으로 진압했다. 1968년 봄, 새로 수상으로 임명된 체코슬로바키아의 두브체크는 일련의 소비에트 정책을 폐기하고 언론의 자유를 포함한 광범위한 개혁정책을 채택했다. 두브체크는 자신의 정책을 '인간적인 얼굴을 가진 사회주의'로 불렀다. 당시 러시아를 비롯한 소비에트와 바르샤바조약기구의 공산당 지도자들은 프라하에서 일어난 개혁운동에 대해서도 1956년 부다페스트에서 대응했던 방식을 그대로 적용했다. 12년이 지났지만 달라진 것은 아무것도 없었다. 소비에트와 바르샤바 동맹국에서는 65만 명의 군대를 차출한 뒤 탱크를 앞세우고 체코슬로바키아 국경을 넘어 침공을 개시했다. 작은 체코슬로바키아는 엄청난 군사력을 가진 소비에트군과 항전을 벌였지만, 일방적인 침공이었다.

　1968년 당시에 소비에트는 65만 명의 군대를 동원해 인구

우크라이나의 나토 가입을 받아들일 수 없었던 러시아가 결국 선택한 것은 전쟁이었다.

1천만밖에 되지 않는 체코슬로바키아의 봉기를 무력으로 진압했다. 하지만 러시아는 인구 4천만이나 되는 큰 땅덩어리의 우크라이나를 정복하기 위해 20만의 병력만 동원했다는 사실이 아이러니하다. 당연히 시카고대 존 미어샤이머 교수가 제기한 의문이 계속 귓전을 맴돌 수밖에 없다.

"도대체 푸틴이 원한 것은 무엇이었나?"

제3부　미국의 세계지배전략과 우크라이나전쟁

## 러시아의 레드 라인: 우크라이나의 나토 가입

러시아의 입장에서는 나토가 거대한 위협이 아닐 수 없다. 먼저 1991년 소비에트가 붕괴하기 전 나토의 회원국은 16개국이었다가, 소비에트가 붕괴된 뒤 2022년의 나토 회원국은 30개국으로 늘어났다. 소비에트가 살아 있을 때는 당연히 서유럽에 소련과 동구권 국가들이 위협적인 요소였겠지만, 소비에트의 붕괴와 바르샤바조약기구의 해체로 인해 위협 요인은 사라졌다. 그럼에도 나토는 지속적인 확장을 거듭하면서 러시아의 국경선까지 들어온 것이다.

또한 소비에트 붕괴 전에는 한 번도 없었던 군사작전이 붕괴 후부터는 몇 번인가 대대적인 군사작전이 펼쳐졌다. 1999년 코소보전쟁에서 78일간 지속됐던 나토군의 폭격을 대표적인 사례로 꼽을 수 있다.

러시아는 소비에트가 붕괴된 이래로 나토에 자국의 안보 문제에 대해 제대로 된 협의를 요청했지만 계속해서 거절당했다. 사실상 나토는 한 번도 진지하게 러시아와 안보 문제를 토의해본 적이 없었다. 러시아는 서방세계로부터 완전히 무시당해온 것이 사실이다. 현재 진행 중인 우크라이나전쟁은 그동안 러시아가 무시당해오면서 축적돼왔던 앙금이 한꺼번에 폭발한 것이라는 해석도 있다.

무엇보다도 러시아가 대외적으로 설정했던 레드 라인(Red Line)은 우크라이나의 나토 가입이었다. 우크라이나의 나토 가입은 러시아로서는 도저히 받아들일 수 없는 심각한 위협이 아닐 수 없다. 잠재적인 적군인 나토군이 러시아 국경선에서 러시아군과 직접 마주한다는 사실 자체가 러시아로서는 커다란 위협이다. 러시아는 나토를 미국 자체로 생각하지 유럽이라고는 간주하지 않는다. 2차세계대전 이후 냉전 시대 동안 오랜 기간 미국과 크고 작은 충돌을 해왔던 러시아로서는 아무리 냉전이 끝났다 할지라도 과거의 적인 미국이 갑자기 동반자 관계로 바뀌지는 않을 것이다.

우크라이나는 러시아를 비롯해 바르샤바 동맹국인 벨라루스와 수천 킬로미터의 국경을 접하고 있으며, 러시아의 흑해 함대가 주둔하는 크림반도가 우크라이나의 영토에 속해 있었다. 그리고 러시아의 입장에서 우크라이나는 천 년 이상을 역사와 언어, 문화를 함께 공유해왔던 나라였다. 그런데 형제와 같던 이웃 나라가 나토의 회원국으로 가입해 잠정적인 적국이 된다는 것은 러시아로서는 도저히 받아들일 수 없는 재앙이 아닐 수 없다.

2004년에 우크라이나에서 일어난 오렌지 혁명도 러시아는 단지 우크라이나에 대한 외세의 개입이라고 봤다. 친서방적인 성향으로 대통령에 당선된 유시첸코를 단지 미국의 스파이로 폄하해서 봤다. 우크라이나 남서부의 반러시아적인 분위기 또한 미국과 유럽의 공작 때문이며, 오렌지 혁명의 주역들을 서방의 사주를 받은 친위부대이자 신나치세력으로 규정했다.

# 우크라이나전쟁은 미국과 나토를
## 대신한 대리전

    미국은 다른 나라와 비교해 엄청난 국방비를 사용하고 있다. 미국이 정한 국가적 차원의 안보 전략인 글로벌 이익을 지키기 위해서 다른 나라에 비해 훨씬 많은 비용을 지불하고 있다. 러시아나 중국, 영국, 프랑스는 항공모함을 한두 척 정도만 운영하고 있는 데 비해, 미국은 무려 11척의 항공모함이 5대양 6대주를 누비고 있다. 미국이 11척의 항공모함을 운영하는 데 드는 비용은 210억 달러(25조 원)이며, 이는 작은 국가의 한 해 국방 예산보다 훨씬 많다.

    미국이 2021년에 사용한 국방비는 8,010억 달러다. 미국의 국방비 지출은 세계에서 가장 큰 규모이지만, 다른 국가들과 비교해야만 그 규모를 짐작할 수 있다. 세계의 군사 대국들인 9개 국가들-중국, 인도, 영국, 러시아, 프랑스, 독일, 사우디아라비아, 일본, 한국-의 예산을 모두 합친 것(7,770억 달러)보다 더 많다. 그리고 전 세계 국방비의 38%를 미국의 국방비가 차지하고 있으며, 군대의 규모가 가장 큰 중국의 국방비조차도 미국 국방비에 비하면 3분의 1 정도이다. 2023년의 미국 국방 예산은 8,580억 달러로 책정돼 있다. 그중 우크라이나전에 할당된

블링컨 미 국무장관이 2022년 3월 5일 우크라이나 피란민 수십만 명이 몰려들고 있는 폴란드를 찾아 난민수용소를 방문하였다. 그는 9월에는 키이우로 날아가 우크라이나와 유럽에 대한 지원을 약속했다.

예산은 480억 달러(62조 4천억 원)이다. 당연히 전 세계가 하나로 똘똘 뭉쳐서 미국을 상대로 싸운다 해도 이길 수 없다는 가설이 바로 이 통계에 근거하고 있다. 물론 전쟁의 결과는 테이블에서 나오는 가상의 시나리오와는 다를 수도 있지만 미국의 방위력은 가공할 만하다.

현재 우크라이나를 침공해서 전쟁을 수행하고 있는 러시아의 국방비 지출은 2021년 기준으로 660억 달러로 공개된 바있다. 러시아의 국방비 지출 규모는 영국의 680억 달러보다도

적다. 미국을 제외하고서라도 유럽의 나토 국가들의 국방비 지출이 러시아의 국방비보다 몇 배나 되는 상황이다. 그럼에도 미국이나 유럽이 러시아를 두려워할 수밖에 없는 이유는 수천 기의 핵무기가 대기하고 있기 때문이다.

미국은 사실상 우크라이나를 나토에 받아들였다. 물론 명목상으로는 여전히 나토에 속하진 않지만 사실상(De Facto) 우크라이나는 나토에 속한 거나 마찬가지다. 2022년 2월 24일 우크라이나전쟁이 시작되면서 미국이 우크라이나에 원조한 돈은 170억 달러(22조)이며, 2014년부터 우크라이나군을 독일에서 훈련시켜왔다. 독일의 미군기지에서 매달 300명씩 훈련시켜왔으나 앞으로는 800명씩을 훈련시킬 계획이다. 영국은 대러시아전에서 우크라이나를 적극적으로 원조해오고 있다. 벌써 24억 달러를 지원했으며 지난 여름부터는 영국에서 만 명의 우크라이나 보병들을 훈련시키고 있다.

우크라이나전쟁은 나토의 대리전 내지 미국의 대리전이라고 불러도 무방하다. 무엇보다도 우크라이나가 전쟁의 소용돌이에 휩싸이자 소극적인 유럽연합을 추동하여 우크라이나에 인도적 원조와 무기 지원을 하도록 만들었다. 2023년에 우크라이나가 미국으로부터 공식적으로 지원받을 예산은 480억 달러이다. 유럽연합에서도 2023년에 공식적으로 180억 달러를 지원받을 예정이다. 지원받는 재정은 우크라이나 국민들의 연금과 생활자금으로 사용될 것이다. 물론 전시상황에 따라서 우크라이나가 지원받을 원조는 더 늘어날 수도 있다. 비록 우크라이나가 나토에 소속돼 있지는 않지만 실질적으로 소속된 회원국처럼 모든 지원을 받고 있는 것이 현실이다.

2022년 12월 현재, 우크라이나의 많은 기간 시설들이 러시아의 미사일 공격으로 파괴되면서 재건에 필요한 재정은 점점 더 커지고 있다. 러시아가 집중적으로 타격한 곳은 전기시설들로서 50% 이상의 우크라이나 발전시설들이 파괴되었다. 이로 인해 6백만 명의 우크라이나 인구가 전기 없이 추운 겨울을 견뎌야 할 상황에 처해 있다. 파괴된 빌딩들과 아파트, 병원, 학교 건물, 철도와 도로 등 교통시설들, 수도공급시설을 수리하는 데만 거의 1,000조가 소요된다는 발표가 나왔다. 전쟁이 길어지고 파괴가 더할수록 재건 비용은 더 늘어만 갈 것이다.

# 레짐 체인지

냉전 시대 당시 미국과 소비에트의 경쟁은 친미나 친소 정권을 세우기 위한 경쟁으로 치달았다. 미·소는 당시 직접적인 충돌보다는 대리전적인 성격을 띤 저강도 전쟁을 세계 곳곳에서 수행하면서 진영의 우위성을 드러내기 위해 모든 것을 투자해 경쟁했다. 미국이나 소비에트는 아프리카와 중남미, 아시아 곳곳에서 게릴라 전쟁들이나 국지적인 전쟁을 지원하면서 자신들에게 대항하는 정권을 바꾸는 '레짐 체인지'(Regime Change)를 시도했다. 사실 소비에트도 미국 못지않게 레짐 체인지에 매달렸다.

## 이란: CIA가 주도한 최초의 쿠데타

미국의 대외전략을 비공식적으로 주도해온 조직은 그림자 조직인 CIA이다. CIA의 레짐 체인지 정책이 실행된 사례는 이란에서의 쿠데타였다. 또한 CIA가 주도한 최초의 쿠데타로 기록된다. 1953년 CIA가 주도한 쿠데타로 인해 이란의 민족 민주적인 정권이 붕괴된 역사적 사실은 세계에 잘 알려지지 않았다.

이란에서의 쿠데타가 성공한 뒤부터, CIA는 남미와 아시아, 아프리카대륙에서 친미정권을 수립하기 위해 수많은 쿠데타를 기획하고 성사시켰다. 현재 진행되고 있는 이란과 미국의 적대적인 대립은 당시로 거슬러 올라간다.

2차대전 이전의 중동은 영국을 비롯한 유럽의 국가들이 패권을 쥐고 있었다. 이란은 영국이 군사적으로 점령하여 석유를 독점하던 시대가 있었다. 1921년 영국은 쿠데타를 지원하여 이란에 샤 국왕을 권좌에 앉혔고 이를 통해 석유 자원을 점령했다. 영국은 '앵글로-이란 오일회사(IOC)'라는 이란에서 가장 큰 석유회사를 운영하면서 이란의 석유를 통째로 독점해왔다. IOC는 나중에 BP(British Petroleum)라는 이름으로 회사가 바뀐다. 석유회사가 이란에 지급한 로열티는 순이익의 26%에 불과했는데, 영국에 납부한 소득세가 이란에 지불한 로열티보다 훨씬 더 많았다. 이란에서 생산된 석유를 이란 국민에게 높은 가격으로 되팔면서 이중의 이익을 올리기도 했다.

2차대전이 끝나면서 이란에도 민족주의 바람이 몰아쳤고, 영국이 소유하던 석유회사를 국유화하자는 목소리가 높아지고 있었다. 당시 샤 국왕의 아들인 젊은 국왕 샤 팔레비가 권력을 쥐고 있었지만, 의회의 권력이 국왕의 권력을 압도했다.

1951년, 이란 의회는 석유산업을 국유화할 안건을 정식으로 통과시키면서 모사데크 박사를 수상으로 선출했다. 모사데크 수상이 선출되고 의회의 석유 국유화 결의안이 통과되자 당시 황금알을 낳던 석유회사를 잃을 위기에 처한 영국은 금수조치의 위협을 가하기 시작했다. 당시 영국의 총리이던 처칠은 이란의 모사데크 수상을 공산주의자로 몰기 시작하면서 본격적인 쿠데타 작업에 들어갔다. 하지만 쇠퇴해가던 영국의 힘만으로는 쿠데타가 불가능하다는 사실을 깨달은 영국은 미국을 끌어들였다. 당시 미국의 대통령이던 트루먼에게 이란의 쿠데타를 제안하면서 도움을 요청했으나 거절당하기도 했다. 트루먼에 이어 아이젠하워가 대통령에 당선되자 이란에서의 쿠데타 작전은 본격적으로 진행되기 시작했다. 당시 미국 정부는 쿠데타 작전인 일명 '아작스'를 위해 100만 달러를 승인했다.

미국의 CIA와 영국의 MI6는 이란 국민의 절대적인 지지를 받고 있던 모사데크 정부를 약화시키기 위해 정부 관료와 의회 지도자, 언론인들에게 뇌물을 제공하면서 모사데크 정부를 비난하는 근거 없는 유언비어를 유포시키기 시작했다. 이와 함께 이란의 민심을 교란하기 위해 테헤란 시내에 방화를 하기도 했고 청부업자들을 동원하여 반정부 시위를 벌이기도 했다. 또한 이들은 이란의 종교 지도자들을 들쑤셔 '공산주의자인 모사데크 정부가 이슬람교를 탄압할 것'이란 유언비어를 퍼뜨렸다. CIA는 이란의 군부 지도자들도 매수하여 쿠데타 계획을 착실하게 진행해나갔다.

1953년 8월 19일, 미국과 영국의 정보부는 그동안 매수했던 군부의 지도자들과 병사들을 총집결시켜 모사데크 정부의 청사와 관저를 공격하여 300여 명의 사상사를 발생시키면서 쿠데타를 성공시켰다. 나중에 모사데크는 체포돼 3년의 징역형을 선고받고 투옥됐고, 이탈리아로 망명했던 샤 팔레비 국왕은 이란으로 귀국했다. 쿠데타가 성공한 뒤, 국유화된 이란의 석유회사는 컨소시엄으로 넘어가 영국이 50%, 미국이 40%를 차지하게 됐다. 하지만 민주 정부가 무너진 뒤부터 샤 팔레비 국왕이 무자비하게 통치했던 이란은 한 번도 정치적 평화가 이뤄진 적 없었다.

1953년 미국과 영국의 정보부에 의해 주도된 쿠데타가 비록 성공하기는 했지만 이란 민중들의 저항은 1979년 호메이니 혁명을 성공시켰다. 결국 이란에는 반미신정 독재체제가 들어섰고 미국과 영국은 이란에서 모든 것을 잃고 쫓겨나는 신세로 전락했다. 미국의 전 국무장관이던 올브라이트는 '이란의 쿠데타가 이란의 정치적 발전을 후퇴시켰다'라면서 '왜 이란이 계속 반미정책으로 일관하고 있는지 쉽게 이해할 수 있다'라는 자책적인 발언을 공개적으로 하기도 했다.

미국과 이란의 관계를 살펴보면 국제관계에서 오늘의 적이 내일의 동지가 될 수도 있고 오늘의 동지가 내일의 적이 될 수 있다는 교훈을 얻을 수 있다. 미국이 니카라과의 산디니스타 정권을 뒤집어엎기 위해 조직한 '콘트라' 반군은 이란에 대한 무기 판매와 뒤얽히면서 엄청난 스캔들을 불러일으켰다. 이 사건을 '이란-콘트라 스캔들'이라 한다. 여기서 콘트라는 산디니스타 정부를 뒤엎기 위해 미국의 CIA가 조직한 반군 조직이다. 1979년 미국이 지원하던 소모사 정권은 좌파인 산디니스타 혁명군에 의해 붕괴됐고 곧 산디니스타 정권이 출범했다. 중동에서는 1980년에 이라크가 이란을 침공하면서 전쟁이 발발했다.

1979년 이란의 호메이니 혁명 후, 미국은 이란에서 축출됐고 니카라과에서는 산디니스타 혁명이 일어나면서 중미 전체에서 영향력을 상실할 위기에 처해 있었다.

미국은 이란-이라크전쟁이 발발하면서 공식적으로는 이라크를 지원했다. 이란은 미국의 공식적인 적국으로 간주되면서 금수조치가 취해졌다. 하지만 콘트라 반군들을 지원하기 위해 미국의 CIA는 비공식적인 자금원을 확보해야 했다. 당시 미국 의회는 산디니스타 정권을 붕괴시키기 위한 예산 승인을 거부했다. 이로 인해 CIA가 불법적으로 찾은 자금원이 바로 이란에 대한 무기 수출이었다. 미국이 비록 적국이었지만 이란 또한 이라크와 전쟁 중이어서 막대한 무기가 필요했다. 서로 간의 이해가 맞아떨어지면서 무기 거래가 성사됐다. 이란에 판매한 미국 무기의 대금은 스위스의 은행을 통해 콘트라 반군으로 전달됐다. 콘트라 반군의 활동은 1979년부터 1990년까지 계속됐지만, 소모사 정권의 학정을 기억하던 니카라과 민중들이 등을 돌리면서 실패로 끝났다. 이란-콘트라 반군 스캔들은 당시 레이건 정부를 심각한 궁지에 빠뜨렸으며 몇 차례나 레이건 대통령이 대국민 사과를 해야만 했던 중대한 사건이었다. 그리고 이란-콘트라 스캔들은 이라크의 사담 후세인을 미국에서 멀어지게 만들고 결국에는 걸프전을 불러일으켰다.

2003년에 일어난 2차 걸프전도 미국에 의한 전형적인 레짐 체인지에 해당한다. 미국의 명령을 거부하고 제멋대로 행동하는 사담 후세인을 축출하고 다른 정권을 세운 사례에 속한다.

미국은 사담 후세인의 독재적 전횡과 핵무기 개발을 개입의 명분으로 내세웠지만, 사실상 미국의 개입은 더 큰 재앙을 불러일으켰다. 20년이 지난 지금까지도 이라크는 전쟁의 그늘에서 벗어나지 못하고 있다.

## 남미: 반공을 위해 독재정권을 지원하다

이외에도 미국이 개입해 정권을 바꾼 사례는 손에 꼽을 수 없을 정도로 수없이 많다. 가장 비극적인 사례는 1973년에 민주적으로 선출된 칠레의 살바도르 아옌데 대통령을 군사쿠데타를 통해 무력으로 권좌에서 축출한 사건으로, 미국의 가장 치욕적인 개입으로 역사에 기록될 것이다. 미국의 대외정책의 기본인 민주주의 전파라는 명목에도 위배되는 명분 없는 정치적 개입으로 두고두고 역사에 회자될 사건이다.

미국 정부가 당시 아르헨티나 군부정권의 인권 말살 정책을 배후에서 지원했다는 사실은 미국의 국립문서보관소에서 해제된 문서들에 의해 드러났다. 당시 미국 의회는 아르헨티나에서 벌어지고 있던 극단적인 반인권적인 상황에 대처해 금수조치를 준비하던 중이었다. 1976년 10월, 이를 염려해 아르헨티나의 외무장관 구제티는 미국의 국무장관이던 키신저를 방문했다. 당시 키신저는 아르헨티나의 군부독재정권을 절대적으로 지원할 것을 약속했다.

이에 반해, 당시 아르헨티나 주재 미국대사였던 로버트 힐은 지속적으로 아르헨티나의 군부정권의 반인권적인 폭압 정책을 중단할 것을 요구했다. 그러나 키신저의 절대적인 지원 약속을 받은 외무장관이 아르헨티나로 돌아온 뒤부터 힐 대사의 항의는 완전히 묵살됐다. 도리어 군부 측은 힐 대사에게 "당신의 보스인 키신저가 우리가 하는 일을 지지한다고 했으니 당신 앞날이나 잘 돌보기 바란다"라는 협박을 하기도 했다.

70년대의 남미는 미국에 의한 반공산주의 정책에 철저히 초점이 맞춰지면서 반공을 내건 군부에 절대적 지원을 아끼지 않았다. 당시 미국에서 안보 분야에 절대적 영향력을 발휘했던 사람은 키신저 국무장관과 당시 CIA 국장으로 그 배후에 있던 조지 부시 전 대통령이었다. 남미는 전체 대륙이 '콘도 계획'이라는 시스템을 수립하여 하나로 움직였다는 사실이 드러났다. '콘도 계획'은 칠레의 피노체트가 군사쿠데타를 통해 정권을 잡은 뒤인 1975년에 수립됐다. 콘도 계획에 참여했던 대표적인 국가를 든다면, 아르헨티나, 칠레, 볼리비아, 브라질, 파라과이, 우루과이 등이다. 이들 국가는 상호 간에 협력체계를 구축하여 마르크스주의자들뿐만 아니라 반정부주의자들이나 그들과 연관된 가족, 친구들까지 납치하고 암살하는 반인륜적인 범죄를 저질렀다. 콘도 계획이 실행되던 기간 동안 이들 국가를 통틀어 5만여 명이 살해되고 3만여 명이 '실종'됐으며 40만 명이 투옥됐다는 대략적인 통계가 나와 있다.

콘도 계획 하에 남미의 국가들은 공동의 암살단을 조직하여 운영했는데, 남미 밖의 외국에서 정치적 암살을 수행하기도 했다. 세상을 발칵 뒤집어 놓은 대표적인 사례로 당시 아옌데 정권에서 외무장관을 역임했던 올란도 레텔리와 그의 미국인 동료를 미국의 수도 워싱턴에서 살해한 사건이 있다. 이 사건은 9·11 이전까지 가장 큰 테러 사건으로 간주되기도 했다. 또한 수많은 정치적 암살이 미국과 유럽에서 일어났는데 모두 콘도계획에 의해 구성된 암살단에 의해 저질러진 것으로 추정되고 있다.

콘도계획 하에서 남미 각국의 비밀경찰 조직들은 모두 파나마의 미군기지에 설치된 통신시설을 이용하여 상호 간에 협력망을 구축했고 이를 실행해 나갔다. 미국의 배후지원과 개입의 결정적인 물증은 바로 미국의 군사 통신시설을 남미 정부의 비밀경찰들이 사용한 것을 들 수 있다.

미국에서는 군사 통신시설 사용을 편의 제공 정도로 변명하겠지만, 보다 직접적인 개입은 '아메리카 군사학교'(Army School of Americas) 자체를 들 수 있다. 수만 명의 남미국가의 군 요인들이 이곳에서 교육받은 뒤 남미의 군부에서 핵심 요인으로 성장했다. 당연히 나중에는 군부쿠데타의 주역으로서 민주적으로 선출된 정부를 뒤엎고 군부정권의 핵심이 된 것은 두말할 나위도 없다.

1973년 9월 11일, 미 중앙정보국(CIA)의 지원을 받은 피노체트는 자신을 육군 참모총장으로 임명한 아옌데 대통령을 배신하고 쿠데타를 일으켰다. 아옌데 대통령은 합법적인 선거를 통해 집권한 최초의 사회주의자였다. 미 중앙정보국이 작성한 쿠데타 계획에 따라 피노체트는 대통령궁을 비행기로 폭격하고 탱크로 둘러싼 뒤, 사격을 가해 대통령궁에 남아 저항하던 아옌데 대통령과 측근들을 모두 살해했다. 정권을 잡은 피노체트는 곧이어 저항하는 모든 민중 세력들을 학살하기 시작했다. 심지어 살아남아 워싱턴에 망명해 있던 아옌데 정부의 외무장관까지 죽였다. 피노체트 정권은 좌파라는 의심이 가면 끝까지 추적해 모두 체포해 구속하거나 살해했다. 재판이나 합법적인 절차는 무시됐고 아예 존재하지도 않았다. 당시 칠레에서 연행된 사람은 10만 명을 헤아린다. 이 가운데 수천 명은 행적도 없이 사라졌다. 당시 칠레 국민의 45%가 절대적으로 아옌데 정권을 지지하고 있었기 때문에 군부의 쿠데타는 상상도 할 수 없었다. 미국의 배후 지원이 없었다면 피노체트의 쿠데타는 절대로 일어나지 않았을 것이다.

## 2006년 12월, 산티아고

필자는 피노체트가 죽던 날, 2006년 12월 10일, 칠레의 수도 산티아고에 있었다. 레짐 체인지를 쓰고 있는 지금도 그날의 회상이 떠오르며 필자의 눈시울을 뜨겁게 만들고 있다. 피노체트가 죽던 날, 필자는 피노체트에 저항하다 투옥됐던 사람들, 인생이 갈기갈기 완전히 찢겨져 살아왔던 사람들을 만났고 이들의 삶에 대해 들을 기회가 있었다. 이들을 만나 울고 웃으면서 몇 시간을 보냈는지 모른다. 지구 반대편에서 온 이방인에게 자신들의 과거를 한 점 부끄럼 없이 털어놓았던 이들의 눈망울이 지금도 선하게 다가온다. 이들에 대한 기억은 다시 한 번 나의 마음을 세우게 만들며 무엇보다도 이들을 만날 수 있는 영광을 부여한 신에게도 무한한 감사를 느낀다.

2011년으로 기억한다. 나는 켄터키의 한 미국 교회에서 미국인 교인들에게 일요일 예배의 설교 시간을 빌려서 1970년대 당시 미국이 남미에서 했던 일들을 얘기한 적 있었다. 미국인들은 나의 설교 아닌 설교를 듣고서는, 주임 목사가 기도를 인도할 때 모두 흐느꼈다. 이들에게는 너무도 충격적이었던 것 같았다. 미국 정부가 외국에서 하는 일에 대해서 전혀 모르고 있었는데 칠레와 아르헨티나에서 그런 일이 있었다는 사실이 믿기지 않은 것 같았다. 주임 목사가 교인들에게 했던 말은 단 한마디였다. "우리나라를 위해 기도합시다!" 이 순간은 필자의 생애에서 가장 슬펐던 순간들 중 하나였다.

오전부터 대통령궁이 있는 '모네다'에서는 공산당에서 주최하는 피노체트의 사망을 축하하는 집회가 열렸다. 5천 명의 인파가 모네다 광장을 메웠다. 공산당은 피노체트의 가장 큰 피해자였다. 피노체트가 정권을 잡은 뒤 살해한 공산당원 수는 천 명에 육박하는 것으로 알려졌다. 피노체트에 의해 살아남은 연로한 공산주의자들의 얼굴에는 죽어간 동료들로 인한 슬픔이 배어 있었다. 많은 사람이 피노체트에 의해 실종된 가족이나 친지들의 사진을 들고서 피노체트가 저지른 만행을 규탄했다. 이들은 오후에 다시 피노체트에 의해 실종된 여성들을 위한 추모제를 가질 예정이었다. 집회가 끝나자 한 무리의 젊은이들이 모여 피노체트의 사망을 축하하는 춤판을 벌이기도 했다.

　육군군사학교에서는 피노체트의 장례식이 정부의 거부로 국장이 아닌 군인장으로 열렸다. 많은 군인들은 여전히 피노체트를 군의 최고 지휘자로 예우하는 모습이었고, 그의 마지막 길을 지켜보기 위해 약 5만 명의 인파가 운집했다. 정부에서 국방부 장관이 도착하자 피노체트 지지자들은 야유를 퍼붓기도 했다. 이들은 현 정부에 의해 국장이 거부된 것을 몹시 분노하는 모습이었다. 피노체트의 가족들이 나와 피노체트를 칠레 역사상 가장 위대한 대통령으로 치켜세웠다. 장례식이 끝나자 그의 시신은 헬기로 가족 묘지로 이송됐다.

　이날 늦은 오후 나는 가톨릭교회의 문서 보관실로 발길을 옮겼다. 30년이 지난 지금, 가톨릭교회가 피노체트와 투쟁하기 위해 조직했던 정의위원회는 역사 속으로 사라졌고 당시의 사무실은 자료들을 수집해 보관하는 문서 보관실로 바뀌어져 있었다. 문서 보관실의 열람실에는 세 명의 박사과정 학생들이 열심히 자료를 수집하고 있었다. 그중에는 프랑스에서 특별히 피노체트 시절을 연구하러 온 학생도 있었다. 그는 피노체트 시대에 대해 박사학위논문을 준비하는 중이라고 말했다.

　곧 나에게 한 권의 책이 사서로부터 건네졌다. 피노체트 정권 때 목숨을 잃은 7명의 사제에 대한 자료집이었다. 물론 이들과 더불어 수많은 사제들이 체포돼 고문당한 뒤 감옥에 던져졌다. 당시 칠레의 가톨릭교회는 추기경과 대주교를 비롯한 가톨릭교회의 지도자들이 앞장서서 피노체트 정권에 저항했던 것으로 유명하다. 실바 추기경은 '레드 카디날'(붉은 추기경)이라는 별명이 붙을 정도로 피노체트 진영에서 혐오했던 인물이다.

필자는 당시 정의위원회에서 활동했던 사제들을 수소문한 끝에 정의위에서 활동하다 피노체트 군부에 의해 투옥됐던 페르난도 사제를 만날 수 있었다. 부에노스아이레스대학에서 만났던 정치학과 미겔 교수는 "칠레의 희생자 수가 줄었던 것은 가톨릭교회가 민중들 편에 섰기 때문"이며, "아르헨티나에서 3만 명이라는 큰 규모의 희생자가 발생한 이유 중 하나는 아르헨티나의 가톨릭교회가 칠레와는 달리 군부독재의 편에 섰기 때문"이라는 말을 한 적 있었다. 미겔 교수의 말은 페르난도 신부를 통해 확인할 수 있었다.

쿠데타가 발생한 뒤, 10월로 접어들면서 피노체트 군부의 인권유린과 살해를 지켜보던 칠레 가톨릭교회의 라울 실바 추기경은 사제들에게 칠레 국민을 보호할 것을 호소하기 시작했다. 정의위원회는 이렇게 시작됐다. 정의위원회는 가톨릭교회를 중심으로 정교와 개신교, 유대교까지도 포괄했다. 당시 정의위원회는 피노체트 군부에 의해 연행돼 실종된 사람들의 생사 확인과 법적 구제를 위해 법률가 그룹의 도움을 받아 활동했다. 나중에는 규모가 커지면서 각 지역에까지 지부를 조직했고 국외에서 반피노체트 활동을 벌이기도 했다. 이 때문에 당시 피노체트 군부가 가장 증오했던 조직이기도 했다.

## 30년 후의 추모제

　저녁이 되면서 시내 한복판에서는 3백 명 정도의 좌파 인사들이 참석한 실종된 여성들을 위한 추모제가 거행되고 있었다. 30년이 지난 지금 이들이 살아 있다고 믿는 사람은 누구도 없다. 피노체트에 의해 실종된 여성들 중에는 20대 초반의 여대생들과 노조 운동가들이 대부분을 차지한다고 주최 측에서 말했다. 공식적으로 인권단체에서는 피노체트 정권이 학살한 숫자를 3천 2백 명으로 보고 있다. 반면에 공산당 측에서는 이보다 훨씬 많은 만 명 가량이 학살됐다고 주장하고 있다.

　추모제에 참석한 사람들은 대부분 피노체트 정권에 의해 가족이나 친지들을 잃어버린 사람들이었다. 추모제에 참석한 피노체트 시절의 한 정치범의 기구한 인생역정을 들을 기회가 있었다. 우고 살리나스는 1975년 피노체트 정권에 의해 체포돼 2년을 감옥에서 보낸 뒤 풀려나왔다. 당시 24세로 공산당 청년당원이었던 그는 대학을 졸업하고 취직을 준비하고 있었다. 갑자기 집으로 밀어닥친 경찰에 의해 눈을 가린 채 미지의 장소로 끌려갔다. 유명한 '빌라 그리말디'였다. 이곳에서 그는 5개월 동안 고문을 당하면서 보냈다. 고문이 끝나자 다시 다른 감옥으로 보내졌고 그곳에서 2년을 채우고서야 풀려났다. '운 좋게도' 그는 살해되지 않고 살아남았다. 하지만 1977년, 그가 석방된 뒤 얼마 지나지 않아 그의 삼촌이 끌려갔다. "그때 경찰에 끌려간 삼촌은 영원히 돌아오지 않았다"라고 그는 눈시울을 붉혔다. 석방된 뒤에도 경찰의 계속되는 사찰로 인해 칠레에는 도저히 살 수 없었다. 다시 체포될 것을 감지한 그는 스웨덴으로 망명을 떠나 10년을 그곳에서 보낸 뒤 1986년에 돌아왔다. 그러나 여전히 칠레는 피노체트가 통치하고 있었고 상황은 이전과 마찬가지였다. 이번에는 국경을 넘어 아르헨티나로 망명했다. 1991년 피노체트가 권좌에서 물러나면서 칠레로 돌아와서 지금까지 살고 있다고 자신의 인생역정을 회고했다.

그가 자신의 삶을 짚어가는 동안 옆에는 다른 정치범이 함께 있었는데 그도 스웨덴에서 10년을 보낸 뒤 돌아왔다고 했다. 그는 "이곳에 모인 대부분은 피노체트 정권에 의해 인생이 완전히 뒤바뀐 사람들"이라고 말했다. 갑자기 실종되거나 연행된 가족들의 생사를 확인하기 위해 생업을 뒤로 제친 사람들, 피노체트 정권의 박해를 피해 외국으로 도피해 그곳에서 비정상적인 삶을 영위해야 했던 사람들, 부모들이 모두 실종되면서 고아로 자란 사람들 등 모두 피노체트의 피해자들이었다.

---

**페르난도 살라스 신부(69세) 인터뷰**

(살라스 신부는 피노체트 정권하에서 탄압받던 민중 세력을 지원한 혐의로 투옥됐고, 그 뒤에도 꾸준하게 피노체트 정권에 맞서 투쟁했다.)

**# 피노체트 정권에 의해 투옥된 경험을 갖고 있다고 들었다. 어떤 경위**

**로 그런 일이 일어났나?**

피노체트 정권은 정권을 잡자마자 3~4년간 사람들을 잡아서는 가두고 고문하고 죽이는 일을 불법적으로 자행했다. 당시 교회에서는 더 이상 피노체트 정권의 인권 말살적인 행위를 두고 볼 수 없었다. 최초로 산티아고 대주교인 라울 실바 추기경이 직접 나서서 사제들에게 사람들을 보호할 것을 호소했다. 교회에서는 피노체트 측에 의해 수배를 받고 숨어 지내던 사람들을 바티칸 측의 도움으로 바티칸으로 빼돌리기 시작했다. 물론 이들의 사상에는 동의하지 않았지만 잡히는 날이면 재판 없이 모두 살해당할 것을 알고 있었기에 가만히 뒷짐만 지고 있을 수만은 없었다. 당시 화가 난 피노체트 측에서는 이 일에 가담한 사제들 모두를 구속했다. 당시 나를 포함한 다섯 명의 신부들이 구속됐다. 하지만 그전에는 살해당한 신부들까지 있었다. 당시 군부의 박해를 받으면서 우리들은 "이제는 최소한 우리 국민들이 겪는 고난에 우리도 동참했다"라는 신앙고백을 떳떳이 할 수 있었다. 평신도들이 죽어가는 마당에 신부라고 죽지 말아야 한다는 법이 있느냐는 각오를 했던 것으로 기억한다. 5명의 신부들이 같은 감방에 투옥됐지만 고문은 당하지 않았다.

**# 당시 칠레의 가톨릭교회가 했던 일에 대해서 지금 되돌아본다면 어떤 생각이 드는가?**

당시 교회가 칠레 국민을 보호하지 않았다면 더 많은 사람이 죽어갔을 것이다. 바로 이 때문에 나 자신도 언제나 칠레 가톨릭교회의 일원임이 자랑스럽다.

# 현재 교회가 세상에서 해야 할 역할이 있다면 무엇이라고 생각하나?

현재 교회가 추구해야 할 것은 신이 사람들과 함께하고 있다는 사실을 증거하는 것이다. 30년 전 당시 어려운 사람들과 함께 고난을 나눴던 교회의 역할 또한 신이 사람들과 함께하고 있다는 사실을 보여준 것이다. 이웃을 사랑하고 서로 도와주는 일은 신과 인간을 잇는 다리라고 생각한다.

## 파트리코 자파타 교수(47세)[*] 인터뷰

# 개인적으로 피노체트에 대해 어떻게 생각하나?

칠레 역사상 최악의 대통령으로 생각한다. 그는 잔인한 인간성을 가진 사람이다. 그의 범죄는 즉흥적이고 감정적으로 저질러진 게 아니다. 아주 냉정하고 계산적이고 치밀하게 자신의 정적이나 반대하는 사람들을 살해했다. 국내에서만 아니라 외국에서까지도 정적을 살해했다. 내가 피노체트를 반대했던 이유는 가톨릭교도로서 군부정권이 사람들을 살해하는 일을 참을 수 없었다. 대학생이었을 당시, 1987년에는 가톨릭대학의 총학생회장으로 일하기도 했다. 당시에 수많은 집회와 시위를 주도하면서 거의 열 번 정도 투옥과 석방을 반복했다.

# 피노체트를 지지하는 사람들로부터 아옌데 대통령을 증오하는 말을

---

[*]  안드레스벨로 대학 법대학장.

**들었다. 사회가 두 쪽으로 극단적으로 나누어졌다는 생각이 들었다.**

칠레 인구의 10% 정도가 여전히 피노체트를 지지할 것이다. 피노체트 시대와 아옌데 시대를 비교할 수는 없다. 물론 경제적으로 아옌데 시대 때는 힘들었다. 음식을 사기 위해 상점 앞에 긴 줄을 늘어서야 했던 시대였다. 하지만 피노체트처럼 정적을 살해한다든지 독재를 한다든지 하는 일은 없었다. 아옌데 정부는 나약했고 상황을 제대로 제어할 능력이 없었다. 그렇다고 피노체트 시대를 지지한다는 것은 말도 되지 않는다.

**# 왜 미국 정부가 피노체트의 쿠데타를 지원했다고 생각하나?**

당시의 상황을 살핀다면 이해가 갈 것이다. 베트남전쟁이 막바지로 접어들면서 미국의 패배가 확실해졌다. 이와 더불어 유럽에서는 프랑스의 미테랑을 중심으로 한 좌파와 이탈리아의 공산당이 강세로 돌아서면서 나토가 해체될 상황이었다. 바로 이 같은 분위기에서 닉슨과 키신저는 칠레에서 아옌데가 선거를 통해 정권을 잡은 상황을 받아들일 수 없었다. 자신들도 선거를 통해 정권을 잡았지만, 사회주의자가 선거를 통해 정권을 잡는 것은 용납할 수 없었던 것이다.

**# 왜 피노체트 정권이 그렇게 오랫동안 독재를 할 수 있었나?**

칠레의 군부는 전통적으로 강한 충성심을 바탕으로 고도로 조직된 집단이다. 이에 대항해 제대로 훈련도 되지 않은 게릴라부대로 맞선다는 것은 자살행위라고 여겼다. 그리고 칠레의 군부정권은 잔인했다. 시위하는 대중들을 향해 무참히 발포하기도 했다. 아침에 경찰에 의해 연행되면 살아서 돌아올지 누구도 장담할 수 없는 그런 시대였다.

과연 한국의 군부정권은 칠레의 피노체트 정권처럼 잔인했던지 묻고
싶다. 피노체트의 통치 기간은 단지 공포 분위기였다. 물론 우리가 나
약했던 점도 인정한다. 하지만 다른 출구가 없었다.

# 나토 동진의 걸림돌을 제거하라

## 소비에트 붕괴 후에도 러시아는 여전히 가상의 적

1989년 11월, 베를린장벽이 무너지기 일 년 전부터 폴란드에서는 바웬사의 자유노조(Solidarnosc: 솔리다르노스츠)를 중심으로 한 노동자들의 대규모 파업이 연속적으로 일어났다. 그리고 1989년에 들어서는 자유노조가 합법화되면서 공산당 정부와의 합의에 의해 자유로운 총선에 참여할 수 있었다. 8월 24일에는 자유노조가 수상을 탄생시켰고 새 정부가 출범하면서 공산당 권력은 폴란드에서 종말을 고했다. 공산권 최초로 비공산당 정권이 탄생했고 곧 이은 역사의 거대한 변화를 예고했다.

1989년 11월 9일 베를린장벽이 무너졌으며, 곧이어 소비에트 진영에 속했던 국가들에서 연속적으로 공산당 정부가 붕괴하고 새로운 권력이 탄생하기 시작했다. 베를린장벽이 무너지자마자 체코슬로바키아에서는 11월 17일부터 '벨벳 혁명'이 시작되었고 곧이어 공산당 정부가 붕괴했다. 12월 말에는 벨벳 혁명을 이끌었던 바츨라브 하벨이 대통령이 되었다. 하벨은 벨벳 혁명을 이끌었던 '시민포럼'(Civic Forum)의 지도자였다. 하벨의 시민포럼 활동은 동구권 진영을 개혁하기를 원하는 활동가들의 교과서적인 사례가 되었다.

소비에트가 무너지면서 레짐 체인지는 한동안 뜸하다 1999년 말에 다시 시작된다. 미국의 정책이었던 나토의 동진(東進)에 걸림돌이 되는 정권의 붕괴이다. 소비에트 붕괴 이후에도 여전히 가상의 적이었던 러시아의 힘을 약화시키는 게 미국의 대외정책 목표였다. 이를 위해 소비에트에서 독립한 동구권 국가들을 가능하면 많이 나토에 가입시키려 하였다. 폴란드와 체코, 헝가리, 발트 3국(에스토니아, 라트비아, 리투아니아) 등이 가입하기 시작했지만, 여전히 유고슬라비아는 내전에 휩싸여 있었고 친러정권인 밀로세비치 정권이 힘을 발휘하고 있었다. 미국의 레짐 체인지 정책은 정부 차원이 아니라 NGO 차원에서 준비되고 있었다. 헝가리 출신으로 미국의 헤지 펀드 억만장자인 조지 소로스가 동유럽 곳곳에 '열린 사회를 위한 포럼' 등 NGO들을 창설했다. 밀로세비치 정권을 무너뜨리는 데 결정적 역할을 한 시민운동조직은 'Otpor'(저항)이다. Otpor는 젊은 세대들로 구성된 조직으로서 주로 학생들이 중심 세력을 형성했다. 무엇보다도 이 조직을 재정적으로 지원하고 훈련시킨 조직은 소로스 재단이었다.

1999년 10월 미국의 민족민주연구소는 부다페스트 마리요트 호텔에서 세르비아 야권의 활동가들을 초대해 세미나를 열었다. 이 모임에서는 어떻게 밀로세비치를 권좌에서 몰아내고 정권을 바꿀 것인가에 대한 집중적인 교육이 이뤄졌다. 또한 밀로세비치를 대체할 인물로 코슈투니차를 지목했으며 야권의 연합을 통한 정권교체가 주된 주제였다. 미국 정부가 세르비아 정권교체를 위해 사용한 비용은 알려진 바 없으나 4,100만 달러가 사용됐다는 주장이 제기된 적 있다. 또한 선거운동을 위해 사용된 물품들이 모두 유에스에이드(USAID)를 통해 지출됐고 모니터링을 위한 요원들에게도 인건비가 지급됐다.

2000년에 밀로세비치 정권을 무너뜨린 성과를 기반으로 Otpor의 대표인 포포비츠는 비폭력 행동과 전략 적용을 위한 센터(CANVAS: Centre for Applied Non-Violent Actions and Strategies)를 설립했다. 이후 CANVAS는 50여 개 국가에 지부를 두고 활동하는 국제적인 NGO로서의 위상을 획득했다. CANVAS가 지부를 두고 활동한 국가들에서, 특히 조지아와 우크라이나에서는 장미혁명과 오렌지 혁명을 통해 정권교체까지 이뤄내기도 했다.

### 람부이에 협정: 세르비아를 폭격하기 위한 잔인한 외교문서

1999년 3월 18일, 미국과 영국, 알바니아의 대표들과 유고슬라비아와 러시아 대표들이 프랑스의 람부이에성에서 만나 나토에서 제시한 협정안을 다루었다. 여기서 유고 정부와 러시아 대표단은 나토가 내민 협상안에 사인을 거부하였다. 곧 이어 3월 24일부터 나토는 78일 동안의 폭격에 돌입하게 된다. 나토가 내밀었던 협상안을 '람부이에 협정'(Rambouillet Agreement)이라고 한다. 람부이에 협정안의 내용을 살펴보면 주권을 가진 독립국으로서는 도저히 받아들일 수 없는 일방적인 항복문서라고 할 수 있다.

심지어 미국의 전 국무장관이었던 헨리 키신저마저도 "이건 협정안이 아니라 세르비아를 폭격하기 위한 구실밖에 되지 않는 잔인한 외교문서"(*The Daily Telegraph*, 1999년 6월 28일)라고 강력하게 비판했다. 당시 국무장관이던 올브라이트는 유고슬라비아가 "협상안을 받아들이든지 아니면 폭격을 받든지" 둘 중에 하나를 선택하라는 협박을 공개적으로 했다. 이미 나토는 유고에 대한 폭격을 실행할 의지가 강했고 협상할 생각은 없었다고 봐야 한다.

나토가 제시한 협상안은 당시 법적으로 유고슬라비아의 영토였던 코소보에 3만 명의 나토군이 주둔한다는 것, 모든 공공시설과 인프라를 유고 정부의 간섭 없이 무료로 사용한다는 것, 유고 정부의 간섭은 완전히 배제한다는 내용이었다. 협상안의 내용을 간단하게 정리하면 나토군이 코소보를 점령해서 통치할 테니 유고 정부는 인정하라는 것이었다. 어쨌거나 당시 코소보는 합법적인 유고슬라비아의 영토였지만 나토는 이를 완전히 무시해버렸다. 나토는 일방적으로 코소보에 거주하는 저항세력인 알바니아인들의 입장에 서는 척하면서 코소보를 점령하겠다는 문서였다.

협상이 깨지고 일주일이 지난 뒤부터 나토의 폭격이 시작됐다. 나토가 상호 협상을 통한 평화적 방법을 진지하게 모색하지 않고 일방적으로 유고를 폭격한 이유는 여러 가지 들 수 있 겠지만 단 한 가지는 분명했다. 당시 나토(미국)는 자신의 힘을 세계에 과시한다는 것이었다. 그동안은 소비에트의 경쟁상대였 지만 이제는 세계의 유일한 군사적 힘이라는 사실을 세계에 보 여주려는 목적이 있었다고 봐야 한다.

"(협상안에) 사인을 하든지 아니면 공격을 당하든지 하라 는 기가 막히는 최후통첩이다. 이건 협상의 방법이 아니다. 왜 세계가 우리를 이렇게 증오하는지 나로서는 도저히 이해되지 않는다. 왜 나는 유고슬라비아에서 태어났을까? 처음에는 슬로 베니아, 다음에 마케도니아, 보스니아, 크로아티아, 이제 코소 보…. 그 다음엔 우리, 팔레스타인 민족처럼 나라 없는 민족이 될지도 모른다."

나토의 1999년 3월 24일 유고슬라비아에 대한 폭격이 시 작되던 날 유고의 한 대학생의 일기장에 이런 절망적인 심정이 잘 나타나 있다.

당시 나토의 유고 폭격은 미국과 유럽의 나토 회원국들이 유고의 '인종청소'를 심판한다는 명분으로 감행되었다. 78일 가 까이 지속된 이 폭격으로 세르비아에서는 1,500명이 목숨을 잃고 수만 명이 부상당했다. 대부분의 공공시설과 중요한 건물 들이 파괴되어 경제가 폭격 전 수준으로 회복되는 데 30년 이 상이 걸린다는 진단이 나올 정도였다.

이어 미국이 원하던 대로 세르비아에서는 새로운 정부가 혁명적으로 들어섰고 밀로셰비치는 권좌에서 밀려난 뒤 헤이그의 전범재판소에서 자신의 운명이 결정될 날만 기다리는 처지로 전락했다. (그 뒤 밀로셰비치는 감옥에서 제대로 치료도 받지 못한 채 2006년 3월 11일에 목숨을 거뒀다.)

2001년 3월 29일과 30일 밀로셰비치를 구속하기 위해 많은 무장 경찰들이 그의 집 앞까지 왔다. 그를 보호하기 위해 700명의 군중들이 그의 집을 둘러싸고 대치했다. 밀로셰비치는 자신을 헤이그로 넘기지 않겠다는 코슈투니차 대통령과 진지치 총리의 각서를 받고서 자기 발로 걸어 중앙구치소로 향했다. 밀로셰비치는 양쪽의 충돌로 인명피해가 나지 않도록 구속을 자처했다. 그러나 6월 28일 미국이 던진 원조라는 미끼에 넘어간 진지치 내각은 유고 시민을 외국 법정으로 인도할 수 없게 규정한 유고연방과 세르비아의 헌법을 깨뜨리고 밀로셰비치를 그날 새벽 헬기에 강제로 태웠다.

법률가 출신답게 그는 서방세계에서 나왔던 거짓 증언들을 반박하며 자신의 무죄를 입증해 보였고, 국제사법재판소가 그를 강제로 법정에 세운 것은 국제법 위반이라는 사실을 증명해 보였다. 나토 회원국들은 그가 심리적 육체적으로 완전히 고갈되어 법정투쟁을 포기하고 어떤 결정에도 승복하기를 원했다는 입장을 나타냈다. 수감된 밀로셰비치는 건강이 악화하여 치료받아야 했지만 거의 방치되었다. 2006년 3월 11일, 네덜란드 헤이그의 국제사법재판소는 밀로셰비치가 심장마비로 감옥에서 사망했다고 공식 발표했다.

1999년 당시 미국은 '인도적 차원'에서 세르비아의 인종청소를 눈 뜨고 볼 수 없어서 코소보와 유고슬라비아를 폭격하고 군대를 파견한다고 발표했다. 그렇다면 미국이 내세웠던 명분은 정당한지 의문이며, 미국이 과연 '정의의 기사'로서 세계무대에서 그 역할을 제대로 수행해왔는지도 의문이다.

1990년대 들어와서 세계 최대의 학살로 꼽히는 1994년 르완다 학살사건 당시 미국 정부는 르완다 학살에 대한 발표조차도 꺼렸고 마지못한 발표에서도 학살(Genocide)이란 말을 삭제했다. 이후 아프리카를 공식 순방 중이던 빌 클린턴 대통령은 르완다 학살에 대한 미국의 '방관'에 공식 사과까지 했다. 또한 지금도 쿠르드족은 기본적인 인권조차 말살당한 채 살아가고 있다. 터키 정부가 쿠르드족을 대상으로 실행해온 박해와 강제이주 정책으로 수만 명이 희생됐으며 100만 명이나 되는 쿠르드족을 난민으로 만들었다. 그러나 미국은 군사 동맹국인 터키로부터 인쥐릭 공군기지의 사용권과 군사적 협력을 얻는 대가로 쿠르드노동당(PKK)을 테러리스트 단체로, 쿠르드족은 테러리스트 단체를 지원하는 민족으로 규정하여 터키 정부의 박해를 정당화시켰다. 터키 군사정권과 함께 '인종청소'의 공범 역할을 수행한다고도 볼 수 있다. 팔레스타인 민족이나 스리랑카의 타밀족처럼 지금도 지구상에는 수많은 민족들이 소수민족이란 이유로 다른 민족으로부터 박해당하는 일이 일어나고 있지만 미국은 지그시 눈을 감고 있다. 미국의 세계 정책은 철저히 이기적이다. 유고슬라비아는 '재수 없게도' 미국이 의도적으로 처음부터 노려온 경우에 해당한다.

## 나토 동진의 최대 걸림돌 유고슬라비아

　북대서양조약기구(NATO)는 1949년 소련과 그 동맹국의 군사적인 위협의 가능성으로부터 서유럽을 보호하기 위한 목적으로 창설된 기구이다. 그러나 1990년 이후 동구권의 몰락으로 사실상 소련과 바르샤바조약기구 국가들의 군사적 위협이 소멸된 상태에서도 나토를 해체하기는커녕 '개혁'의 기치를 내걸고 동유럽 국가들을 나토 회원국으로 가입시키려는 공을 들여왔다. 소비에트에서 떨어져 나온 폴란드, 체코, 헝가리, 발트 3국을 비롯하여 다른 동구권 국가들도 나토의 회원국으로 참여하고 있다. 사실상 나토를 조직했던 미국은 나토를 발판으로 서유럽의 정치경제를 좌우하는 영향력을 행사해왔고 계속 그 영향력을 동유럽 국가들에 확대해왔다. 유럽연합의 후보국들은 모두 나토의 회원국으로 중복 가입된 상태이다. 터키만 하더라도 미국의 나토를 통한 유럽 지배를 실감나게 한다. 유럽연합은 터키가 유럽연합의 가입조건에 미달한다는 이유로 협상 대상국에서조차 제외한 상태지만 나토 회원국인 터키는 미국을 상대로 유럽연합의 가입을 로비하고 있다.

　나토의 존립 근거가 무너졌음에도 '동진'을 강행해온 나토는 동진의 최대 걸림돌인 유고슬라비아와 맞부딪히게 됐다. 폴란드, 헝가리, 체코 등은 서구의 시장경제정책을 대부분 수용했고 루마니아나 불가리아 등은 이를 부분적으로 수용하면서 친미나 친유럽으로 돌아선 반면, 유고슬라비아, 특히 세르비아는 이를 거부하고 독자적인 길을 걸어왔다. 세르비아의 '반항'에 나토는 세르비아, 특히 밀로셰비치가 미국과 유럽의 안전을 위협할 수 있다는 언론 플레이를 통해 인구 1천만 명의 작은 국가를 미국과 유럽을 위협하는 거대한 공룡으로 조작하여 나토의 확대에 정당성을 불어넣었다.

미국의 발칸 개입은 군사 전략적 차원에서만이 아니라 경제적인 이익과도 직결되어 있다. 필자가 지난 2001년 6월, 마케도니아를 취재하면서 입수한 '암보 프로젝트' 자료를 통해서도 밝혔듯이 미국은 중앙아시아의 유전지대에서 생산된 원유를 흑해와 불가리아, 마케도니아, 알바니아를 통해 수송하려는 계획을 세운 바 있으며 벌써 공사가 진행 중이라는 것도 확인했다. 특히 발칸에서는 미국이 지하 원유수송관을 설치하여 흑해에서 수송된 원유를 불가리아에서 마케도니아를 거쳐 알바니아로 수송하여 다시 해상로를 통해 유럽으로 수송하는 거대한 프로젝트를 세우고 있었다. 이 지역에서 미국의 정치 군사적 지배가 필수조건이라는 것은 상식이다. 따라서 현재 진행 중인 마케도니아 내전은 남발칸 지역에서 세르비아의 영향력을 차단하고 미국의 영향력을 공고히 하기 위한 또 다른 목적이라 볼 수 있다.

아프간 전쟁도 중앙아시아에서 생산 중인 원유 수송과 깊이 관련돼 있다는 것이 국제전문가들의 시각이다. 테러 공격을 당한 당사국도 아닌 영국이 참전한 것도 순수한 '의리' 때문만은 아닌 것 같다. 이미 우즈베키스탄을 대아프간 침공의 기지로 만든 미국은 중앙아시아에서 러시아의 영향력을 차단하여 사실상 유전개발과 원유생산, 수송을 독점하려 하고 있다. 이곳에서 생산된 원유를 흑해와 발칸을 통해서 유럽과 미국으로 수송하는 경로 확보가 현재 미국이 초점을 맞추고 있는 가장 큰 사업이다.

미국이 남발칸에 초점을 맞췄다면 북발칸 지역은 독일의 영향권 안에 들어갔다. 독일은 유럽의 나토 회원국 중에서도 가장 발칸 지역을 탐낸 국가이다. 동서독이 통일될 때 이미 '동진'을 계획해놓은 상태에서 때만 기다리고 있었던 독일은 미국과 함께 발칸을 파편화시킬 계획을 세우고 실행해나가게 된다. 실제로 보스니아-헤르체고비나 전쟁이 끝나면서 북발칸 지역인 슬로베니아, 크로아티아, 보스니아-헤르체고비나 등은 독일의 정치경제적인 영향력 아래 들어가게 된다. 즉, 독일은 간절히 원했던 아드리아해로의 접근이 가능하게 되었다. 독일이 잠정적으로는 현재 라인강과 다뉴브강을 잇는 운하를 통해서 3천t급의 배들이 북해에서 흑해까지 항해할 수 있는 뱃길을 확보하는 목적을 가지고 있다는 것은 잘 알려진 사실이다.

미국과 나토의 유고 폭격은 나토 확대의 걸림돌을 제거하면서 동쪽으로 뻗어나갈 발판을 열어놓았고 미국 중심의 세계질서를 공고히 해왔다. 걸프전 당시 아버지 부시 대통령이 이미 밝혔던 '신세계질서'는 클린턴 대통령의 조금 세련된 표현인 '자유시장구조'와 '세계화'로 나타났지만 9·11테러 이후 아들 부시 대통령은 '우리와 함께하지 않으면 적'이라는 직설적인 '마피아식' 표현으로 신세계질서의 구도를 시사했다. 미국은 유고 내전의 개입을 통해 신세계질서의 의미를 세계에 보여주었고, 유럽의 나토 회원국들은 미국의 정책에 보조를 맞추면서 함께 그 이익을 챙기는 모습이다.

# 전쟁은 남의 것을 가로채는 도둑질

### 유고슬라비아의 재산목록 1호 트레프차 광산 강제 몰수

"전쟁은 남의 것을 가로채는 도둑질 이상의 아무것도 아 니다."

미국과 유럽의 국가들이 세르비아를 폭격하고 코소보를 점령한 뒤 '유엔'의 이름으로 세르비아의 재산을 불법으로 점유 하고 팔아 넘긴 것은 코소보 땅에 발을 들여놓은 직후다. 그간 소문으로 떠돌던 유엔의 범죄상이 만천하에 드러난 것은 당시 코소보에서 유고슬라비아의 재산목록 1호 '트레프차 광산'을 강제로 점령해 처분할 때였다.

2000년 8월 14일 이른 아침, 트레프차 광산지대로 3천 명 의 코소보 평화유지군이 몰려와 군사작전을 벌였다. 군인들은 광산을 폐쇄한 뒤 항의하던 노동자들을 구타하고 강제로 해산 시켰다. 당시 코소보 주재 유엔 행정장관이던 프랑스인 쿠쉬너 는 "광산이 코소보의 공기를 오염시켜 폐쇄하고 유엔이 관리하 기로 결정했다"라는 광산 폐쇄 이유를 내세웠다. 그날 이 광산 에 목숨을 걸고 있던 노동자들과 그 가족을 비롯한 미트로비차의 3만 시민들이 광산 폐쇄에 항의해 시위를 벌였다. 트레프차 광산은 유고슬라비아에서 가장 큰 광산으로 2만 5천 명의 노동자들을 고용하고 있었다. 이 일대는 제철소, 제련소, 금과 납, 아연 등을 채취해 제련하는 곳으로 가치로 따지면 50억 달러로 평가되었다. 주민들에게 광산지대는 유일한 생계 수단이었다.

곧 이 광산은 미국계 회사인 모리스눗센사와 프랑스계 회사 텍-잉게니에리사, 스웨덴계 회사인 볼리덴콘텍사가 함께 만든 컨소시엄인 ITT로 헐값에 넘겨졌다. 당시 매각에 개입했던 미국의 모리스눗센사는 전쟁판으로만 돌아다니며 패전국들의 회사나 재산을 취득해 재미를 보던 회사로 지금은 '워싱턴그룹'으로 개명해 아프가니스탄과 이라크에서 활약 중이다. 트레프차 광산의 강제 몰수는 세계 여론의 비판을 받았으나, 이에 아랑곳하지 않고 유엔의 이름으로 저질러진 이런 식의 재산 몰수는 30개의 대공장으로 이어졌다. 그리고 스웨덴의 한 회사의 경우 샤르시멘트사를 불법으로 차지해 운영해오다 소유권 시비가 붙자, 유엔에서 시멘트 공장의 옛 소유주에게 보상을 하겠다는 공고문을 낸 스웨덴 회사를 공식적으로 보호해주기도 했다. 이렇게 코소보의 유엔은 지금까지 세르비아의 재산을 팔아왔다. 초기에는 군사력을 동원해 강제로 접수했지만 지금은 더 세련된 방식을 사용하고 있다.

필자는 유엔이 코소보에서 세르비아의 재산을 어떻게 처리하고 있는지 알아보기 위해 세르비아 정부청사에 자리 잡고 있는 '코소보의 재건설과 경제개발을 위한 센터'에 들렀다. 이곳에서는 코소보에 주둔하는 유엔의 모든 경제활동을 감시하고 있다. 센터의 대표인 밀레나 바시츠 박사는 코소보에 주둔하는 유엔이 세르비아 재산을 매각하는 문제에 대해 얘기를 꺼내자마자 격앙된 목소리로 유엔을 성토하기 시작했다. 나토가 1999년 코소보를 점령한 뒤 유고슬라비아 정부와 합의했던 내용이 유엔결의안 1244조에 규정돼 있다는 것은 누구나 아는 사실이다. 바시츠 박사는 "이 규정에 따르면 코소보의 유엔 미션(이하 '유엔')은 코소보의 유고 정부 대신 행정권을 올바르게 행사하라는 것이었지 재산을 마음대로 매각하라는 것은 아니었다"라면서 포문을 열었다.

최근 진행된 세르비아 산업체들의 매각은 세르비아 정부를 분노케 만들고 있었다. 지난해 6월 매각을 공고했던 전기장비 생산업체인 에네르고인베스트(EnergoInvest)는 모두 150만 달러에 '아르다와 메리디안'이라는 회사에 팔려 나갔다. 하지만 세르비아 정부에서 평가했던 가치는 최소 1,500만 달러여서 유엔에서 매각한 가격의 10배였다. 그리고 벽돌공장과 상업용 냉장고 생산공장 등이 알려지지 않은 알바니아 회사로 팔려 나갔다. 물론 이 공장들도 10분의 1 정도의 헐값에 팔렸다. 이 공장들을 매입한 회사들은 유령회사로 마약밀수로 번 돈을 세탁하고 있다는 소문이 무성하다.

더구나 유엔에서는 소유주인 세르비아 정부를 완전히 무시하여 계약을 체결할 때도 세르비아의 동의나 입회 절차 없이 유엔 쪽이 소유주로 계약을 체결했음이 드러났다. 또 원래 코소보의 철도는 유고슬라비아 철도공사의 한 부분이었는데, 나토가 폭격하면서 철교와 터널, 철도를 끊어 놓는 바람에 세르비아와 코소보를 연결했던 철도는 한반도의 남북철도처럼 단절됐다. 그 뒤 철도복구 사업과 정상 운행을 위한 모든 사업은 코소보의 평화유지군으로 참가하고 있는 유럽 국가들에 넘겨졌다. 철도복구와 차량 수입, 기관사 교육, 철교와 터널 보수 사업 등은 유로마인트와 스웨덴철도공사에서 맡기로 유엔철도청과 계약을 마친 상태이다. 여기서도 철도의 소유주인 세르비아 정부는 배제된 채 계약이 체결됐다.

현재 유엔은 세르비아의 재산을 매각하기 위해 코소보 이사국(KTA)이란 기구까지 구성해 이와 관련된 제반 사안을 처리하고 있다. 특히 코소보 이사국 안에 설치된 특별재판소는 이 기구의 핵심 조직으로 세르비아 재산에 관한 모든 것을 결정하는 최고기구이다. 하지만 세르비아 출신 판사들은 완전히 배제된 채 유엔 쪽 판사 3명과 2명의 알바니아 판사들로만 이뤄져 있다. 당연히 세르비아 정부는 이 기구에서 결정된 모든 사안을 인정하지 않고 있다.

## 베트남전쟁 이후 가장 큰 미군 군사기지 본스틸 캠프

"우주 공간에서 지구를 육안으로 바라볼 때 보이는 것이 두 개 있다. 하나는 중국의 만리장성이고, 다른 하나는 본스틸 캠프이다"라는 농담이 코소보에 주둔하는 미군들 사이에 떠돈

적이 있다. 코소보의 남동부 지역에 지어진 미군기지인 본스틸 캠프(Bondsteel Camp)는 면적이 400만 평에 이른다. 이 군사기지는 1999년 5월 나토의 유고 폭격이 있기 전부터 계획돼 있었는데 나토가 코소보를 점령하자마자 같은 해 7월부터 바로 건설되기 시작했다.

미 국방성에 전문적인 군사 서비스를 제공하는 회사인 '브라운과 루트'가 독점으로 맡아서 제대한 미군 1천 명과 알바니아 인부 7천 명, 군 공병대 1,500명을 투입하여 3개월 만에 완공했다. 이곳은 7천 명의 미군이 주둔하고 있는데 베트남전쟁 뒤 지어진 가장 큰 캠프로 유명하다. "미 국방부(펜타곤)가 이곳을 선정한 이유는 두 가지이다. 발칸을 비롯한 남유럽 전역을 군사적으로 통제하고, 이곳을 통과하게 될 파이프라인을 보호하기 위해서"라는 한 세르비아 군사전문가의 지적처럼 미국의 군사적 야심을 엿볼 수 있다.

사실 발칸 땅에 미국이 대규모 군사기지를 건설한 것은 코소보가 처음은 아니다. 미국은 이미 보스니아의 투즐라에 대규모 군사기지를 건설한 바 있다. 그러나 문제는 남의 나라 땅에 주인의 허락이나 양해도 구하지 않고 마음대로 군사기지를 지었다는 데 있다. 아무리 나토의 폭격을 받고 항복했지만, 군사기지가 지어진 400만 평 땅의 소유권은 여전히 세르비아에 있다. 이 때문에 세르비아에서는 기지가 들어선 부지의 소유권 문제를 제기하면서 계속 보상을 요구해왔다. 미국 정부는 이에 대해 거의 4년 반 동안 침묵으로 대응해왔다. 하지만 더는 버티기 어려웠는지 지난해 12월 드디어 재산권에 대한 보상을 한다는 공고를 냈다.

이에 대해 이 사안을 담당하고 있는 코소보의 재건설과 경제개발을 위한 센터의 브르보리치 변호사는 "미군 쪽이 너무나 까다로운 보상조건을 내놓은 상태라 불법으로 점유한 땅에 대해 제대로 보상을 받을 수 있을지 미지수다"라는 회의적인 반응을 보였다. 그리고 이번 총선에서 제1당이 된 세르비아 급진당 쪽은 미국에 기지 사용료를 물려야 한다는 방침을 공개적으로 밝혀 앞으로 미국과의 상당한 마찰이 예상된다.

세르비아의 코슈투니차 전 대통령의 정치특보를 역임했던 프레드릭 시미츠 교수는 "전쟁은 남의 것을 가로채는 도둑질 이상의 아무것도 아니다"라고 발칸전쟁을 정의한 바 있다. 발칸전쟁이 지나간 뒤 유고연방은 작은 국가들로 갈가리 찢겼는데, 그 와중에서 가장 많은 이익을 챙긴 나라는 유엔의 이름으로 참전했던 미국과 유럽 국가들이다.

북대서양조약기구(NATO)의 유고 폭격(1999년 3월)이 감행된 뒤, 코소보가 NATO의 점령하에 들어가면서 코소보는 코소보 유엔대표단(UNMIC)과 코소보 평화유지군(KFOR)을 통해 행정과 치안이 이뤄졌다. 이와 더불어 코소보의 독립을 위한 기반도 쌓였는데, 가장 중요한 성과로 코소보를 대표하는 과도정부의 수립을 들 수 있다. 이제 유엔과 NATO군은 서서히 코소보에서 떠날 채비를 하고 있다.

미국이나 유럽이 코소보에서 손을 떼기를 원하는 이유는

코소보라는 지역의 중요성이 점점 약화되고 있기 때문이기도 하다. 유럽연합의 외연적 확대로 인해 이미 발칸 지역 국가들이 속속 가입하기 시작했고 터키도 유럽연합 가입 협상을 시작했다. 루마니아나 불가리아까지도 유럽연합의 가입 일정에 포함됐다. 따라서 1999년에 비하면 코소보나 세르비아의 전략적 중요성은 상당히 약화된 셈이다. 그리고 코소보는 중동과 달리 자원의 이용 가치나 투자 가치가 거의 없고 불안정한 정세로 인해 국제 자본이 외면해왔다.

더구나 세르비아 정부는 내부의 드세진 민족주의 세력의 압력으로 인해 코소보의 재산권을 행사할 움직임을 보이고 있고, 미국의 군사기지 건설과 사용에 대해서도 이의를 제기하면서 미국을 압박해왔다. 그동안 미국은 코소보에 베트남전쟁 이후 가장 큰 군사기지인 본스틸 캠프를 불법적으로 건설해 운영해왔다. 바로 이 때문에 코소보를 독립국가로 분리해 군사기지를 안정적으로 사용하기를 원하고 있다.

## 발칸반도의 화약고, 코소보

유럽연합은 살얼음판을 걷는 듯 신중하게 발칸 문제에 대처하고 있다. 발칸에서의 또 다른 분쟁은 유럽 전체의 분쟁으로 번질 수밖에 없다는 불안감으로 인해 코소보나 세르비아 양쪽에 유럽연합으로 신속하게 받아들이겠다는 당근을 제공하고 있다. 물론 직접적인 이해를 가진 세르비아와 코소보 당국도 세계에서의 고립을 피하기 위해 발칸 지역의 안정에 애쓴다는 입장을 지속적으로 표명해왔다. 하지만 이 지역의 안정을 위해 이뤄져야 할 것에 대해서는 모두 아전인수식으로 해석하고 있어 좀처럼 거리를 좁히지 못하는 형편이다.

1999년 코소보전쟁 이후 NATO의 도움을 받아 코소보에서 실질적인 주도권을 확보한 다수 알바니아 민족은 코소보의 즉각적이고 완전한 독립을 강력히 원해왔다. 이미 코소보는 정부와 의회를 비롯해 국가의 조직체들을 체계적으로 갖춘 상태로 독립국가나 다름없이 기능해왔다. 그렇지만 유엔에서 결의한 1244조에 의해 기술적으로는 여전히 세르비아 영토로 남아 있는 상태다. 당연히 코소보의 알바니아 당국이 원하는 것은 바로 유엔의 조문을 변경하거나 폐기해 국제 사회에서 독립국가로 인정받는 일이다. 코소보의 루고바 대통령은 2002년, 필자와의 인터뷰에서 "유고연방(현재 세르비아)에서 떨어져 나와 독립국가로 나아가는 것을 나의 가장 중요한 정치적 목표로 삼고 있다"라고 밝혔다.

지금까지 코소보에 남아 있던 소수의 세르비아인들에 대한 수많은 테러 사건도 사실은 국제 사회에 여론을 환기하기 위한 정치적 목적을 갖고 있었다. 코소보가 완전히 세르비아에서 독립하지 않는 한 코소보의 평화는 보장될 수 없다는 사실을 전 세계에 보여주기 위한 정치적 행위였다.

1999년, 코소보가 유엔과 NATO의 손에 들어간 이래로 다수의 알바니아인들이 저지른 세르비아인들에 대한 테러는 수

많은 인명피해와 재산손실을 가져왔다. 6년 동안 1,300명의 세르비아인이 목숨을 잃었고 25만 명의 세르비아인들과 유대인들, 집시들이 코소보에서 다른 지역으로 강제로 밀려나 난민으로 희망 없는 나날을 보내고 있다. 이와 더불어 중세 시대 때 지어진 수백 년에서 1천 년 가까이 된 역사적인 정교회와 수도원 150개가 불타거나 훼손됐고 개인 재산은 일일이 열거할 수 없을 정도로 파괴됐다.

1980년, 티토가 사망한 뒤 1년 정도의 단명으로 권력의 공백을 채웠던 많은 대통령들이 거쳐 갔다. 그리고 세르비아 출신의 밀로셰비치가 1989년에 등장하면서 세르비아의 대통령으로 전 유고슬라비아에서는 가장 큰 정치적 힘을 갖게 된다. 그러나 티토와 달리 그는 강한 세르비아 민족주의 성향을 드러내면서 당시에 분열됐던 연방 내의 국가들을 정치적으로 느슨하게나마 재통합시키는 데 실패했을 뿐만 아니라 적대적 대립을 부추기는 화근이 된다. 이는 소비에트연방이 무너진 이후 독립국가연합으로 연대의 틀을 마련함으로써 민족 간의 대립과 전쟁을 최소화했던 러시아와는 대조적이다.

밀로셰비치는 1989년 6월 28일 코소보 전투 600주년 기념식에서 유럽으로의 이슬람교 확산을 저지시킨 세르비아 민족과 정교회의 영웅주의를 찬양했다. 1389년 6월 28일 당시 코소보 벌판에서 세르비아의 10만 대군과 터키의 8만 대군이 맞붙는 대규모 전투가 벌어졌다. 전투의 결과 세르비아가 대패하면서 세르비아의 황제까지 전장에서 전사했다. 코소보 전투의 패배로 유럽의 문은 열렸고 터키는 곧이어 헝가리까지 진출했으며 결국에는 발칸 반도 전체를 수중에 두면서 500년을 통치하게 되었다.

　밀로셰비치는 1389년의 코소보 전투를 리바이벌하면서 자신이 죽는 한이 있더라도 굴복하지 않고 싸울 것이라는 의지를 밝혔다. 또한 당시 알바니아 분리주의자들에 의해서 소요가 끊이지 않았던 코소보를 유고슬라비아, 즉 세르비아의 한 부분으로 지켜낼 것임을 못 박았다. 이날의 연설을 통해 밀로셰비치는 정교회의 이슬람교에 대한 투쟁이라는 종교적인 성격을 강하게 부여함으로써 당시 일촉즉발의 위기 상황에 불을 댕긴 꼴이 되었다. 당시 코소보는 유고연방에서도 알바니아인들의 자치주였다. 이 연설을 한 지 정확히 10년 되던 해, 세르비아와 코소보는 나토의 폭격으로 비참한 상황을 맞게 된다. 나토의 폭격에 대해 같은 정교 국가였던 그리스와 러시아에서 심한 반발을 한 것은 당연하다.

　세르비아가 코소보를 놓지 않으려고 안간힘을 쓰는 것은 바로 세르비아와 코소보의 깊은 역사적 연관성 때문이다. 세르비아 민족에게 코소보는 세르비아라는 민족국가를 태동한 모태로 '발칸의 예루살렘'이다. 지난 5월 1일 지금까지 코소보를 지켜오면서 소수의 세르비아 민족을 대표해온 정교회 대주교 아르테미예는 "세르비아 민족에게 가장 큰 비극은 누군가 코소보의 독립을 승인하고 서류에 도장을 찍어주는 일일 것이다. 난 누구도 그 일을 하지 않기를 바란다"라고 못 박았다. 코소보 독립에 대한 대주교의 단호한 태도에서도 알 수 있듯이, 세르비아에서 코소보의 독립을 인정한다는 말을 꺼내는 사람은 누구나 나라를 팔아먹을 민족 반역자 취급을 받는 것이 현실이다.

이런 상황에서 세르비아 정부는 코소보의 미래에 대해 '자치주 이상 독립국가 이하'라는 구상을 고심 끝에 짜냈다. 코소보 문제의 전문학자이자 그리스 주재 세르비아 대사인 두산 바타코비치에 따르면 코소보가 국가가 될 수 없는 이유를 "코소보라는 민족은 없다"라는 데서 찾고 있다. "코소보에는 알바니아 민족과 세르비아 민족만 있을 뿐 코소보라는 민족은 없으므로 코소보는 국가로서 정체성을 가질 수 없다"라는 논리를 편다. 하지만 현실적인 여건을 감안해 코소보에서 최대한의 자치를 허락하겠다는 뜻을 밝혔다. 이와 더불어 코소보 당국에는 난민들의 조속한 귀환과 안전보장, 소수 세르비아인들의 교육의 자유를 조건으로 제시하고 있다.

미국이나 유엔에서도 세르비아 난민들에 대한 처리는 골칫거리다. 애초 코소보를 접수하면서 받아들인 조건 중 하나가 난민들의 귀환과 안전보장이었다. 번지 미 차관도 밝혔듯이 "다민족 사회의 정착과 민주주의나 시장경제 체제의 수용"을 코소보 독립과 유럽연합 가입의 조건으로 제시하고 있다. 이는 코소보 당국을 압박하는 듯한 발언이지만 미국과 유럽의 과거 소극적인 대처를 반영하기도 한다. 지난 행적을 미뤄 봤을 때 유엔이나 코소보 평화유지군은 현상 유지에만 급급했지, 세르비아 난민들의 귀환을 위해서는 아무런 노력도 기울이지 않았다. 결국

어느 난민도 코소보로 돌아오기를 원치 않고 있다.

코소보의 수도인 프리슈티나에 가면 중심가에 빌클린터로라는 길 이름을 볼 수 있을 것이다. 또한 빌클린터로에는 클린턴의 큰 상이 서 있다. 코소보의 독립을 안겨준 클린턴에 감사하기 위해 만든 기념물들이다. 나토의 폭격이 있은 지 햇수로 10년이 지난 2008년 2월 18일, 코소보는 새로운 독립국가로 탄생했음을 전 세계에 공표했다. 미국을 비롯한 유럽연합의 국가들이 공식적으로 인정하면서 출범했다. 2020년에 코소보를 공식적으로 인정한 국가는 193개국 중에서 단지 100개국으로 58%만이 인정하는 결과를 낳았다. 하지만 러시아와 중국, 인도, 아르헨티나, 브라질 등은 여전히 코소보를 독립국가로 인정하지 않고 있다. 물론 세르비아는 지금도 여전히 코소보를 세르비아의 합법적인 영토로 간주하고 있다.

# 조지아의 장미혁명에서
# 우크라이나의 오렌지 혁명으로

## "소로스 재단은 모든 악의 근원"

조지아의 장미혁명으로 2003년 11월에 세바르드나제 정권이 무너지고 사카슈빌리 정권으로 교체됐다. 필자는 장미혁명 후 사회가 어떻게 변화했는지 보기 위해 2005년 7월에 조지아를 방문했다. 필자가 트빌리시 중심가를 걷다가 한 그룹의 시위대와 마주쳤다.

십자가를 앞세우고 구 조지아 국기를 앞세운 50여 명의 시민들이 소로스 재단 건물 앞에서 열띤 시위를 벌이고 있었다. 이들이 이곳에서 시위를 벌인 지는 3주가 넘어서고 있었다. 이 날(6월 28일)의 시위는 의문의 죽임을 당한 조지아 초대 대통령의 부인 감사쿠르디아 여사가 주도하고 있었다.

시위에 참가 중인 중학교 교사 바키아니씨는 "소로스 재단이 조지아에서 현재 일어나고 있는 모든 악의 근원"이라고 한 마디로 단정했다. "장미혁명(2003년 11월)을 뒤에서 부추기면서 막대한 자금을 댄 게 소로스 재단이며 우크라이나에서 일어난 오렌지 혁명이나 현재 진행 중인 키르기스스탄과 우즈베키스탄에서의 분쟁 또한 소로스 재단의 배후 지원으로 일어난 것"이라며 소로스 재단을 강하게 성토했다. 그곳에서 시위하고 있는 시위 대는 소로스 재단을 조지아에서 축출해야 할 대상 목록 1호로 보고 있었다.

골목 어귀에서 함성을 외치던 시위대들은 서서히 소로스 재단 건물을 향해 행진해 나갔다. 재단 건물의 대문 앞에 멈추자 소로스 재단 측에서 관계자들이 몰려나와 시위 지도부와 격렬한 언쟁을 주고받았다.

"소로스 재단을 해체하라!"

"우리 재단의 사유지에서 즉각 물러나라!"

이렇게 밀고 당기면서 한동안 긴장이 고조됐고 서로 먹살 잡이까지 하면서부터는 폭력적인 충돌까지도 예측됐다. 하지만 양측은 곧 먹살잡이를 풀고 이성을 되찾았는지 잠시 거리를 유지하다 한발씩 물러섰다. 재단 측은 건물 안으로 되돌아갔고 시위대는 조금 전에 시위하던 골목길로 물러난 뒤 다음날 시위에 대해 알린 뒤 시위를 해산했다. "소로스 재단이 이 땅에서 물러날 때까지 시위를 계속할 것"이라는 대학생도 있었다.

필자는 시위를 끝까지 지켜보다 시위대가 해산한 뒤 소로스 재단을 방문하여 재단 이사장을 만났다. 다치아쉬빌리 이사장은 한 시간 전 까지만 해도 시위대와 고성을 주고받던 소용돌이의 한가운데 있었다. "재단 건물 앞에서 연일 계속되는 시위로 인해 신경이 많이 날카로워졌다"라면서 손수건으로 이마의 땀을 닦아 내기도 했다. 이날 일어난 시위에 대해 어떻게 생각하느냐고 묻자, "우리 단체는 조지아를 좀 더 발전된 민주사회로 만들기 위해 노력해왔는데 시민들이 오해를 하는 것 같다"라는 견해를 밝혔다. 그는 장미혁명에 소로스 재단이 개입한 사실을 아무 거리낌 없이 시인했다. "부패한 정부를 바꾸기 위해 일한 게 뭐가 잘못이냐? 이 일은 NGO가 반드시 해야 할 사명"이라고 강조하기까지 했다. 소로스 재단은 조지아에서 10년간을 활동해왔다. 문화 활동과 교육프로그램의 운영이 주된 활동이었으나 장미혁명에 개입하여 성공한 사례를 기반으로 보다 적극적으로 정치적인 문제에 개입해왔다. 다치아쉬빌리 이사장은 "장미혁명 뒤 정부가 보다 투명해진 것은 사실이지만 아직도 개혁해야 할 일들이 쌓여 있어 NGO의 역할이 보다 요구되고 있는 실정"이라면서 조지아 정치에 계속적으로 개입할 뜻임을 내비쳤다.

소로스 재단이 조지아에서 지탄의 대상이 되기 시작한 것은 2003년 11월 조지아에서 일어난 장미혁명으로 거슬러 올라간다. 당시에 일어났던 장미혁명은 셰바르드나제 대통령을 권좌에서 몰아냈고 사카슈빌리 체제를 출범시켰다. 하지만 많은 조지아 국민은 셰바르드나제의 부패 권력을 축출한 데 대해서는 긍정적으로 평가하면서도 셰바르드나제 정권을 대체한 사카슈빌리 정부를 흔쾌히 인정하지 못하고 있다. 이유는 미국을 대표하는 소로스 재단이라는 제3자가 개입하여 국가의 운명을 바꿔 놓았다고 믿기 때문이다.

소비에트 체제가 붕괴된 직후부터 NGO(비정부기구)들은 동구권 유럽과 구소비에트권의 나라에서 자선의 목적이나 문화 교류의 명목으로 우후죽순처럼 설립되기 시작했다. 이들 조직체는 대부분 미국이나 서유럽의 재정지원으로 생겨난 것으로 주로 영어를 구사하는 젊은 인텔리층을 중심으로 뿌리내리기 시작했다.

조지아에서 현재 말썽이 되고 있는 소로스 재단은 미국의 억만장자인 조지 소로스의 이름을 따서 뉴욕에 세워졌는데 동구권이 붕괴된 뒤 1990년 초부터 동구 유럽국들과 구소비에트 국가들에서 각 나라마다 다른 이름으로 '열린사회연구소'나 '유라시아연구소' 등의 NGO로 세워져 지금까지 활동해왔다. 이들 연구소는 정치교육 프로그램이나 미디어 프로그램을 통해 젊은 층들을 조직하여 구소비에트 국가들이 러시아의 영향력에서 벗어나는 데 한몫을 해왔다. 조지아의 장미혁명이나 우크라이나의 오렌지 혁명, 키르기스스탄과 우즈베키스탄의 정치적 소용돌이의 배후에는 어김없이 소로스 재단이 후원하는 NGO들이 있는 것으로 알려졌다.

뒤늦게 NGO들의 활동에 위협을 느낀 러시아의 푸틴 대통령은 NGO의 활동에 공식적인 경고를 하기도 했다. 푸틴 대통령의 경고는 우크라이나의 권력 교체 뒤에 나온 것이어서 당연히 소로스 재단을 겨냥한 것으로 해석된다. 결국 소로스 재단은 2015년 11월에 러시아에서 완전히 축출돼 버린다.

## 조지아의 레임 체인지

　　서구세계의 물질적 후원을 받은 NGO의 정치적인 활동이 처음으로 성공적인 결실을 거뒀던 무대는 2000년 9월의 베오그라드였다. 당시 세르비아에서는 미국과 서유럽의 지원을 받은 '저항'이라는 학생 그룹이 조직되면서 밀로셰비치를 몰아내는 전위조직으로서 성공적인 역할을 감당했다. 이 그룹은 총선에서 밀로셰비치의 사회당이 승리하자 이를 부정선거로 몰아붙여 거리의 대중시위를 통해 밀로셰비치를 권력에서 몰아내는 데 성공했다.

　　세르비아에서 NGO의 성공적인 사례는 구소비에트권에서 변화를 열망하는 세력들의 관심을 한순간에 받았고 또 그 여세를 몰아 세르비아의 활동가들은 자신들의 경험을 다른 구소비에트권으로 수출하기 시작했다. 장미혁명이 있기 전, 2003년 5월, 사카슈빌리는 베오그라드를 방문하여 2000년 9월의 주역들을 만나 도움을 요청했고 이에 대한 응답으로 세르비아의 활동가들은 2003년 여름에 조지아를 방문했다. 이들은 여름 내내 2,000명의 조지아 학생들을 대상으로 세르비아에서 성공한 권력 교체의 사례를 교육시켰고 교육프로그램이 종결된 뒤에는 곧바로 교육받은 학생들을 중심으로 '크마라'(KMARA: 이제 그만)라는 그룹이 결성됐다. 바로 이 그룹이 11월 장미혁명의 중심 세력이었고 사카슈빌리의 친위그룹으로 활동했다.

　　장미혁명의 과정을 보더라도 세르비아에서 2000년에 일어났던 혁명과 거의 유사하게 전개됐다. 2003년 11월 3일, 조지아에서 있었던 총선거는 사카슈빌리를 지지하는 단체들과 미디어에 의해 부정선거로 규정됐고 사카슈빌리는 총선에서 자신의 승리를 선언했다. 이날을 위해 준비해왔던 학생조직 크마라의 조직원들이 거리로 쏟아져 나왔고 트빌리시 거리는 합세한 시민들과 더불어 반셰바르드나제 시위로 뒤덮였다. 계속되는 거리 시위로 인해 11월 23일, 셰바르드나제는 대통령직에서 물러나면서 국가 비상사태를 선포하고 군을 동원한 시위진압을 간접적으로 지시하기도 했지만, 군에서 이를 거부하면서 사실상 셰바르드나제의 권력은 끝을 맺었다. 그 뒤, 2004년 1월의 재선거에서 사카슈빌리가 대통령으로 선출됐다.

이 과정에서 조지아의 열린사회연구소는 학생 그룹을 처음 조직할 때부터 50만 달러를 최초로 기부하기 시작하여 장미혁명이 성공할 때까지 수백만 달러를 제공한 것으로 알려졌다. 열린사회연구소의 후원으로 성공한 조지아에서의 정치적 변혁은 다시 흑해를 건너 우크라이나로 파급됐고 소위 '오렌지 혁명'이라는 정치 변혁을 겪으면서 친러정권이 몰락하고 친미정권이 들어서게 됐다. 우크라이나에서도 소로스 재단은 오렌지 혁명을 적극적으로 후원한 조직으로 지목되고 있다.

조지아나 우크라이나의 정치 변혁은 NGO의 힘만으로는 성공할 수 없었고 이에 박자를 맞춘 미국 정부의 역할도 상당한 몫을 차지했다. 장미혁명의 와중에서 미국 정부는 수시로 성명을 발표하면서 셰바르드나제 정부를 비판했고, 선거의 공정성을 의심하는 성명까지 발표하면서 조지아의 정치에 깊이 간여했다. 그리고 셰바르드나제가 물러나면서 군부의 개입을 지시하자 미국에서 직접 제지하기까지 했다는 비공식적인 보도도 나돌았다. 장미혁명을 통해 2004년 초, 미국 유학파이면서 친미적인 인물인 사카슈빌리가 대통령에 당선되자마자 미국은 럼즈펠드 국방장관을 축하 사절로 보냈다. 그리고 2005년 5월에는 부시 대통령까지 모스크바에서 정상회담 기간 중 갑자기 조지아를 방문해 세계를 놀라게 만들기도 했다.

그러나 조지아의 선거 과정에서 보여준 것과는 달리 아제르바이잔의 선거 과정에서는 미국의 위선적인 이중적인 대외정책의 잣대를 적나라하게 드러냈다. 조지아와 국경을 접한 이웃나라인 아제르바이잔에서는 조지아보다 사흘 먼저 대통령선거가 있었다. 이 선거에서 대통령인 아버지를 이은 아들 알리에프가 부정선거를 통해 대통령에 당선됐다. 이곳에서도 공정선거 감시단이 선거를 감시했고 선거가 부정이라면서 재선거를 주장했다. 조지아의 선거에 대해 보인 태도와는 대조적으로 미국 정부는 이를 묵살했고 곧바로 아들 알리에프의 대통령 당선을 축하하는 성명을 발표했다. 미국 정부의 성명이 나간 뒤, 곧바로 알리에프는 야당의 지도자들을 체포하는 반민주적인 폭거를 자행하기도 했다. 미국 정부가 알리에프 일가의 집권을 감싸준 것은 다름아닌 알리에프 일가의 굳건한 친미성이 그 이유였다. 반면, 셰바르드나제 정권이 축출당한 이유는 친러시아적인 성향 때문이었다.

2014년 3월 키이우를 방문해 수만 명의 군중 앞에서 연설하는 존 매케인 미 공화당 상원의원.

조지아의 장미혁명이나 우크라이나의 오렌지 혁명을 통해서 볼 때 미국 정부가 세계 곳곳에서 주도하는 정권교체 방식도 변화됐음을 볼 수 있다. 1960년대 이후 미국의 정권 교체방식은 세계 각지에서 군사쿠데타를 통해 친미 정권을 수립하는 방식이었다. 그러나 2000년대에 들어선 이후부터는 구소비에트 국가에서 NGO들을 통한 좀 더 세련된 방식으로 친미 정권의 수립을 추진하는 새로운 양상을 보여주고 있다.

동구권이나 구소비에트권에서 활동하는 소로스 재단을 비롯한 NGO들이 모두 미국 정부의 레짐 체인지 전략에 따라 후원을 받아서 활동하고 있다고 단정지을 필요는 없다. 여전히 순수한 활동을 하는 NGO들도 많으며 도리어 미국 정부에 비판적인 NGO들도 많다. NGO들을 모두 미국의 스파이 조직으로 단정지어 활동을 금지시킨 러시아 정부는 자신들의 독재 정치를 NGO 활동이나 미국 정부의 탓으로 돌리려고 한다. 경제 문제가 어려운 이유는 모두 미국의 금수조치 때문이고 정치의 자유가 금지되는 이유 또한 미국의 정권 교체를 위한 개입 때문이라는 식으로 정권의 위기를 넘어가려 한다. 하지만 러시아뿐만 아니라 구소비에트 독재 정권들의 낡은 수법은 21세기에는 더 이상 통할 리가 없다. 비록 장미혁명과 오렌지 혁명에서 NGO들이 지원 역할을 했고 미국 정부도 뒤에서 지원했다 하더라도, 개혁을 원했던 주체는 단연코 조지아 민중들과 우크라이나 민중들이었다. 푸틴이 우크라이나를 침공한 이유도 우크라이나의 민주화 개혁 운동인 오렌지 혁명의 바람을 차단시키고, 러시아 젊은이들의 민주화에 대한 열망을 꺾어 버리기 위해서였다.

# 이미지 출처